사막에서 별을 노래하다

사막에서 별을 노래하다

초판 발행	2017년 12월 15일
2쇄	2020년 11월 24일

지 은 이	김운용
펴 낸 이	김현애
펴 낸 곳	예배와 설교 아카데미
주 소	서울특별시 광진구 광장로5길 11-4
전 화	02 - 457 - 9756
팩 스	02 - 457 - 1120
홈페이지	wpa.imweb.mer
등록번호	제18 - 19호(1998.12.3)

디 자 인	디자인집 02 - 521 - 1474
총 판 처	비전북
전 화	031 - 907 - 3927
팩 스	031 - 905 - 3927
I S B N	978-89-88675-70-0

값 19,500원

사막에서 별을 노래하다

김운용

광야 길을 가는
이들에게
보내는 편지

사막에서도 별을 노래할 수 있는
믿음의 사람들이길 기도하면서,
나의 사랑하는 자녀들
김한솔, 한결, 한빛에게

서 문

네가 이타카로 가는 길을 나설 때
기도하라. 그 길이 모험과 배움으로 가득한 오랜 여정이 되기를 ….
라이스트리콘과 키클롭스와 포세이돈의 진노를 두려워 마라.
네 생각이 고결하고 네 육신과 정신에 숭엄한 감동이 깃들면
그들은 네 길을 가로막지 못하리니
네가 그들을 영혼에 들이지 않고 네 영혼이 그들을 앞세우지 않으면
라이스트리콘과 키클롭스와 사나운 포세이돈
그 무엇과도 마주치지 않으리.

- 콘스탄티노스 카바피(Constanine Cavafy)[1]

문득 가슴앓이를 하다가

살다보면 인생길에는 나도 모르게 신음이 터져 나오는 아픔의 사건들, 안타까움이 서리는 사건들, 마음을 어둡게 만드는 사건들이 참 많이 있습니다. 지금 그런 일들이 없다 할지라도 인생살이는 끊임없는 가슴앓이를 하며 가야 하는 길입니다. 그 가슴앓이는 사람 때문에 오기도 하고, 어떤 사건 때문에 오기도 합니다. 때론 누구에게 말도 못할 아픔이 서려 있기 때문에 그렇기도 합니다. 그래서 흔히 인생길을 사막에 많이 비유합니다. 삶은 메마르고 하루하루 걸어가는 것 자체가 너무 힘

든 사막 … 그래서 거기에는 원망도 서리고, 답답함과 미움, 불평도 서리는 자리입니다.

언젠가 힘든 일로 인해 약간의 가슴앓이를 하고 있을 때 어느 분이 선물해 주신 시집을 꺼내 읽다가 내 마음을 훔쳐본 사람처럼 말을 걸어오는 것 같아 나도 모르게 눈물이 흐르는 것을 경험한 적이 있습니다. 평생을 살면서 겪은 자신의 고난의 이야기를 소재로 삼아 주옥과 같은 시를 남긴 김소엽 시인의 시집이었습니다. 시인은 40대 초반 젊은 나이에 사랑하는 남편을 먼저 떠나보내는 아픔을 겪기도 했고, 유일한 가족인 딸을 외국으로 떠나보내야 하는 이별을 겪기도 했습니다. 또한 삶의 기로에서 허덕여야 했던 때에 암에 걸려 투병의 고통도 겪어야 했습니다. 그 고난의 시간, 시인은 모하비 사막에서 그것이 '사막'이었음을 발견하며, 오히려 그 고통의 삶 가운데 담긴 아름다움을 드러내고 있었습니다. 우리 인생길에는 사막과 같은 시간들과 사건들이 참 많이 있습니다. 나 혼자 서있는 듯한 그런 아픔의 시간들 … 그 사막에서 나를 만나고 돌아오는 길에서 거기에 우뚝 서계시는 분을 만났다고 고백합니다.[2]

길이 없는 것 같은 인생의 시간, 답답해서 울다가 거기에 우뚝 서계시는 분의 손을 잡고 나니 하늘 길이 새롭게 열림을 경험하면서 그는 그 사막에서 길이 새롭게 시작된다고, 땅의 길이 없으니 하늘의 길이 열리고 있다고 외칩니다.[3] 그 사막은 땅의 길은 보이지 않았으나 하늘 길이 활짝 열려 있음을 알고, 그는 "모든 애증을 풀어 회개한다"고 고백합니다. 달려온 인생길을 돌이켜 보니 회개할 일뿐이었답니다. 내 잘못 때문에 이런 고통을 당한다는 생각은 전혀 하지 않고 살았는데 사막에 와서 그는 자신의 잘못들이 모래알처럼 많음을 깨닫게 되었다고 고백합니다. 사막에 서서 시인은 "한낱 한 움큼의 바람만큼도 안 되는 그 연유로 무얼 그리 오랜 가슴앓이"를 하는지, 사막에 서 보니 "저 우주의 신비한 별빛과 수수 천억 광년 시간을 셀 수도 없는 그 영원한 사이에 너와 내가 별 한 번 반짝할 사이에 태어났다가 사라지는 것"을 깨달았다고 고백합니다.[4]

인생길 걸어가다보면 힘들고 어려울 때가 있습니다. 이해할 수 없고 용납하기 어려운 일로 밤잠을 이루지 못하고 가슴앓이를 해야 할 때도 많이 있습니다. 문득 세상사가 힘겹게 느껴질 때, 삶의 무게가 유난히 크게 느껴질 때, 가슴앓이를 하며 혼자 외롭게 서있을 때, 나에게 다가오는 말씀이 파란만장한 인생길을 걸었던 모세에 대한 말씀이었고, 시편의 말씀이었습니다. 무너질 듯 위태롭던 인생길이 그렇게 끝나는가 싶었는데 부르심 따라 걸어간 사막 길, 모세는 그 길을 걸어가면서 하나님을 만나고, 그분의 아름다움에 취합니다. 또한 시편에서 만나는 시인들은 하나님의 임재가 크게 느껴지지 않고 지금 득세하는 악인들과 그로 인해 파생되는 수없이 많은 억울한 일로 인해 가슴앓이를 하며 탄식 소리를 토해 내고 있었습니다. 그냥 아프고 서럽고 힘이 들어서 나도 모르게 신음이 터져 나오곤 했습니다. 그러나 거기에 우뚝 서계시는 하나님을 뵙고서 그들은 일어서고 있었습니다.

문득 그들의 걸음을 따라가 보고 싶은 마음을 가졌습니다. 본서는 특별히 모세가 걸었던 길을 뒤따라가면서 시와 노래로 그 사막의 이야기를 풀어보기 위해 시작되었습니다. 문득 생텍쥐페리의 『어린 왕자』

에서 읽은 구절이 입가에 맴돌았습니다. "사막이 아름다운 이유는 그곳 어딘가에 샘을 숨기고 있기 때문이지"(What makes the desert beautiful is that somewhere it hides a well). "오직 마음으로 보아야만 정확하게 볼 수 있어. 가장 중요한 것은 눈에 보이지 않는 법이야"(It is only with the heart that one can see rightly. What is essential is invisible to the eye).[5]

아름다움 가득한 세상

미국의 퓰리처상 수상 작가인 손톤 와일더(Thornton Wilder)의 "우리 마을"(Our Town)이라는 작품은 미국 뉴햄프셔 주의 작은 시골 마을의 일상을 다룬 총 3막으로 된 연극입니다. 3막은 둘째 아이를 낳다가 죽은 에밀리가 묻혀 있는 묘지가 배경을 이루는데, 두고 온 세상에 큰 미련이 남은 에밀리가 무대 매니저에게 꼭 하루만 다시 삶의 세계로 돌아갈 수 있게 해 달라고 간곡히 부탁하여, 자신의 열두 번째 생일로 돌아가는 것을 허락 받았습니다. 밥을 잘 씹어서 먹으라는 엄마의 잔소리가 들려오고, 아버지가 출장에서 돌아옵니다. 이모와 조지가 보낸 생일 선물이 배달됩니다. 다시는 돌아오지 못할 지상에서의 하루를 살며 에밀리는 회한에 젖어 소리를 칩니다. "엄마, 절 그냥 건성으로 보시지 말고 진정으로 봐 주세요. 지금으로부터 14년이 흘렀고, 저는 조지와 결혼을 했고, 그리고 이제 죽었어요. 월리도 캠프 갔다 오다가 맹장염으로 죽었잖아요. 하지만 지금, 바로 지금은 우리 모두 함께이고 행복해요. 우리 한 번 서로를 눈여겨보기로 해요."

에밀리의 말을 이해하지 못한 엄마는 기계적으로 선물에 대한 이야기와 설명을 하기에 바쁩니다. 에밀리는 견디다 못해 무대 매니저에게 말합니다. "그냥 돌아가겠어요. 시간은 너무 빨리 흐르고, 우리는 서로를 제대로 쳐다볼 틈도 없어요. 안녕, 세상이여. 안녕 … 엄마, 아빠. 똑딱거리는 시계, 엄마의 해바라기, 맛있는 음식, 커피, 그리고 갓 다림질한 옷, 뜨거운 목욕, 잠자리에 드는 것, 그리고 아침에 눈을 뜨는 것. 아 지구여, 네가 얼마나 멋진 곳인 줄 알았더라면 …."[6]

　모두가 바쁜 일상을 보내고 있고, 때론 너무 힘들어서 한숨과 신음소리가 절로 터져 나오는 그런 시간을 보내고 있다 할지라도 일상에 담아 놓은 그 아름다움을 볼 수 있다면 우리의 인생길은 훨씬 더 풍성해질 수 있다는 사실을 알려줍니다. 사막 길은 힘들지만 그곳의 아름다움을 볼 수만 있다면 우린 그 길을 훨씬 행복하게 노래하면서 걸어갈 수 있지 않을까요? 그러나 그것은 누구나에게 열리는 세계는 아닙니다. 다만 볼 수 있는 눈이 있고, 들을 수 있는 귀가 있는 사람에게만 열리는 세계입니다. 짐승의 울부짖는 소리가 들리는 삭막한 황무지에서 그를 감싸 주시고 돌보아 주셨으며 당신 눈동자처럼 지켜 주시는 분(신 32:10)을 만난 사람들은 사막에서도 노래하며 걸어갈 수 있었습니다. 사막에 우뚝 서계시는 분, 그분이 심어 놓으신 아름다움을 보는 사람은 노래할 수 있습니다. 유년 시절을 지난 이후 잃어버렸던 그 찬란한 별들, "그렇게도 애타게 찾았던 별들이 다 사막에 와서 살고 있음"을 알아낸 사람들은 당당히 걸어갈 수 있습니다.[7]

　어릴 적 시골마을의 고향은 항상 배고프고 가난했기에 서러움 가득한 자리였습니다. 배가 늘 고팠기에 봄이면 봄 산으로, 가을이면 가을 들판으로, 여름이면 여름 바다로 뛰어다녔습니다. 그 고향 산하의 아름다움은 오늘의 나를 형성했음을 훨씬 나중에야 발견하였습니다. 그 고향의 아름다움을 보는 오세영 시인의 노래가 곱기만 한 이유입니다.[8] 사립문은 열려 있고 주인 없는 산기슭 외딴 집은 텅 비어 있습니다. 열어 놓은 빨래만 바람에 휘날리며 봄 햇살을 가득 안고 있습니다. 아마도 마실간 주인 없는 집에는 뒷산에서부터 울려 퍼지는 뻐꾸기 울음소리만 빈 집에 가득합니다. 가난하지만 아름다운 오두막집이 서있는 아름다운 봄 풍경을 멋지게 그려내는 시인의 노래를 듣고 있노라면 어느새 마음 한자락 고향 뜰 앞을 맴돌게 하고, 늘 분주하셨던 부모님의 봄날 앞에 서게 해 주어 더 정겹습니다. 그 정서와 서정이 봄날의 아름다움과 그 느낌으로 마음 한가득 채워지게 합니다. 지금 시인은 그런 봄날을 우리에게 선물해 줍니다. 누군가의 가슴에 그런 아름다운 봄날을 가득 채워줄 수 있다면 그는 참 행복한 사람이 아니겠습니까?

구원 받은 백성들과 함께 사막 길을 걸어간 한 믿음의 선배는 그렇게 행복한 사람이었습니다. 구약에서 가장 많은 장을 할애하여 소개하고 있는 모세라는 인물은 바로 그런 사람입니다. 그의 생애 많은 부분은 사막 길에 서있었지만 그는 그곳에서 별을 노래했던 사람이었습니다. 자신의 노래를 다른 사람들에게도 들려주어 그 노래를 부르게 하여 그 아름다움이 고이게 했던 마치 마음의 고향과도 같은 사람이었습니다. 그의 가슴은 하늘 향한 사랑으로 가득했고, 민족과 교회를 향한 사랑으로 늘 붉어져 있고, 계절마다 아름다움을 만들어 가고 계시는 분의 손길에 붙들리고 나니 그의 가슴에는 아름다운 노래가 가득했던 사람이었습니다. 그는 힘든 시간을 지내고 있는 사람들의 가슴에 희망의 파란 봄이 오게 했던 사람이었습니다.

본서는 사막을 가는 사람들의 이야기를 찾아 시와 노래로 풀어낸 작은 작품입니다. 사람들이 보지 못한 세계를 보며 달려갔던 사람들의 이야기를, 그런 세계를 보고 들려준 시인의 노래를 통해 풀어보려는 시도였습니다. 시와 노래는 다르지 않습니다. 운율을 통해 시는 노래하는 것이고, 화음을 통해 노래는 시를 들려주는 것입니다. 그 시와 노래는 삶을 형성하고, 삶에서부터 그들이 나온다는 점에서 출처도 같고, 지향하는 목표도 같습니다. 아쉽게도 원고를 출판사에 전한 다음에 인용한 300여 편의 시에 대한 저작권료를 다 감당할 수 없어서 어쩔 수 없이 인용한 시를 삭제하거나 글 안으로 풀어써야 했기 때문에 처음 의도했던 것보다 그 풍성함이 많이 약해졌음에 독자들에게 죄송함을 금할 수 없습니다. 그래서 사이버 공간에서 찾아 그 시의 전문을 읽을 수 있도록 각주에 소개하는 정도로 만족을 해야 했습니다. 아름다운 노래를 불렀던 시인들의 노력도 보호되어야 하지만 어쩔 수 없는 영세한 출판 환경을 독자들도 이해해 주시리라 생각합니다.

그분 손에 이끌려 가며

힘든 비즈니스 현장과 전문인의 삶의 자리에서 사막을 경험할 때도 많이 있지만 말씀의 샘으로 달려갔던 분들이 벌써 15년째 매주 목요일 아침이면 어김없이 함께 모여 그 노래를 함께 불러왔습니다. 말씀 앞으로 달려나가, 사막의 별들을 보았던 시인들이 들려주는 그 노래를 들으며 때론 감격하며 울었고, 남은 인생길을 어떻게 달릴 것인지를 결단하기도 했습니다. 그 여정을 함께 해 준 한국기독실업인회(CBMC) 한성지회 회원들과 이강문 회장님께 고마움을 전합니다. 그 여정을 함께 해 오면서 그들은 함께 노래하였고, 더 좋은 믿음의 노래를 부르도록 격려와 사랑을 아끼지 않았던 길동무였습니다.

또한 지난 18년 동안 장로회신학대학교 강의실에서 사역자로 준비하는 학생들, 광나루동산을 떠나 사역의 현장에서 열심히 사역하는 제자들은 이 노래를 함께 연습하고 불렀던 좋은 동역자들이었고, 더 좋은 노래를 위해 나로 하여금 쉬지 않게 만드는 '선생들'이었습니다. 또한 여기에서 다 거명할 수 없지만 많은 분들의 사랑과 기도의 빚을 지고 살아왔습니다. 끊임없이 중보해 주시고 격려해 주신 분들, 그분들에게 늘 사랑의 빚을 안고 살면서 고마움 가득 안고 삽니다.

한 작업을 마무리할 때마다 늘 고마움을 갖게 되는 것은 가족입니다. 하루 일과를 마치고 집에 돌아와서도 연구와 집필을 위해 다시 서재에서 머무는 긴 시간에도 늘 따뜻한 격려와 이해로 힘을 실어준 아내 박혜신 님께 감사의 마음을 전합니다. 사랑하는 세 아이, 한솔, 한결, 한빛은 아빠가 하는 일을 늘 자랑스럽게 생각해 주었고, 늘 삶의 활력을 불어넣어 주는 격려자였습니다. 그들이 있어 때론 걸어가야 했던 사막도 아름다움으로 가득함을 늘 깨닫게 해 주었습니다. 사막에 와서야 별이 하늘에서 그렇게 크게 빛나고 있음을 알았다는 어느 시인처럼 많은 시간이 지날수록 그들은 내 인생의 아름다움을 만들어 주는 별들이었음을 고백하게 됩니다. 저들의 인생길에 평탄한 길 주시길 기도하지만,

혹 사막과 같은 길을 걸어가더라도 보석과 같은 세 아이가 하늘의 별을 노래하며 갈 수 있기를 기도하는 마음으로 이 책을 저의 세 아이에게 헌정하고 싶습니다.

늘 곁에서 섬세하게 도와준 강의조교 전성령 전도사는 집필하면서 필요한 많은 참고도서를 찾아오기 위해서 하루에도 몇 번을 도서관 서고로 달려가야 했지만 아름다운 미소로 귀한 도움을 주었고, 목차를 정리하는 데도 수고를 아끼지 않은 것에 깊은 감사의 마음을 전합니다. 또한 저를 위해 늘 기도로 중보해 주시는 많은 분들 덕분에 이 날까지 달려올 수 있었습니다. 사역의 자리에서 그들의 기도와 사랑의 힘을 느낄 때마다 그들을 위한 나의 기도도 더 깊어지려고 노력했습니다. 이 자리를 빌어 감사의 마음을 전합니다. 본서 출판을 위해 애써주신 WPA의 김현애 목사님과 편집 교정을 위해 수고해 주신 윤혜경 전도사님께도 감사를 드립니다. 저들은 한국교회 강단과 예배 사역을 위해 귀하게 헌신하시는 분들입니다.

신록으로 덮여가는 아차산의 푸름은 한겨울의 추위와 메마름을 잊게 하고, 가을의 아름다움과 결실은 한여름의 힘든 시간들을 잊게 합니다. 풍성한 하늘 은혜는 늘 우리 삶의 힘듦을 잊게 하고, 그 사막 길도 당당히 걸어가게 만듭니다. 고난 가운데서 더 빛이 선명했던 하나님의 신비(뮈스테리온)이신 우리 주님 예수 그리스도(골 1:27)는 풍랑 이는 바다 위에서도 춤추게 하셨던 분입니다. 그분의 손에 이끌려 가는 인생은 사막에서도 별을 노래하게 될 것이며, 새로운 완성과 울림이 계속해서 일어나게 될 것입니다. 문득 시인이자 시민운동가였던 요한 루드비히 울란트(Johann Ludwig Uhland)의 노래가 떠오릅니다.

> 부드러운 봄바람이 깨어났습니다.
>
> 여기저기 속삭이고 살랑거리며 밤낮 불어옵니다.
>
> 이렇게 창조의 완성은 여기저기서 날마다 계속됩니다.
>
> 오 신선한 향기, 새로운 울림이여
>
> 이 신비 속에서 무언가를 근심하고 있다면
>
> 그대는 참으로 불행한 사람
>
> 지금 여기, 모든 것이 움직이며 변하고 새로워지고 있습니다.[9]

이 신비에 붙들려 살아가면서 근심으로 인생길을 채우면 참으로 불행한 사람이랍니다. 부디 이 작은 책을 통해 사막과 같은 길을 걸어가는 사람들이 오늘도 빛을 전해 주는 별을 노래하는 사람들일 수 있기를 빕니다.

사계절에 담아놓으신 아름다움을 노래하며

아차산 자락 연구실에서

김운용

1부

무너짐의 자리에서 부르는
희망연가

길은 사막에서 끝나고
길은 사막에서 시작 되네
땅의 길이 없어지니
하늘의 길이 열리네

- 김소엽, "사막에서 2"

01

그 외로운 사막 길도 꽃길처럼 걸었네라

그것은 권세나 힘으로 될 일이 아니라
내 영을 받아야 될 일이다.
만군의 야훼께서 하신 말씀이시다.

- 스가랴 4:6, 공동번역

하필이면 나에게

인생길을 가다보면 '하필이면' 그때, 거기에서, 나에게라는 생각을 갖게 되는 사건이 참 많이 있습니다. 그것은 대부분 안타까움과 원망의 마음을 표현할 때 주로 사용하지만 그것을 어떻게 사용하느냐에 따라 달라집니다. 몇 년 전 암으로 세상을 떠난 한 분의 에세이집에서 이런 글을 읽었습니다.

언젠가 치과에서 본 여성지에는 모 배우가 화장품 광고 출연료로 3억 원을 받았다는 기사가 실려 있었다. 3억이면 내가 목이 쉬어라 가르치고 밤새워 페이퍼 읽으며 10년쯤 일해야 버는 액

수인데 여배우는 그 돈을 하루 만에 벌었다는 것이다. 그건 재능이나 노력과는 상관없이 오로지 타고난 생김새 때문인데, 그렇게 나의 의지와 상관없이 일어난 일 때문에 불이익을 당한다는 건 아무리 생각해도 불공평한 일이다.

나는 내가 잘빠진 육체는 가지지 못했어도 그런대로 꽤 아름다운 영혼을 가졌다고 생각하지만 아마 내 아름다운 영혼에는 3억 원은커녕 3백 원도 주는 사람이 없을 것이다. 그러니 어차피 둘 다 못가지고 태어날 바에야 아름다운 몸뚱이를 갖고 태어날 일이지 왜 '하필이면' 3백 원도 못 받을 아름다운 영혼을 갖고 태어났는가 말이다. 그래서 '하필이면'이라는 말은 내게 한심하고 슬픈 말이다.

그런데 어제 저녁 초등학교 2학년짜리 조카 아름이가 내게 던진 '하필이면'은 전혀 그렇지 않았다. 길거리에서 귀여운 판다 곰 인형을 하나 사서 아름이에게 갖다 주자 아름이는 눈을 동그랗게 뜨고 환한 미소를 지으며, "그런데 이모, 이걸 왜 하필이면 나에게 주는데?" 하는 것이었다. 다른 형제들이나 사촌들도 많고 암만 생각해도 특별히 자기가 받을 자격도 없는 듯한데 뜻밖의 선물을 받았다는 아름이 나름대로의 고마움의 표시였다. 외국에서 살다 와서 우리말이 아직 서투른 아름이가 '하필이면'이라는 말을 부적합하게 쓴 예였지만 아름이처럼 '하필이면'을 좋은 상황에 갖다 붙이자 나의 하필이면 운명도 갑자기 찬란한 빛을 발하기 시작한다는 걸 깨달았다. 내가 누리는 많은 행복이 참으로

가당찮고 놀라운 것으로 변하는 것이었다.[10]

　유명 영문학자의 딸로 태어나 돌을 넘기면서 찾아온 소아마비로 평생 장애를 안고 살아야 했지만 그는 그것을 극복하고 영문학자로 강단에 우뚝 서 많은 사람에게 희망을 주었던 분이었습니다. 그는 이 땅에서의 마지막 9년 동안 보통 사람이 한 번도 감당하기 어려운 암 판정을 세 번이나 받았는데, 유방암이 척추로 전이되고, 다시 간으로 전이되어 힘겹게 투병하다가 우리 곁을 떠나갔지만 많은 사람들에게 노래하는 법을 전해 주었습니다.

　인생길을 걸어가는 동안 조금 좋은 조건에서 가는 사람도 있고, 그렇지 못한 조건에서 가야 하는 사람도 있습니다. 그러나 어떤 자세로 가느냐에 따라 완전히 달라지는 것이 인생길입니다. "하필이면 나에게 이런 은혜를 주시다니 …"라는 감격의 마음이 있으면 오늘 나의 삶의 조건들이 행복으로 바뀐다는 작가의 이야기가 가슴에 와 닿습니다.

하나님과 친하다

　어쩌면 이제껏 살아온 날들도 참 중요하지만 살아갈 날이 더 중요하고, 살아갈 날도 중요하지만 인생을 마치고 난 다음 어떤 평가가 내려질 것인지는 더 중요합니다. 성경을 읽으면서 한 사람의 생애를 평가할 때 어쩜 이렇게 선명하고 뚜렷할 수 있을까 감탄을 하게 되는 사람이 있습니다. 하나님의 사람 모세입니다. 그의 생애가 끝났을 때 성경은 이렇게 평가합니다. "모세는 여호와께서 대면하여 아시던 자요 … 여호와의 종 모세가 …" 이것은 그의 생애 마지막에 들려온 음성인데 사도행전 7장 20절에 의하면 태어날 때의 모습을 이렇게 묘사합니다. "그때에 모세가 났는데 하나님 보시기에 아름다우니라." 그의 생의 시작도, 마지막도 아름다웠던 사람이라는 말입니다. 그가 세상을 떠나는 자리에서 들려온 평가 바로 직전, 느보산에 서있던 그에게 '너는 가나안 땅에 들어가지 못한다'는 말을 듣게 됩니다. 그것은 모세에게는 엄청난 충격이었고, 깊은 실망과 분노, 낙담에 사로잡히게 했을 것입니다. 모세는 하나님 앞에 나아가 한걸음이라도 좋으니 가나안 땅을 밟을 수 있게 해 달라고 간구하지만 하나님께서는 그 기도를 거절하셨습니다.

얼마나 실망이 되었을까요? 그런데 모세는 하나님의 뜻을 그대로 받아들이고 있고, 그 계획에 대해 순종하고 있습니다. 그리고 마지막 힘을 모아 그분이 원하시는 일을 수행하고 있습니다. 백성들을 모아 아마도 오전, 오후, 저녁에 나누어서 세 번의 집회를 통해 유언과 같은 설교를 전하였는데, 그 기록이 바로 신명기입니다. 그리고 그의 생애는 거기에서 끝이 납니다. 죽음 이야기가 나오고 하나님의 평가가 나옵니다. "지금까지 모세와 같은 사람은 없었다." 이것은 최고의 평가가 아닌가요? 거기에 덧붙여지는 말씀이 있습니다. "여호와께서 대면하여 아시던 자 …"(신 34:10). 공동번역은 이것을 "야훼와 얼굴을 마주보면서 사귀는 사람"이라고 번역하고, 표준새번역은 "주께서 얼굴과 얼굴을 마주 대고 말씀하신 사람"으로, NIV나 KJV은 "하나님께서 얼굴과 얼굴을 맞대고 보시듯 잘 아시던 사람 모세"(Moses, whom the LORD knew face to face)라고 소개합니다. 이러한 표현들은 그가 얼마나 하나님과 친밀

한 사람이었는가를 강조합니다.

어느 신문에서 '아버지 학교'를 수료하신 분이 쓴 "어느 아버지의 고백"이라는 글을 읽은 적이 있습니다. 초등학교에 다니는 아들이 친구들을 집으로 데려왔답니다. 아이들이 나누는 대화를 우연히 아빠가 듣게 되었는데 한 녀석이 신문에 난 연예인을 가리키며 "우리 아빠는 이 가수를 잘 아시는데, 방송국에 다니는 우리 아빠 텔레비전에도 자주 나와." 하면서 아주 자랑스럽게 말하더랍니다. 그러자 다른 녀석이 어깨를 으쓱거리면서 말하더랍니다. "우리 아빠 국회위원을 잘 알아." "우리 아빠 장관을 잘 아는데 ……." 아이들이 서로 경쟁하듯이 자랑하는데 평범한 월급쟁이요, 교회 집사인 아빠는 아들이 어떤 자랑을 할지 걱정이 되기도 했고 궁금하기도 했답니다. 딱히 내세울 것도 없는 자신 때문에 아들이 기가 죽지 않을까 걱정이 되었답니다. 그런데 아들 녀석은 당당하게 이렇게 말하더랍니다. "우리 아빠는 하나님과 친하다. 그래서 우리 집에는 성경과 찬송가가 대따 많아. 어디 한번 볼래?" 그 순간 아빠 울컥 눈물이 솟구치더랍니다.

"하나님과 친하다 ……." 하나님께서는 지금 모세에게 그런 말씀을 해주셨습니다. "모세는 나와 참 친했던 친구였다." 참 인상적인 말 아닌가요? 출세하고, 성공한 사람, 유명한 사람과는 친한 척하는 경우가 많이 있습니다. 친한 척하는 것도 좋지만 정작 그 사람이 나를 친하게 생각하느냐가 더 중요합니다. 우리가 하나님과 친하게 생각하는 것도 중요하지만 더 중요한 것은 하나님께서 우리를 그렇게 생각하시느냐 입니다. "내가 너를 잘 안다." 모세는 하나님이 인정하시는 인생을 살았다는 말입니다. 우리가 진정으로 욕심내야 할 것은 그런 것 아니겠습니까? "하나님이 대면하여 아시던 자"라는 평가 속에는 그런 의미가 담겨 있습니다. '모세는 하나님과 친밀함 가운데서 살아, 그분의 마음을 알고, 뜻을 알고, 그분이 원하심을 알아서 그것에 집중하며 살았던 사람이었다.'

뛰는 가슴으로 달렸노라

하나님께서는 모세를 친한 친구로 소개하시지만 그렇다고 모세는 그것 때문에 까불지 않았습니다. 친해지면 말도, 행동도 함부로 하는 경우가 있지만 성경은 모세가 함부로 살지 않고 철저히 '하나님의 종'으로 살았다고 증언합니다. 모세는 그 모진 인생길을 걸어가면서 허락하실 가나안을 늘 바라보면서 달려왔습니다. 그런데 하나님께서 가나안 땅을 보여주신 다음에 너는 거기에는 못 들어간다고 말씀하십니다. 모세의 인생길 마지막 부분을 보여주는 신명기 34장에는 "보이시고"라는 표현이 자주 등장합니다(신 34:1, 3). 모진 고생하면서 그 긴 세월, 참고 참으면서 광야 길을 달려왔습니다. 그런데 그 끝자락에서 가나안 땅에 못 들어간다고 말씀하십니다(신 34:4).

느보산에 서면 눈앞에 요단 평지가 그림처럼 펼쳐집니다. 그런데 하필이면 거기에서 못 들어간다고 하십니다. 원망할 수 있는 그 자리에서도 모세는 하나님의 뜻을 받아들이면서 순종합니다. 주인으로 살지 않았다는 말입니다. 신명기 사가는 이것을 "여호와의 '종' 모세"라는 독특한 표현을 통해 강조합니다(신 34:5). 모세는 주인 행세하면서 살지 않고, 종으로 살았다는 말이지요. 살다보면 내가 주인인 것처럼 생각하고 살 수 있습니다. 그런데 모세는 자기가 주인노릇하지 않고, 하나님의 뜻 앞에서 온전히 순종하면서 살았던 사람이었다는 말입니다. 어쩌면 그는 지금 걸어온 인생길을 돌아보면서 이렇게 고백하고 있었는지도 모릅니다. "내 것이 아닙니다. 내 인생도, 재산도, 자녀들도, 내가 이룬 성공도 내 것이 아닙니다. 내가 주인이 아닙니다. 내가 대장이 아닙니다."

사실 신명기의 전체 말씀은 이러한 고백을 가지고 살았던 모세가 그의 인생 마지막 순간에도 그러한 믿음으로 살아내고 있음을 전해 줍니다. 모세오경의 중요한 책 중의 하나인 신명기는 이러한 고백을 가지고 살았던 모세가 인생 마지막 순간에 전한 고별 설교를 담고 있습니다. '네 인생은 여기에서 끝난다'는 말씀을 듣고 가나안 땅에 들어갈 이스라엘 백성들에게 그곳에 들어가면 이렇게 살고, 이렇게 예배하고, 이렇게 자녀들을 말씀으로 양육하고, 이렇게 사역을 감당하라고 유언하듯 전해 주는 설교의 내용을 담고 있습니다. "너는 이 요단을 건너지 못할 것임이니라"(신 3:27). 이 말씀을 듣고 그의 마음에 섭섭함이 왜 없었겠습니까? 그러나 모세는 하나님의 명령대로 여호수아에게 안수하여 그를 후계자로 세우고, 이스라엘 백성들에게 유언과 같은 말씀을 전한 다음에 죽음을 맞습니다. 시신도 남기지 않고 자신의 흔적을 지운 채로 홀연히 세상을 떠납니다. '하나님이 아시면 족합니다.' 모세는 자신이 높아지는 것을 원치 않고 오직 하나님만 높아지기를 바라며 달려왔고, 마지막에도 그 걸음으로 걸어갑니다. 주인으로 살지 않았다는 뜻입니다.

이렇게 모세는 구색만 갖춘 것이 아니라 처음에도 마지막에도 하나님께서 원하시는 삶을 멋지게 살아냅니다. 하나님이 기뻐하시는 것에 온 마음을 두고 살았고, 그 마무리도 멋지게 하고 있습니다. 내가 원하는 답을 얻으려 하고, 내가 바라는 것에만 마음을 두고 산 사람은 결코 이를 수 없는 차원의 생을 살아낸 것이지요. 자신의 야망과 욕망으로 살았던 사람이 아니라 그는 하나님의 가슴으로 살았던 사람이었습니다.

다른 과목 성적은 평균 이상인데 늘 국어 성적이 저조하여 고민인 아이가 있었습니다. 부모는 새로 개업한 중국집이 장사가 너무 잘 되어서 아이를 돌볼 틈이 없었습니다. 고민 끝에 그 부모는 아이가 국어 과외를 받게 했습니다. 그리고 첫 시험을 치게 되었는데 그날 시험은 국어였습니다. 학교에서 돌아온 아이에게 엄마가 전화를 걸어서 물었습니다. "오늘 국어 시험 몇 점 받았어?" "한 개만 빼고 다 맞았어요." "아이고, 우리 아들 정말 잘했네. 근데 무슨 문제를 틀렸는데?" "엄마, 반대말을 묻는 문제였는데요. 근데 아무래도 선생님이 채점을 잘못한 것 같아요. 엄마! '보통'의 반대말은 '곱빼기' 맞지요?"

중국집에서는 '보통'의 반대말이 '곱빼기'가 맞는지 몰라도 시험을 출제한 선생님의 의도와 맞아야 정답이 됩니다. 어느 초등학교 1학년 국어 시험에 이런 문제도 있었습니다. "문제1: 어른이 선물을 주시면 뭐라고 대답해야 하는지 5글자로 쓰시오." 문제 밑에는 네모 칸 5개가 그려져 있었습니다. 답은 '감사합니다' 혹은 '고맙습니다'와 같은 말을 칸에 맞추어 쓰라는 것인데 한 아이는 그 5개의 네모 칸에 한 글자씩 맞추어 이렇게 써넣었습니다. "뭘 이런 걸 다."

기발하게 조합을 했지만 그것은 선생님이 요구하는 답이 아니었습니다. 칸을 맞추고 글자를 채워 넣었다고 해서 그것이 답이 되는 것은 아닙니다. 모세는 억지로 칸만 맞춘 것이 아니라 하나님께서 원하시는 삶을 멋지게 살아냅니다. 인생 마지막 부분에서도 그는 하나님이 원하시는 대로 깔끔하게 삶을 마무리하고 있습니다. 하나님이 기뻐하실 만큼 완벽하게 삶을 살아냅니다. 도대체 그는 어떻게 살았기에 그것이 가능했을까요? 그의 인생을 압축해서 보여주고 있는 히브리서 11장 말씀에는 궁중에서 장성한 모세가 믿음을 갖게 되면서 어떤 자세로 살았는지를 알려줍니다. "바로의 공주의 아들이라 칭함 받기를 거절하고 도리어 하나님의 백성과 함께 고난 받기를 잠시 죄악의 낙을 누리는 것보다 더 좋아하고 그리스도를 위하여 받는 수모를 애굽의 모든 보화보다 더 큰 재물로 여겼으니 이는 상 주심을 바라봄이라"(히 11:24~26). 그리고 이어지는 말씀은 출애굽 당시의 상황을 묘사하는데 그가 "왕의 노함을 무서워하지 아니하고 곧 보이지 아니하는 자를 보는 것 같이 하여 참았으며"(27절) 믿음으로 명령하신 바를 수행하였다고 소개합니다. 어떻게 그는 애굽의 영광을 내려놓을 수 있었을까요? 하나님을 만났고, 그분이 원하시는 것을 발견했기 때문이며, 자기 백성들을 구원하시려는 하나님의 마음을 알았기 때문이었습니다.

출애굽기 3장은 모세를 처음 부르시는 장면을 전하면서 하나님을 주어로 하여 다음과 같이 묘사합니다. "이스라엘 자손의 부르짖음이 내게 달하고 애굽 사람이 그들을 괴롭히는 학대도 내가 보았으니"(출 3:9). 하나님께서 그들이 부르짖는 소리를 들으셨고, 그들의 아픔을 보셨으며,

그들을 구원하려는 계획을 세우십니다. 모세가 모든 것을 내려놓고 달려가는 생을 살 수 있었던 것도, 그리고 늘 하나님의 뜻에 순응하는 마음을 알았던 것도 늘 한 가지 때문에 가능한 일이었습니다. 하나님의 마음을 알았기 때문이고, 하나님의 가슴을 가지고 살았기 때문이었습니다. 모세의 생애가 위대한 것은 바로 그러한 점 때문이었습니다. "여호와께서 그를 애굽 땅에 보내사 … 행하게 하시매 … 그것을 행한 자이더라 …"(신 34:11~12). 사실 이것은 당시의 권력구조나 정치세계를 안다면 그렇게 녹녹한 일이 아니었습니다. 아니 액면 그대로 순종하면서 산다는 것은 거의 불가능한 일이었습니다. 그런데 하나님께서 보내시니 그대로 순종하여 달려갔고, 하나님께서 명령하시니 생명을 걸어야 하는 길을 걸어갔으며, 목숨을 걸어야 할 일을 그대로 행하고 있습니다. 이스라엘 백성들을 향하여 가슴이 타고 있었던 하나님의 가슴을 알았기 때문입니다. 신현림 시인은 그의 시에서 그 마음을 잘 표현해 줍니다.

깊고 진하게 살고 싶다
무엇이 되려고
바위처럼 되려고

무엇에든 쉽게 흔들리지 않고 깨지지 않는 바위
해와 달, 별을 감싸 안는 하늘을 사모하고
젖은 제 몸만 말리는 일상이 되지 않게
지친 자를 만나면 섬이 되어주고

마음의 눈은 혜안이 되고

괴로울 때에라도 희망을 엿듣고

지진으로 구겨진 도시를 볼 때처럼

무섭게 가슴이 타고

언젠가 차가운 빗물이 되더라도

바위처럼 단단히 살아내려고[11]

'지진으로 구겨진 도시를 볼 때 무섭게 가슴이 타들어가는 마음 …' 그것이 하나님의 마음 아니겠습니까? 400년 노예생활의 긴 고통 가운데서 울부짖고 있는 이스라엘 백성들의 고통을 하나님께서 보셨고 들으셨답니다. 그리고 모세를 보내실 때 하나님께서 보시는 것을 함께 보고, 그분이 애타시는 마음을 그대로 가지고 달려갔답니다. 세상을 볼때 아버지의 마음으로 보고, 누구를 대할 때 아버지의 마음으로 대할 수 있다면 그것은 그리스도인으로서 가장 소중한 자세가 아니겠습니까? 놀라운 건 그 마음을 가지고 일어선 사람이 있었을 때 거기에서 구원의 역사가 펼쳐진다는 사실입니다.

사랑, 그 진한 가슴으로

한때 세간의 주목을 받았던 조서환 사장은 샴푸와 린스를 하나로, 트리트먼트가 하나로 된 '하나로 샴푸'라는 것을 만들어 주목을 받았고, 20개의 치아를 80세까지 보존해 준다는 '2080 치약' 마케팅에 성공했으며, 모 회사의 3세대 이동통신 브랜드의 마케팅을 담당해 크게 성공을 거둔 마케팅의 귀재로 알려진 분입니다. 그의 인생 이야기를 담은 책의 첫 부분에는 도무지 극복하기 어려웠던 인생의 힘든 시간, 그 고난 가운데서 일어설 수 있었던 비결을 들려줍니다.

나는 혈기 넘치는 스물세 살 육군 소위 때 부대에서 사고로 오른손을 잃었다. 내가 쓰러지는 모습도 생생하게 기억이 난다. 들 것이 있는 곳까지 가는데 환장할 지경이었다. 피가 파악 터져 나오면서, 머리는 깡통 찌그러지듯이 마구 오그라들고, 목이 지지직 타들어가는 것이 정말 죽을 것 같았다. … 차는 전속력으로 달려가고, 헬리콥터는 막 뜨려고 들썩들썩하고, 거기서 하얀 천사들이 사악 내려오는 모습까지 보고 의식을 잃었다. 사고 후 얼마가 지났을까, 의식이 깨어난 순간 누가 "눈 떴어요"라고 말하는 소리를 들었다. 눈을 딱 뜨니 아버지가 병실로 울면서 들어오시는데, 그냥 눈물을 뚝뚝 흘리는 것이 아니라 "아이고 이놈아, 으흐흐 …"하시면서 반쯤 뒤집어지신 것 같았다. "아버지, 군인 생활은 더 못하겠지만, 저 살아있지 않습니까." 나는 깨어나자마자 아버지 눈물을 보고 아버지를 위로하기 시작했다. …

그렇게 며칠이 지나고 고통에도 어느 정도 익숙해지자 애인 생각이 났다. 머리며 팔에 붕대를 칭칭 감고 누워 있는 미이라 같은 모습을 보여주려니 갑자기 겁이 덜컥 났다. 한 달 전 면회 왔을 때만 해도 오른손이 있었는데, 한 손이 없는 상태로 그녀를 어떻게 만날지 걱정이 되기 시작했다. … 연락하자니 두렵고, 안하자니 보고 싶고, 자존심이라면 자존심이고 사랑이라면 사랑인데 나의 다친 모습을 보여주는 것은 지금까지 살면서 유일하게 두려운 일이었다. 그러다가 내 가슴은 보고 싶어서 거의 미칠 지경이 됐다. 결국 힘들게 연락을 해서 이 사람이 왔다. … 산도라지꽃 빛깔의 코트를 입은 하얀 얼굴의 그녀가 통합병원 문을 열고 들어서는데 그 모습이 눈부시게 예뻤다. 그렇게 예쁜 그녀가 내 모습을 보자 아무 말 못하고 그냥 우두커니 서있는데 가슴이 메어졌다. …

나는 속으로 간절히 아직도 나를 사랑하는지 묻고 싶었다. 그것도 정말 급히 묻고 싶었다. 하지만 자존심 때문에 입이 떨어지지 않았다. 괜히 물어보았다가 아니라고 하면 어쩌나 두려움이 엄습했다. 서로 바라만 보다가 한 30분쯤 지났을까, 마지막 남은 용기를 짜내어 겨우 입을 열었다. "아직도 … 나 … 사랑해?" 그랬더니 말없이 … 고개를 두 번 끄덕였다. 고개를 끄덕이는 모습이 얼마나 예쁜지 꼭 천사 같았다. 세상을 다 얻어도 그보다 기쁠 것 같지 않았다 ….

하지만 가슴이 터질 것처럼 기뻤던 것도 잠시, 정신을 차리고 나니 '이건 너무 이기적이다. 오른손잡이가 왼손 하나만 가지고 이 예쁜 사람을 행복하고 유복하게 해 줄 수 없을 텐데, 진짜 사랑한다면 이제 그만 이 예쁜 사람을 보내줘야 한다'는 생각이 들었다. 나는 그 자리에서 "나 당신 사랑할 수 없으니 얼굴 봤으면 이걸로 정리하고 끝내자"고 거짓말을 했다. 그러자 그 사람은 눈

시울이 빨개지면서 울먹이는 목소리로 차분하게 이야기를 했다. "지금까지는 당신에게 내가 필요 없었는지 몰라요. 그런데 지금부터는 당신 곁에 내가 있어야 해요." 이 소중한 사람을 어떻게 하면 행복하게 해 줄까. 다른 생각은 들지 않았다. 그때부터 '내 안에 잠들어 있던 거인'이 깨어났다.[12]

여자친구는 직장을 그만두고 병원 옆에 방을 얻은 다음에 진종일 병원을 떠나지 않고 간호를 했습니다. 그런데 어느 날 여자친구 아버지가 병원에 나타났습니다. 22살의 예쁜 딸이 온몸에 하얀 붕대를 휘감고 움직이지도 못하고 누워 있는 청년을 간호하고 있는 그 모습을 보면서 아무런 말씀도 하지 않고 딸에게 "가자" 한마디를 하며 끌다시피 데리고 나갔습니다. 여자친구는 억지로 끌려 나가 차 안에서 계속 아버지를 설득했습니다. "아버지, 좋은 예는 아니지만 만일 엄마하고 아버지하고 행복하게 잘 지내시다가 아버지가 어쩌다 손을 다치셨다면 아버지는 엄마가 어떻게 하면 좋겠어요. 엄마가 아버지를 버리고 떠난다면 아버지는 어떠시겠어요. 나는 그 사람 전부를 사랑했지, 오른손을 사랑한 것은 아니예요. 그 사람은 정신이 건강한 사람이에요. 게다가 손 하나는 있잖아요. 그 사람은 반드시 일어날 사람이에요."[13]
딸의 장래가 걸린 문제이니 그렇게 설득하는 이야기가 아빠의 귀에 들어올 리가 없었습니다. '내 딸을 할지, 나가서 그 녀석 아내를 할지' 둘 중 하나를 선택하라고 했고, 설득하다가 지친 그 여자친구는 결국 남자친구를 선택한다며 집을 나왔습니다. 기적처럼 사랑이 그에게 왔을 때 마음속에는 큰 기쁨과 감동이 밀려왔고, 그날 그는 굳게 결심합니다. '열심히 노력하여 평생 이 여자를 행복하게 해 주겠노라!' 그렇게 해서 그는 그 아픔과 불행을 딛고 재기에 성공하였고, 오늘날 각광받는 마케팅의 귀재로 굳게 설 수 있었답니다.

무엇이 그로 하여금 일어서게 한 것인가요? 사랑의 마음이었습니다. 그래서 조서환은 재기의 비결을 물어오면 언제나 아내 이야기를 꺼냈고, 아내가 어떤 사람인지를 물어오면 "아주 독~~실한 크리스천"이라고 한답니다. 그의 아내가 하나님의 가슴을 가지고 고난 가운데 있는 한 남자를 껴안았을 때 그는 일어설 수 있었습니다.

모티베이터(motivator)! 하나님의 백성을 향한 하늘 아버지의 마음을 알았기에 예수님은 하늘 보좌를 버리시고 이 땅에 달려오셨고, 상한 심령들, 상처난 가정들, 소외되고 잊혀진 영혼들을 품에 안으시고 생명의 말씀으로 권면하셨습니다. 그곳에서 생명이 살아났고, 가정이 회복되었으며, 인생의 치유와 일어섬의 역사가 일어났습니다.

거기에서도 하나님의 가슴을 가지고 모세가 달려갔을 때 수많은 사람들이 일어설 수 있었습니다. 모티베이터가 있었기에 가능한 일이었지요. 이스라엘 백성을 향한 하나님의 사랑의 마음을 알았기에 모세는 바로 그 일을 위해 달려갔고, 평생 모티베이터로 살았습니다. 그 가슴으로 백성들을 대하였고, 권력자들 앞에 섰습니다. 하나님의 눈으로 사람을 보고 사물을 보기 시작하였을 때, 거기에서 사람들이 하나님 앞에 세워지는 기적이 일어났습니다. 모티베이터가 이룬 기적이었습니다.

기적으로 가득 채워진 길

걸어온 힘든 인생길을 돌아보면 그때 그 일이, 그때 그 순간이 기적이었구나 하는 생각을 할 때가 많이 있습니다. 삶의 굽이굽이마다 기적과 같은 일들을 참 많이 허락하셨음을 깨닫게 됩니다. 그래서 김종삼 시인은 때론 출렁이기도 하고, 흔들리기도 하고, 뒤집힐 때도 있었지만 가만히 돌아보니 살아온 인생길이 기적이었음을 노래합니다.[14] 죽을 만큼 힘이 들고 숨이 막히는 것 같은 때도 있었고, 가슴이 서늘해질 정도로 힘든 순간도 있었지만 그분의 손길에 붙들려 걸어온 길을 돌이켜보니 기적이었음을 고백합니다.

'화사한 날'을 꿈꾸며 달려왔는데 그날이 눈앞에 있는데 그건 안 된답니다. 섭섭하고 울고 싶었지만 그 마음은 접고 그 자리에서도 하나님의 뜻을 받아들입니다. 그 순간에도 하나님께 영광과 기쁨만 안겨 드리고, 홀연히 세상을 떠납니다. 지금껏 살아온 것도 기적이었지만 이제 인생 마지막 부분에서도 또 하나의 기적을 만들어내고 있습니다. 하나님 앞에서 자신의 야망과 바람을 내려놓는 기적, 하늘 궁정을 사모하며 달렸기에 이 땅의 모든 것을 내려놓을 수 있는 기적 ….

고교 시절 펄 벅의 『대지』(大地)를 처음 읽은 적이 있습니다. 영문학계의 큰 나무인 서울대 영문과 장왕록 교수가 번역한 것이었는데, 그는 펄 벅의 여러 저서를 번역했을 뿐만 아니라 1960년대 한국을 자주 찾은 펄 벅 여사와 사적, 공적으로 친분을 나눴습니다. 여성으로서는 최초의 노벨문학상 수상자였던 펄 벅과 그는 '창작과 번역'이라는 문학의 공간에서 깊은 인연을 맺었습니다. 이들에게는 문학 외에 또 하나의 공통점이 있었습니다. 펄 벅에게는 두 딸이 있었는데 큰 딸이 심각한 정신장애를 앓고 있었고, 장왕록 교수에게는 소아마비를 앓는 딸이 있었습니다. 다리를 쓸 수 없는 딸을 중학교에 진학시키기 위해 서울지역 여자중학교들의 문턱이 닳도록 그는 찾아다녀야 했습니다. 그는 집에 편하게 앉을 수 있는 책상과 의자가 있음에도 항상 평상에서 글을 읽고 글을 썼다고 합니다. 책상 사용이 불편한 딸을 위한 배려였습니다. 또한 나이들어서도 혼자 앉아서 할 수 있는 일, 즉 번역에 딸이 관심을 갖게 하려고 애썼습니다.

한번은 펄 벅을 만나는 자리에 그 딸을 데리고 가서 딸을 이렇게 소개했습니다. "당신을 닮은 나의 셋째 딸입니다." 선천적 장애를 앓고 있는 딸을 키우는 펄 벅의 노고를 위로하려는 마음도 있었고, 사랑하는 딸이 펄 벅이나 그에게 많은 영감을 준 헬렌 켈러와 같은 삶을 살기를 마음속으로 바랐기 때문이었습니다. 아버지의 바람처럼 그 딸은 아버지가 걸었던 길, 아니 아버지가 걸어가기를 바랐던 그 길을 평생 힘차게 걸어갔습니다. 그리고 아버지의 바람처럼 아름다운 기적을 만들어 냈습니다. 그의 딸, 장영희는 평생 중증장애를 안고 살아야 했고, 세 번이나 암에 걸려 9년 동안이나 싸워야 했던 고단한 삶을 살았지만 아버지의 기대처럼 영문학자로, 교수로, 수필가로, 번역가로 불꽃 같은 삶을 살았습니다. 암 말기의 고통 속에서 책의 서문을 완성하고 8일 동안 혼수상태로 있다가 세상을 떠났습니다. 세상을 떠난 그 다음날 출판되어 나온 책의 서문에는 이렇게 쓰여 있습니다.

맞다. 지난 3년간 내가 살아온 나날은 어쩌면 기적인지도 모른다. 힘들어서, 아파서, 너무 짐이 무거워서 어떻게 살까 늘 노심초사했고 고통의 나날이 끝나지 않을 것 같았는데, 결국은 하루하루를 성실하게, 열심히 살며 잘 이겨냈다. 그리고 이제 그런 내공의 힘으로 더욱 아름다운 기적을 만들어 갈 것이다.[15]

아버지가 원하는 삶을 힘차게 살아내면서 살아있는 동안에도 그는 기적을 만들었고, 생의 마지막 순간에도 기적을 만들었습니다. 모세도 힘차게 달리면서 그의 생애 구석구석에 살아온 기적으로 가득 채워 넣었고, 죽음의 자리에서도 기적을 만들었습니다.

내 사모하는 집에 가고자

한 사람의 출생은 하나님의 특별한 섭리 가운데서 이루어질 뿐만 아니라 이 땅에서 이루어야 할 고유한 소명(vocation)이 그에게 주어집니다. 삶은 언제나 부르심에 대한 응답이며, 그것을 향해 달려가겠다는 약속을 담고 있습니다.

태어남은 하나의 약속이다. 나무로 태어남은 한여름에 한껏 물오른 가지로 푸르름을 뽐내라는 약속이고, 꽃으로 태어남은 흐드러지게 활짝 피어 그 화려함으로 이 세상에 아름다움을 더하리라는 약속이고, 짐승으로 태어남은 그 우직한 본능으로 생명의 규율을 지키리라는 약속이다. 작은 풀 한 포기, 생쥐 한 마리,

풀벌레 한 마리도 그 태어남은 이 우주 신비의 생명의 고리를 잇는 귀중한 약속이다. 그 중에서도 인간으로 태어남은 가장 큰 약속이고 축복이다. … 억만 분의 일의 확률로 태어나는 우리 생명은 그러면 무엇을 약속함인가. 다른 생명과 달리 우리의 태어남은 생각하고 이해하고 사랑할 수 있는 기회의 약속이다. 미움 끝에 용서할 줄 알고, 비판 끝에 이해할 줄 알며, 질시 끝에 사랑할 줄 아는 기적을 만드는 일이다. 그리고 살아가는 일은 이 약속을 지켜 가는 일이다. 괴물같이 어둡고 무서운 이 세상에 빛 동그라미들을 만들며 생명의 약속을 지켜가는 일이다.[16]

모세는 생명 있는 동안에 하나님의 말씀을 안고 달렸으며, 하나님의 가슴을 가지고 애굽으로 달려갔고, 하나님의 백성들을 바라보았습니다. 그는 힘차게 살다가 하나님께 기쁨만 안겨드리고 이 땅을 떠났습니다. 모든 것은 한 가지에서 결정되었습니다. 하늘 아버지의 마음을 아는 그것, 우리도 간구할 일입니다.

아버지 당신의 마음이 있는 곳에
나의 마음이 있기를 원해요.
아버지 당신의 눈물이 고인 곳에
나의 눈물이 고이길 원해요.
아버지 당신이 바라보는 영혼에게
나의 두 눈이 향하길 원해요.

아버지 당신이 울고 있는 어두운 땅에

나의 두 발이 향하길 원해요 ….[17]

    그 길고도 무더웠던 2007년 여름을 잊을 수가 없습니다. 2007년 7월 19일, 아프가니스탄에서 봉사활동을 펼치다가 무장한 탈레반에 의해 피랍되었던 샘물교회 봉사단원 23명의 소식이 타전되던 그 여름은 유난히 길고 지루했습니다. 해맑은 어린 아이들의 눈동자를 잊을 수 없어 여름휴가를 내고, 용돈을 절약하여 버려진 땅을 다시 찾아간 그들을 향해 던져진 여론의 비난은 그 여름을 더욱 힘들게 했습니다. 인솔자였던 배형규 목사와 20대의 한 형제가 희생을 당하고 천만다행으로 21명의 단원들은 안전하게 귀국했습니다. 9살의 딸아이와 아내를 두고 세상을 떠난 그의 장례식이 분당샘물교회에서 있었습니다. 장례식은 치러졌지만 장지는 없었습니다. 시신이 서울대학교 의과대학에 기증되었기 때문입니다. 생전 배형규 목사의 책상 앞에는 "온전한 헌신은 마지막 것을 드리는 것이다"라고 적혀 있었고 그의 유지를 따라 결정되었습니다. 샘물교회의 한 형제는 조사에서 그를 이렇게 추모했습니다.

    "지혜 있는 자는 궁창의 빛과 같이 빛날 것이요, 많은 사람을 옳은

    데로 돌아오게 한 자는 별과 같이 영원토록 빛나리라"(단 12:3).

    일그러진 습관을 넘어, 길들여진 상식을 넘어 우리와 다른 모습

    으로 사셨던 목사님. 마지막 순간까지 잃지 않았던 그 미소는 함

    께 보낸 시간만큼 우리 모두에게 낯설지 않기에 더욱 아픈 상상

으로 진동합니다. 가치와 허상을 수없이 오가던 젊은이들을 인내와 기다림으로 대하셨던 한결같은 모습, 청년을 제자삼아, 제자를 자녀삼아 옳은 길로 이끄셨던 진술한 마음, 우리 안의 모든 경솔함을 잠잠케 했던 말없는 섬김, 당신의 자리는 언제나 진리 한가운데였지만 당신의 가슴은 작은 자를 향해 열려 있었습니다. 사랑하는 배형규 목사님, 남은 자들의 위대한 스승이신 분, 이제는 세상에 없는 행복을 향해 넉넉히 날아가십시오. … 마지막 것을 드렸던 당신의 온전한 헌신은 날카로운 총탄을 녹이고, 붉은 산과 메마른 들녘을 지나 숨 쉬는 모든 자들의 가슴을 요동하는 장엄한 가르침이 되었습니다. 우리에게 남은 날이 어떠하든 이제 결코 잊지 않겠습니다. 오로지, 생명은 생명과만 바꿀 수 있음을.[18]

2017년 11월 1일, 장로회신학대학교 채플에서는 "제성절(All Saints Day)에 드리는 기억과 증언의 예배"를 드렸습니다. 제성절은 먼저 간 성도들의 섬김과 삶을 기억하고 감사하는 절기이지요. 장신대 116년의 역사 가운데서 32,000여명의 주의 종들을 배출하였는데 그날 예배에서는 순교한 선배들을 특별히 기억하면서 드리는 예배였습니다. 그날 예배를 기획하면서 '기억을 위한 공동기도'의 순서를 넣었습니다. 그 일부를 소개합니다.

인도자 : 구름같이 둘러싼 허다한 믿음의 선배들과 증인들을 기

억합니다. 믿음의 족장들인 아브라함과 이삭과 야곱을 주시고 하나님의 사람 모세와 하나님의 마음에 합한 다윗과 불의 사람 엘리야와 눈물의 설교자 예레미야, 굽힐 줄 모르는 믿음의 사람 다니엘과 하나님 나라를 바라보았던 한나와 룻, 복음의 증인들인 사도들과 복음에 가슴이 불타올랐던 바울과 디모데와 에바브라와 디도, 이름도 없이 주님을 섬겼던 수많은 믿음의 사람들 … 그들로 인하여 감사드립니다.

회　중 : 주여, 감사합니다.

인도자 : 장로회신학대학교의 116년의 역사 가운데 위대한 선배들을 주셔서 감사합니다. 1기 졸업생, 길선주, 방기창, 서경조, 송인서, 양전백, 이기풍, 한석진 목사로부터 시작하여, 김익두(3기), 최봉석(7기), 남궁혁(15기), 김인준(19기), 이도종(19기), 주기철(19기), 김화식(20기), 김철훈(31기), 손양원(31기), 김예진(33기), 이상양(기교과 70학번), 정성균(67기), 배형규(92기) 목사 등과 같은 목숨을 바친 수많은 순교자들을 허락하셨습니다.

다같이 : 주여, 감사합니다. 우리가 그 발자취를 따라가겠습니다. 그 바통을 쥐고 믿음으로 잘 달리겠습니다. 잘 섬기겠습니다.

배형규 목사는 장신대 신대원 92기 졸업생이었습니다. 그의 삶과 죽음을 증언하기 위해 동기생 목사님들이 함께 모였고, 학창 시절 가장 가까이 지낸 목사님 한 분과 분당샘물교회 장로이기도 하고 주치의였던 분이 증언을 맡았습니다. 당시 샘물교회는 그 선교팀이 가기 전에 7명의 장기 선교사를 마자리샤리프 지역과 칸타하르에 파송했습니다. 의사 2명, 간호사 2명, 교사 3명이었습니다. 아프가니스탄은 황폐화된 최빈국의 나라였고, 나무, 물, 먹을 것이 없는 3무의 나라였습니다. 먼저 파송 된 선교사들의 선교사역을 돕기 위해 선교팀이 방문했다가 아프가니스탄 가지니에서 탈레반에 납치되어 50일 동안 억류되었으며 그 중에 배형규 목사와 심성민 형제가 살해되었습니다.

그가 세상을 떠나고 고국으로 돌아올 때 그분의 시신은 화물로 분류되어 화물칸에 실려 돌아왔습니다. 장례가 끝난 후 순교자들의 유품이 배달되었습니다. 양탄자에는 순교자들의 피가 묻어 있었습니다. 펼쳤더니 피가 묻어 있는 곳에 알을 깠는지 구더기 몇 마리가 꿈틀거리고 있었습니다. 그 광경을 목도한 안양샘병원 원장이신 주치의 박상은 장로는 "순교자의 유품"이라는 제목의 시를 썼습니다.

> 순교자의 피로 물든 빛바랜 담요는
> 마치 아프간 땅처럼 느껴졌다
> 황량한 사막과 메마른 시내
> 전쟁의 폐허는 수많은 사람들의
> 피로 깊게 물들여져 있다
> 담요를 펼쳐보니

놀랍게도 수십 마리의 구더기들이
피를 빨며 뒹굴고 있는 것이 아닌가?

뉴스를 통해 보았던
탈레반 훈련모습이 떠오른다
황량한 사막에서 이리저리 뒹구는 탈레반 …

지금은 구역질나는 모습이지만
얼마 지나면
저들이 훨훨 나는 생명체가 될 것이다
저들에게서 날개가 솟아나
아프간 하늘을 마음껏 날 수 있으리라
아프간, 순교자의 피를 마셔라
탈레반, 순교자의 살을 취하라

머지않아 그대들
하늘나라 창공을 마음껏 날리니
눈물의 땅 아프가니스탄
기쁨의 땅 되리니
기뻐하라 아프가니스탄
번성하라 아프가니스탄
순교자의 피

샘처럼 매일 새롭게 솟아

아프간을 적셔주소서

아프간을 새롭게 하소서

생명을 잉태하소서 [19]

그날 92기 동기 목회자들이 먼저 선창을 하고 2,000여 명의 후배들이 목이 터져라고 찬양을 불렀습니다. 생전에 그가 가장 즐겨 불렀다는 '순례자의 노래'였습니다.

저 멀리 뵈는 나의 시온성

오 거룩한 곳 아버지 집

내 사모하는 집에 가고자 한밤을 새웠네

저 망망한 바다 위에 이 몸이 상할지라도

오늘은 이곳 내일은 저곳 주 복음 전하리

아득한 나의 갈 길 다 가고 저 동산에서 편히 쉴 때

내 고생하는 모든 일들을 주께서 아시리 … [20]

노래하게 하신 분을 따라 그 사막 길을 함께 걸으며 그가 불렀던 노래를 조용히 음미하면 우리의 남은 인생길을 어떻게 달려야 할지를 생각하게 합니다. 장신대 79기로 졸업했으니까 저에게는 13년 후배가 되는 분인데 참 멋지게 인생을 살다 가신 멋진 후배구나 생각이 들었습니다. 이 땅에서의 삶이 전부가 아니라 우리는 '영원한 시온성'을 향해 순례의 길을 가는 존재임을 다시 깨우쳐 줍니다. 한 젊은 목사님이 그 시온성을 바라보며 달리다가 그의 젊은 생을 낯선 사막 땅에서 내려놓았듯이 우리도 언젠가, 어딘가에서 우리의 생을 내려놓아야 할 것입니다. 지금은 아직 달려야 할 길이 있어 세워주셨기에 그 길이 비록 험하다 할지라도, 고난의 길이라 할지라도 벌떡 일어나 신실한 하나님의 사람으로 힘차게 달려야 합니다. 우리 생애 마치는 그날, 주님 품에 안기는 그날, "사랑하는 나의 종아, 고마웠다, 정말 고마웠다." 들려주실 그 음성을 기대하며 ….

02

결코 너는 떠내려가다 끝날 인생이 아니다

살아있는 것은 아름답다.
아무리 작은 것이라고 할지라도
살아있는 것은 아름답다.
- 양성우[21]

너희들의 시대는 어떤가

조선 중기, 정조 시대의 인물인 다산 정약용은 내가 살기 위해 남을 짓밟아야 하는 닫힌 시대, 증오의 시대에 태어났습니다. 집안이 남인이 었기 때문에 자신의 의지와 상관없이 남인이 되었으며, 뛰어난 천재성 과 학문성 때문에 그는 당파 싸움의 표적이 되었고, 결국 모함을 받아 강진 땅에서 18년 넘게 귀양살이를 해야 했습니다. 그의 매형이 최초 자청 세례자인 이승훈이었고, 조카사위가 '황사영 백서' 사건의 장본인 인 황사영이었습니다. 신유박해(1801) 때는 매형과 누이, 셋째형 정약 종이 처형당했습니다. 둘째형 정약전과 자신은 모진 고문을 받고 유배 형에 처해졌습니다. 한국 천주교의 기초를 닦은 이벽이 맏형 정약현의 처남이었고, 약현의 딸 명련은 황사영의 아내였습니다. 한 시대의 불운을 가득 안고 있던 가족이었습니다.

정약용은 실학의 완성자이며 개혁군주 정조의 오른팔이었으며, 학문의 전 분야를 섭렵한 조선의 천재였지만 어려운 시대에 태어나 고난의 세월을 보내야 했습니다. 그러나 다산은 좌절하지 않고 유배지에서 그 아픔과 고난을 위대한 학문으로 승화시켰습니다. 그의 형제들은 힘들게 생을 꾸려가야 했지만 조선 후기를 대표하는 지성으로 평가받고 있으며, 후대에 가장 높은 평가를 받는 인물들이 되었습니다. 이덕일은 이 비운의 주인공들을 소개하면서 그들이 우리에게 묻는 질문을 던집니다.

> 닫힌 시대는 살아남은 정씨 형제를 저주했다. 그러나 그들은 시대를 저주하지 않았다. 형제를 죽이고 매형을 죽이고 조카를 죽인 그 시대를 정약용 형제는 저주하지 않았다. "그 시대를 아파하고 세속에 분개하지 않는 시는 시가 아니다"라는 정약용의 유명한 시론처럼 시대를 저주하는 대신 아파했다. 그러나 애통하는 자는 불의한 시대에 위로 받지 못했다. 그 시대를 산 사람들은 내게 한결같이 "너희들의 시대는 어떠한가?"라고 물었다. 그 시대의 천재 이가환은 물었다. "너희들의 시대는 단지 반대당파에 속한다는 이유로 천재를 죽이지는 않는가?" 이승훈은 물었다. "너희들의 시대는 주류와 다른 생각을 가졌다는 이유만으로 사람을 죽이고, 열린사회를 지향한다는 그것을 국가에 대한 반

역으로 몰지는 않는가?" 정조는 이렇게 물었다. "너희들의 시대에도 나처럼 부친을 죽인 적당(賊黨)과 타협하며 미래를 지향했던 정치가가 있는가?" 정약전은 물었다. "너희들의 시대에도 불의한 세상에 대한 절망을 민중과 자연에 대한 사랑으로 승화시킨 사람이 있는가?" 그리고 정약용은 물었다. "너희들의 시대는 아무도 미워하지 않는 자를 죽이지 않는가?"[22]

이런 질문들이 우리를 괴롭게 하지만 우리 시대는 이것과 대면해야 하며, 그 질문을 외면해서는 안 된다고 그는 충고합니다. 어느 계파에서 태어났는가, 어디에서 배꼽이 떨어졌는가, 그것으로 사람이 평가되고, 다른 생각을 가졌다는 이유로 편을 가르고, 무조건 반대하고, 짓밟고 죽인다면 그것은 참 비극이 아닌가요? 노론, 소론, 남인, 서인 하면서 사색당파를 일삼던 그 비극이 조선을 망하게 했습니다. 그 이후에도 그 비극의 잔뿌리는 여전하여 그러한 비극을 계속 양산하고 있고, 정치 지도자들을 포함하여 각층의 지도자들은 은근히 그것을 이용하고 있습니다.

거기에 버려진 아이

출애굽기에서 가장 먼저 만나게 되는 모세도 그렇게 비극적인 시대에 태어났습니다. 가난한 농부의 아들로 태어나면 반드시 농부가 될 수밖에 없었고, 도시 빈민의 아들로 태어나면 빈민이 될 수밖에 없던 암울한 시대에 태어났습니다. 노예의 아들로 태어나면 노예로 살아야 할 운명을 안고 출생했습니다. 남자 아이는 노예로라도 생명을 지탱할 수 없는 시대에 태어났습니다. 레위 지파의 젊은 남녀가 만나 서로 사랑하게 됩니다. 사랑을 확인한 두 젊은이가 결혼에 이르지만 그 아름다운 사랑 이야기를 전하면서 성경은 그들의 이름을 감추고 있습니다. 나중 그들의 이름이 소개되지만 한 가정이 세워지는 이야기를 전하면서 그들의 존재 자체가 아무런 의미가 없고, 가정 자체가 비극을 잉태하는 그런 시대였음을 드러내려는 의도로 보입니다. 그 남자는 아므람이었고, 여자는 요게벳이었습니다. 결혼 후 아이를 갖게 되지만 그 순간부터 불안에 떨어야 했던 비극의 부모였습니다.

남자 아이이면 무조건 바로 죽여야 하는 그 암울한 시간에 모세가 태어납니다. 아들을 낳았는데 그가 잘생긴 것을 보고 석 달 동안 그를 숨겨 키웠답니다(출 2:2). 아들을 낳으면 바로 버려야 하는데 생명을 걸고 석 달이나 숨겼다는 말이지요. 그 이유가 아들이 잘생겨서라고 설명하는데 사실 고슴도치도 자기 새끼는 예쁜 법 아닙니까? 자기 아이가 예쁘지 않은 부모가 어디 있겠습니까? 그런데 성경을 자세히 보면 이것이 단순한 모성애의 표현만이 아님을 알 수 있습니다. 히브리서는 "그 부모가 아름다운 아이임을 보고 석 달 동안 숨겨"라고 말씀합니다(히 11:23). 이것은 부모의 관점에서 표현한 것이라면 사도행전은 다른 관점을 보여줍니다. "그때에 모세가 났는데 하나님 보시기에 아름다운지라"(행 7:20). 그냥 아름다운 것이 아니라 '하나님 보시기에' 아름다웠다고 말씀합니다. 그 아이에게 하나님의 선명한 목적이 있었음을 강조한 것입니다. 그 아이는 하나님의 구원의 목적을 위해 태어났고, 부모가 그것을 알았다는 의미입니다. 어쩜 그들은 400년 종살이를 마치고 반드시 가나안 땅으로 돌아오게 될 것이라는 창세기의 예언의 말씀을 믿고 기다렸다는 뜻입니다. "여호와께서 아브람에게 이르시되 너는 반드시 알라. 네 자손이 이방에서 객이 되어 그들을 섬기겠고 그들은 사백 년 동안 네 자손을 괴롭히리니 …"(창 15:13). 지금 그 젊은 부모는 하나님의 구원의 때를 기다리고 있었던 것입니다. 400년이 다 되어가는 때에 아이가 태어났으니 그런 소망을 가지고 아이를 숨겼다는 말입니다. "하나님, 혹 이 아들이 민족 구원의 역사를 위해 쓰임 받을 아이인가요?" 하나님의 놀라운 계획을 위해 귀하게 쓰임 받을 아이라는 사실을 안 다음에 그 부모는 생명을 걸고 그 아이를 지켜내려고 했다는 뜻입니다.

모세의 부모는 출생한 아이에게서 하나님의 구원의 역사를 보고 있었습니다. 그래서 엄격하고 두려운 바로의 법령을 두려워하지 않은 것입니다. 하나님을 신뢰하면서 사람을 두려워하지 않는 것을 성경은 '믿음'이라고 말합니다. 사람들은 '비운의 아이'라고 말하지만 믿음을 가진 부모는 그 아이가 '축복의 아이'임을 알았습니다. "믿음으로 모세가 났을 때에 그 부모가 아름다운 아이임을 보고 석 달 동안 숨겨 왕의 명령을 무서워하지 아니하였으며 …"(히 11:23). 그런데 아이가 자라면서 울음소리가 너무 우렁차서 더이상 숨길 수가 없게 되면서 자칫 다른 가족들까지 화를 당하지 않을까 두려움에 떨어야 했습니다. 더이상 품에 안고 있을 수 없어 부모는 내려놓기로 작정하였습니다. 그렇게 모세는 나일강에 버려졌습니다.

아버지 아므람과 어머니 요게벳은 아이를 돌보도록 세워진 부모였지만 어쩔 수 없는 상황이 되었을 때 사랑하는 아들을 나일강에 내려놓았습니다. 정확히 말하면 아이를 버린 것입니다. 그런데 성경은 이런 부모의 행동을 전하면서 아이를 갈대상자에 담아서 나일강가에 두었다는 사실을 강조합니다. "그를 위하여 갈대상자를 가져다가 역청과 나무진을 칠하고 아기를 거기 담아 나일강가 갈대 사이에 두고"(출 2:3). 죽을 운명 가운데 태어난 아들을 살리기 위해 눈물로 갈대상자를 엮은 다음, 아이를 그곳에 담아 나일강에 내려놓았다는 말입니다. 그 아이 때문에 가족이 함께 죽을 수 없어서 부모는 어쩔 수 없이 아들을 버렸습니다. 표면적으로 보면 그 말은 맞는 말이지만 모세의 부모는 자신들이 아이를 보호할 능력이 없을 때 그를 하나님의 손에 맡긴 것입니다. 버린 것이 아니라 하나님의 손에 내려놓았음을 성경은 강조합니다.

거기 내려놓음

그렇게 어린 모세는 갈대상자에 담겨서 하나님 앞에 놓여 있었습니다. 그것은 모세의 생명을 지켜줄 수 없는 보잘것없는 상자이고 그렇게 떠내려가다가 파도에 휩싸여 뒤집힐 수밖에 없는 절망의 상자였습니다. 갈대는 나일강가 진흙에서 자라던 파피루스였을 것이고, 그것으로 작은 상자를 만들어 역청을 발라 물이 들어오지 않게 하였습니다. '상자'로 번역된 히브리어 '테바'는 성경에서 자주 사용하지 않는 단어인데, 창세기에서는 이것을 '방주'(창 6:14)로, 출애굽기에서는 '갈대상자'(출 2:3)로 번역하고 있습니다. 갈대로 작은 상자를 만들었는데 하나님께서 아이를 구원해 주실 방주로 생각하고 그것을 만들었다는 말입니다. 사람들이 조롱하고 비난을 해도 약속의 말씀을 붙잡고 '테바'를 지었는데 지금 그들도 그 심정으로 아들의 생명을 구해 줄 방주를 지었다는 말입니다.

어떻게 이 작은 상자가 이 아이의 생명을 지켜줄 수 있을까요? 모세의 부모는 믿음과 눈물의 기도로 아이를 위한 테바를 만들었습니다. "우리 품에 안겨주신 이 아이를 더이상 숨길 수 없어 하나님 앞에 부탁합니다. 이 아이를 하나님께 맡깁니다. 이 아이를 구원해 주옵소서!" 그리고 그것을 넘실대는 나일강에 내려놓습니다. 내려놓음, 그것은 실로 어려운 일입니다. 그러나 하나님 앞에 내려놓으면 그분이 역사하실 줄 믿고 모세를 하나님 앞에 내려놓았습니다.

신앙생활은 내려놓음으로부터 시작됩니다. 하나님의 은혜도 내려놓을 때 나타납니다. 우리는 끊임없이 내 것 챙기기에만 골몰하지만 하나님은 우리에게 "내려놓으라"고 말씀하십니다. '내려놓음'이란 나를 비우고 하나님으로 채우는 삶의 행위입니다. 그것은 하루아침에 이루어지지 않습니다. 매일 매일의 삶 속에서 훈련과 결단으로부터 시작됩니다. "당신이 내려놓으면 하나님이 움직이신다!"라고 말하면서 이용규는 그의 경험을 이렇게 들려줍니다.

아들 동연이가 두 살 때 함께 장난감 가게에 간 일이 있다. 동연이는 자신이 좋아하는 버즈(만화영화 '토이스토리'에 나오는 캐릭터) 장난감을 두 팔로 꼭 움켜쥔 채 가게를 나오려고 했다. 그러나 장난감을 계산하기 위해서는 그것을 계산대에 올려 바코

드 판독기를 통과시켜야 했다. 그래서 점원이 동연이의 팔에서 장난감을 넘겨받으려고 했을 때, 동연이는 울며 장난감을 꼭 쥔 채 내려놓으려 하지 않았다. 장난감이 진정한 자기 것이 되게 하기 위해서는 잠시 계산대에 그것을 내려놓아야 한다는 사실을 몰랐던 것이다. 하나님께서 우리에게 주시는 영적인 선물도 이와 마찬가지이다. 우리가 내려놓기 전에는 진정한 것을 얻을 수 없다. 영적으로 어린아이인 우리는 내려놓으면 빼앗긴다고 생각한다. 그래서 더 움켜쥐려 하고, 결국 그렇게 잡고 있는 한 그것은 진정한 우리 것이 되지 못한다. 오히려 그것들이 우리를 옥죄게 된다. 그날 결국 동연이는 장난감을 안은 채로 계산대 위에 올라가야 했다. 하지만 우리가 붙잡고 있는 문제는 그렇게 쉽게 해결될 수 없다.[23]

어쩔 수 없는 상황에 처했을 때 모세의 부모도 그런 영적인 원리를 명확히 깨달은 것입니다. 어려운 상황에서 하나님 섬기는 일을 수행하던 레위 지파 출신인 두 남녀는 신실하게 섬기면서 하나님께서 다스리시고 통치하시는 그 나라를 꿈꾸었을 것입니다. 가슴속에는 하나님의 구원에 대한 열망을 가지고 인생의 그 험한 길을 달려왔고, 사랑하는 자식을 버려야 하는 기가 막히는 상황에서도 하나님을 전적으로 신뢰하면서 그분의 손에 아이를 내려놓았습니다.

그러나 그건 그리 쉬운 일은 아닙니다. 필자는 신대원 졸업반 때 첫 아이를 잃었습니다. 그때 저는 서울의 한 교회의 고등부 교육전도사였고, 임신 7개월이었던 아내는 고등부 교사로 함께 섬기고 있었습니다. 그해 성탄절 이브에 아내와 함께 버스를 타고 2시간이 걸리는 길을 달려가 오전부터 교회에서 이것저것을 준비하여 학생들과 성탄절 이브 올나잇(All Night) 프로그램을 진행했습니다. 교회에서 그렇게 꼬박 밤을 지새운 후에 고등부와 장년부 성탄절 예배를 드리고 저녁이 되어서야 집에 돌아왔습니다. 서른 시간이 넘는 시간을 교회에서 보내고 온 셈입니다. 그런데 그게 무리가 되었는지 그날 밤 아내는 복부 통증을 호소해 왔습니다. '무슨 일이 있을라고? 그러다 좋아지겠지 ….' 안이한 생각에 병원 갈 생각은 하지 못하고 함께 기도만 했습니다.

마지막 주일에 사례비가 나오기 때문에 솔직히 그때는 주일 헌금과 교회 갈 왕복 차비만 있었지 병원에 갈 돈이 없었습니다. 밤이 깊어가면서 진통은 조금 더 심해졌습니다. 그렇게 옆에서 걱정을 하다가 전날 밤을 꼬박 새운 탓에 깜박 잠이 들었는데 새벽 2시 경에 일어나보니 아내는 배를 움켜쥐고 고통을 참고 있었습니다. 통금이 해제된 새벽 5시에야 아내를 데리고 동네 산부인과를 찾아가 문을 두들겼습니다. 왜 이제야 병원에 왔느냐는 야단을 맞았고, 요즘 같으면 충분히 살릴 수 있는 아이였지만 그렇게 해서 첫아이를 잃었습니다. 오랜 시간이 지났는데 그 아픔과 비통함은 아직도 가슴에 깊이 남아 있습니다. 지금도 미안해서 아내에게는 그 이야기를 잘 못합니다.

태중에서 8개월이 되어가는 아이를 잃어버린 것도 30년이 지났지만 아직도 가슴에 비통함으로 남아 있는데 3개월을 품에 안고 키운 아이를 나일강에 던져야 했던 모세의 부모의 심정은 훨씬 더했을 것입니다.

어쩔 도리가 없어서 그 아이를 갈대상자에 담아 내려놓았지만 그 상자는 도도하게 흐르는 강의 물결로부터 어린 생명을 지켜주기에는 턱없이 작고 보잘것없었습니다. 상식적으로 생각해 보아도 갈대로 엮어진 작은 상자는 아이를 영원히 지켜줄 수 없는 별 의미 없는 상자였습니다. 결코 오래갈 수 없는 상자였습니다. 거기에는 방향을 잡아주는 조정키도 없고, 동력을 제공하는 돛대도 없고, 떠내려가지 않도록 붙잡아줄 닻도 없었습니다. 부모는 누구보다도 그것을 잘 알았지만 그 작은 갈대상자를 믿었던 것이 아니라 하나님의 능력의 손길을 믿었기에 내려놓을 수 있었습니다. 하나님의 세계는 내려놓음으로 보이는 세계입니다.

거기에 개입하시는 분이 계셨다

갈대상자, 그것은 아무도 주목하지 않는 상자였습니다. 태어난 히브리 노예의 남자 아이들이 다 죽어가는데 이 아이만 특별히 여길 사람은 아무도 없었습니다. 그러나 그 시간, 그 비극의 강가에 그 갈대상자를 뚫어지게 주목하시는 분이 계셨습니다. 그분은 바람의 방향과 속도를 조종하고 계셨고, 하염없이 떠내려가는 작은 갈대상자를 정확하게 인도하고 계셨습니다. 세상 줄이 다 끊어졌고, 마지막 부모의 끈도 다 끊어진 자리에서 섬세하신 손길로 이끌어 가고 계셨습니다. 역사의 어두운 밤, 불법이 자행되고 폭력이 난무하는 자리에 함께 계시는 분이 있습니다. 그래서 박두진 시인은 같이 울어주시는 분, 거기에 우뚝 계시는 그 놀라운 분을 뵈옵고 외로운 노년에도, 죽음이 다가오는 그런 시

간에도 노래하고 있습니다.[24]

우리 인생도 갈대상자에 담겨 있습니다. 어떤 사람의 갈대상자는 좀 최신 것이고, 누구의 것은 좀 오래된 것일 수도 있습니다. 모양을 내기도 하고, 좀 더 튼튼하게 지어지기도 했고, 고급 역청을 사용한 것도 있습니다. 부착된 멋진 장식이 사람들의 눈길을 끌 수도 있습니다. 그러나 그것은 단지 갈대상자일 뿐입니다. 내던져져 지금 하염없이 떠내려간다는 생각이 들 수도 있습니다. 모세가 담긴 작은 갈대상자도 지금 떠내려가고 있지만 모세도, 그 부모도 할 수 있는 것이 없습니다. 거기 버려진 자리, 떠내려가는 자리에 하나님께서 함께 계셨습니다. "하나님이 우리와 함께 계시다!" 그것이 복음의 핵심입니다. 그것을 온 가슴으로 고백하고, 감사하고, 찬양하는 것이 예배이며, 그것을 진술하는 것이 설교입니다. 월터 브루그만(Walter Brueggemann)이 말한 대로 최고의 신학은 하나님께서 우리와 함께 계신다는 사실을 정확하고 담대하게 진술합니다.

칼날 위를 걸어가는 것과 같은 시간, 하루하루를 어떻게 견딜 수 있을지, 이 아픔의 시간이 언제 끝날 수 있을 것인지, 도대체 하나님은 나의 이 아픔과 눈물을 아시기나 하시는 것인지, 내 인생 이대로 끝나는 것은 아닌지 두렵고 불안하기만 할 때도 하나님의 손에 이끌리는 갈대상자라면 소망이 있습니다. 모세의 갈대상자는 평범한 상자였지만 보통 상자가 아니었습니다. 그 안에 담긴 작은 아이에게 하나님의 선하신 목적이 있었기 때문입니다.

그는 그렇게 3개월 살다가 죽을 아이로 이 땅에 태어나지 않았으니다. 그 아이는 민족 구원을 위해 영광스럽게 쓰임 받을 그런 아이였습니다. 지금 하나님의 그 목적이 그 상자를 이끌어 가고 있었습니다. 그러므로 갈대상자는 하나님의 그 목적이 이루어질 때까지는 나일강의 파도도, 악어도, 세상의 권력자도 어찌하지 못할 것입니다. 그때까지 그 상자는 결코 뒤집히지 않을 것입니다. 죽을 것 같고 뒤집힐 것 같아도 그건 단지 느낌일 뿐입니다. 그 갈대상자는 지금 하나님께서 함께 하시는 상자였습니다. 하나님께서 그것을 붙잡고 계시는 한 세상의 권력자도, 나일강의 파도도 어찌할 수 없는 상자였습니다.

아이는 부모의 손을 떠났고, 그 아이의 운명은 거기에서 끝나는 것처럼 보였습니다. 하지만 거기에 하나님께서 함께 계셨고, 그 흐름 가운데 개입하시기 시작하셨고, 역사하고 계셨습니다. '하나님의 개입!' 그것이 있으면 인생은 세워집니다. 하나님이 은혜를 베푸시니 바로의 공주가 나일강에 나갑니다. 목욕할 곳은 왕궁에도 많은데 그가 나일강으로 목욕을 나가고, 거기에서 떠내려가는 작은 갈대상자를 보게 됩니다. 무심히 보고 넘길 수 있었을 텐데 궁금해서 견딜 수가 없어서 그 상자를 가져오게 합니다. 뚜껑을 여는 순간, 그곳에 담겨 있던 아이가 강한 햇살에 놀라 울음을 터뜨립니다. 울고 있는 그 히브리 노예의 아이를 보고 불쌍한 마음이 불일 듯 일어납니다. 우연이었습니다. 정말 기가 막히게 잘 맞아떨어진 우연이었습니다.

그 아이가 갑자기 불쌍한 마음이 들고 사랑스러워 참지 못합니다. 바로 왕이 알면 왕궁에서 쫓겨날 수도 있는 일인데, 위험을 감수하고 그 아이를 양자로 삼기로 하고, 즉석에서 유모를 구해 아이를 기르게 합니다. 일반적으로 애굽에서는 유모가 아이를 맡으면 4년 후에 집으로 돌려보내곤 했는데 그렇게 하여 모세는 엄마 품에 다시 안기게 됩니다. 엄마는 돌아온 아이를 품에 안고 기도를 먹이고 하나님의 말씀을 가르쳤을 것입니다. 우연이었을까요? 기가 막히는 우연처럼 보이지만 거기에 하나님께서 개입하시자 일어난 일들이었습니다. 우연히 일어난 일이 아니라 하나님의 역사로 된 일이었습니다. 성경은 하나님께서 이스라엘의 고통을 분명히 보고, 듣고, 알고 계셨으며, 기억하시고, 돌보시고, 인도하셨다고 말씀합니다(출 3:7, 2:23~25). 그 긴 아픔의 시간, 고통 가운데 허덕이고 있는 그들을 결코 잊으신 것이 아니었습니다. 아픔으로 가득 찬 삶의 자리, 거기에도 하나님께서 함께 계셨고, 일하고 계셨습니다.

던져진 인생, 아니었거든요

하나님께서 역사하시니 그 아이는 물 밖으로 건짐을 받았고, 이름이 주어집니다. '모세, 물에서 건져내다.' 그것은 히브리어로는 '건져내다'라는 뜻을 가진 말이지만 이집트어로는 "나의 사랑스러운 아들"이라는 뜻을 가진 예쁜 이름입니다. 그것은 당시 널리 쓰이던 이름이었습니다. BC 1500년대 이집트 제18왕조의 3번째 왕의 이름이 투트모세(Thutmose) 1세였고, 그를 이어 왕이 된 아들은 투트모세 2세였습니다. '투트의 사랑스러운 아들'이라는 뜻입니다. 애굽의 공주는 "내가 그를 물에서 건져내었음이라"(출 2:10)면서 '내 사랑하는 아들'이라고 이름을 붙입니다. 그가 건져냈고, 그가 살린 것이 맞습니다. 유모를 찾아서 아이를 맡기면서 내 아들에게 젖을 먹여서 키우라고 말했고, 자기가 삯을 주겠다고 말했습니다. 모든 걸 그녀가 한 것이 맞습니다. 끊임없이 그녀는 '내가, 내가, 내가 … 했다'고 주장합니다. 죽여야 할 히브리 노예의 아이를 갈대상자에서 꺼낸 것도 그녀였고, 죽일 것인가 살릴 것인가를 결정한 것도 그녀였습니다. 아이를 입양하여 아들을 삼은 것도 그녀였고, 유모를 구해 아이를 맡긴 것도 그녀였고, 삯을 준 것도 그녀였습니다.

그런데 성경은 말씀합니다. "아니다! 하나님이 하셨다. 모세는 하나님께서 그의 역사를 위해 죽음의 물에서 건져내신 하나님의 사람이다!" 물에 내던져진 그 아이는 하나님의 손에 철저히 붙들린 인생이었습니다. 하나님께 맡겼더니 그분이 살리십니다. 하나님이 역사하시니 모세는 '유모'라는 이름이 하나 더해진 엄마 요게벳의 품으로 돌아갑니다. 무엇을 위해서였을까요? 모세 가슴에 야웨 신앙을 심어주기 위해서였습니다. 아직 꽁꽁 얼어붙어 있었지만 거기에서도 하나님의 역사는 계속되고 있었습니다. 그래서 나희덕 시인은 "빨래는 얼면서 마른다"고 노래하지 않던가요? [25]

얼면서 빨래가 말라가듯이 모세는 나일강에 던져졌고, 떠내려가고 있었고, 공주의 아들로 바뀌고, 유모라는 이름을 단 엄마 품에 안겨서 어린 시절을 보내야 했지만 얼면서 세워지고 있었습니다. 하나님은 오늘도 작고 어린 모세를 지켜보고 계셨고, 아무것도 할 수 없었던 가련한 모세와 그의 '갈대상자'를 지켜보고 계셨습니다. 이대로 끝나지 않을까, 넘실대는 나일강의 파도가 삼켜버리지는 않을까, 내 인생이 뒤집혀지지나 않을까, 염려가 봇물 터지듯 몰려오던 그 시간에도 하나님께서는 한 치의 오차도 없이 그를 인도하고 계셨습니다. 인생의 어두운 밤에 하나님의 역사를 위해 슬픈 운명 가운데 태어난 그 작은 아이를 주목하고 계셨고, 은혜로 그를 감싸고 있습니다. "너는 떠내려가다가 끝날 인생이 아니다!"

03

홀로 걸어가는 그 길에서도
너는 혼자가 아니다

우리는 풍성함과 변혁과 회복을 열망한다.
우리는 가능한 것 그 이상을 열망한다.
- 월터 브루그만 [26]

무너지는 소리

정신의학자이자 호스피스 운동의 선구자인 엘리자베스 퀴블러-로스 (Elizabeth Kübler-Ross)는 2004년 8월에 세상을 떠나기까지 죽음을 앞둔 사람들의 가슴속 이야기를 들어주며 평화롭게 삶을 정리하도록 도움을 준 '죽음의 의사'로 알려져 있습니다. 그녀는 미국 버지니아 주의 애팔래치안 산맥에 위치한 쉐난도(Shenandoah) 계곡에 자신의 모든 재산을 털어 농장을 샀습니다. 그곳에 살 집, 내방객의 숙박 시설, 직원들의 숙소를 지은 다음 치유센터의 문을 열었습니다. 에이즈에 감염된 아이들을 입양하겠다는 계획을 발표한 뒤 그는 그곳에서 가장 미움 받는 인물이 되었습니다.

1994년 10월, 그의 집에 불이 나서 기둥뿌리까지 모두 타 버렸습니다. 그동안 모은 자료와 준비한 원고, 그리고 소유한 모든 것이 한 줌의 재로 변했습니다. 강연을 마치고 집으로 돌아가는 길에 전화를 받고 서둘러 와 보니 새빨간 불길과 연기가 거대하게 피어오르고 있었습니다. 그 불은 그녀의 모든 보물을 앗아가 버렸습니다. 아버지가 고이 간직했다가 건네준 어린 시절의 일기장, 그동안 쓴 논문과 비망록, 사후의 삶에 관한 연구를 위해 모아 놓은 2만여 건에 달하는 사례집, 수집해 놓았던 아메리칸 인디언 미술품, 사진, 옷가지, 그동안 받은 편지 등 자신의 보물들이 모두 사라졌습니다. 울어야 할지, 소리를 질러야 할지, 악담을 퍼부으며 주먹질을 해야 할지, 아니면 비정한 인심을 탓해야 할지, 충격에서 헤어 나올 수가 없었습니다. 그러나 퀴블러-로스는 그 삶의 고통의 순간이 배움의 시간이었다고 고백합니다. 분노만으로는 해결할 수 없어서 그것을 수용하기로 결심합니다.

어쨌든 잃어버린 것은 오로지 물건에 지나지 않는다. 그것들이 아무리 중요하고 의미 있는 것이라도 생명의 가치와는 비교할 수도 없다. 나는 손끝 하나 다치지 않았다. 몇몇 못 된 인간이 우리 집과 재산을 불태워 없애는 데는 성공했지만 결코 나를 파괴할 수는 없었다. 지구 반대편에서 시작된 내 인생은 많은 일이 있었고, 결코 안락하지 않았다. 푸념이 아니라 사실이 그렇다. 고난 없이 기쁨도 없다는 사실을 나는 배웠다. 고통 없이는 즐거움도 없다. 전쟁의 비참함이 없이는 평화의 안락함을 알 수 있을까? 죽음이 없다면 삶을 소중히 여길 수 있을까? 내가 좋아하는 속담이 있다. 골짜기를 폭풍우로부터 지키려고 메워 버린다면 자연이 새겨 놓은 아름다움을 볼 수 없게 된다.[27]

다시 일어나 시내에 나가 옷을 사고, 다시 글을 쓰고, 여전히 어려움 가운데 있는 사람들을 돕고, 무조건적으로 사람을 사랑하는 법을 배우고, 더 많은 사람을 사랑하며 힘차게 살아갑니다. 그리고 죽어가는 많은 사람에게 들려주었던 '하나님의 정원', 바로 그곳으로 그도 옮겨갔습니다.

사실 모든 것이 무너져 내리는 그 시간은 아프고 힘들며, 분노에 사로잡혀 몸을 떨 수도 있습니다. 그러나 그 무너짐의 시간에 무조건적으로 사람을 사랑하는 법을 배우고, 더 많이 사랑하면서 살려고 했던 한 신앙인의 모습이 아름답게 다가오는 이유입니다. 인생길을 걸어가다 보면 수없이 많은 무너짐의 순간들을 경험하게 됩니다. 그때 우리는 실망하기도 하고, 분노에 사로잡히기도 합니다. 당황하며 인생의 방향을 잃어버리기도 합니다.

출애굽기에는 왕궁에서 최고의 삶을 누리며 장성한 청년 모세의 삶이 무너져 내리는 이야기를 듣게 됩니다. 모세의 생애는 출생으로부터 왕궁에서 보낸 40년, 좌절과 절망에 얼룩져 보내던 미디안에서 보낸 40년, 하나님의 부르심을 받고 민족을 구원해 내는 하나님의 사자로 세움 받아 이집트에서 가나안 문턱까지 이스라엘을 인도하는 지도자로서 광야에서 보낸 40년, 이렇게 대략 3기로 나눠집니다. 한 단계를 마치고 다음 단계로 나아갈 때면 언제나 무너짐으로 나타납니다. 특별한 은혜를 받아 누리며 모세는 왕궁에서 자라는 특권을 누립니다. 대 이집트 제국의 왕자였으니 그가 무엇을 못했겠으며, 무엇을 먹지 못하였을까요? 노예의 아들로 태어나 생명을 보존한 것만도 대단한데 이집트의 왕자가 되어 40년 동안이나 왕궁을 누빌 수 있었다는 것은 아무리 생각해도 커다란 축복이었습니다. 그런데 그 화려했던 왕궁에서의 행복한 인생의 시간들이 무너져 내리고 있었습니다.

다시 내던져진 인생

이 사실을 전하는 출애굽기의 말씀은 "모세가 장성한 후에"(출 2:11)라는 구절로부터 운을 뗍니다. '장성'이라는 의미가 나이가 얼마큼 들었는지에 대해서는 언급하지 않지만 사도행전 7장 23절은 "나이가 사십이 되매"라고 설명합니다. 그러니까 출애굽기 2장 10절과 11절 사이에는 40년이라는 긴 간극이 있었던 셈입니다. 인생의 완숙기에 이제 본격적으로 무언가를 할 수 있는 때에 인생이 무너지고 있었다는 말입니다.

왕궁에서 쫓겨나게 된 직접적인 계기가 된 사건을 출애굽기는 이렇게 기술합니다. "한번은 자기 형제들에게 나가서 그들이 고되게 노동하는 것을 보더니 …"(출 2:11). 왕궁에서 쫓겨나고, 권력자의 자리에서 축출당하는 비극적인 사건을 설명하는 내용에서 강조하는 것은 '자기 형제'라는 표현입니다. 그것을 통해서 뭔가를 강조하고 있음을 알 수 있습니다. 그는 이집트의 왕자로 살고 있었지만 그의 의식 속에는 히브리인이라는 자의식을 가지고 있었다는 사실을 우회적으로 보여줍니다. 그런 모세가 우연히 두 가지 사실을 보았답니다. 하나는 히브리 노예들이 고되게 노동하는 것을 보았고, 또 하나는 그 노역의 현장에서 애굽 사람이 자기 동족을 심하게 때리는 것을 보았답니다.

'고역'으로 번역된 히브리어는 '시벨르탐'인데 일반적 의미의 '노동'이 아니라 '혹독한 노역'을 나타낼 때 사용되는 단어입니다. "자기 형제를 치는 것을 본지라"라는 표현에서 '친다'는 말의 히브리어 원어는 '쳐죽인다'는 의미를 가진 단어입니다. 짐승처럼 그렇게 일하다가 크게 잘못한 것도 아닌데 맞아 죽는 일은 당시 작업 현장에서 어렵지 않게 발생하였습니다. 꼭 감독하는 사람들이 악해서도 그렇지만 기강을 잡고 작업을 독려하기 위해 종종 시범 케이스로 삼기 때문에 생긴 일이었습니다. 바로 그 광경을 모세가 보았다는 말입니다. 여기 '보았다'는 히브리어의 표현은 강 건너 불구경하듯이 그렇게 보았다는 말이 아니라 매맞고 죽어가는 그 모습이 바로 자기 자신인 것처럼 그렇게 고통을 느끼면서 보았다는 뜻을 담고 있습니다. 노예들이 노동에 시달리는 것도 새로운 일이 아니었고, 죽도록 얻어맞는 일도 늘 있는 일이었습니다. 그런데 모세의 눈에 그게 새롭게 들어온 것입니다.

주변에 다른 사람이 없음을 확인한 후 모세는 그 애굽 사람을 죽이고, 그를 매장했습니다. 모세의 이런 행동에 대해 성경은 특별한 윤리적 판단을 하지 않습니다. 그 다음날 그 현장을 다시 방문했을 때 이번에는 히브리인 동족 두 사람이 싸우고 있었답니다. 성경은 당시 상황을 이렇게 전하고 있습니다. "네가 어찌하여 동포를 치느냐 하매 그가 이르되 누가 너를 우리를 다스리는 자와 재판관으로 삼았느냐? 네가 애굽 사람을 죽인 것처럼 나도 죽이려느냐"(출 2:13~14). 그리고 성경은 모세가

'이 일로 인해 두려워하였다'고 전합니다. 또한 바로가 이 사건의 전모를 듣고 모세를 죽이고자 하여 찾았고, 모세는 바로의 낯을 피하여 미디안 땅으로 도망을 갔다고 전합니다.

당시 왕정 시대에 왕자가 사람 한 명을 죽인 사건이 그리 큰 문제는 아니었습니다. 싸움을 말리는 이집트의 왕자에게 노예가 대들었다는 것도 이해하기 어렵고, 즉결 처형을 한 일이 드러나는 것을 두려워하였다는 사실도 이례적이며, 그 작은 사건으로 인해 왕이 모세를 죽이려고 했다는 내용도 납득하기 어렵습니다. 아마 왕권을 둘러싸고 궁중의 정치세력 간에 암투가 있었음을 짐작케 합니다. 모세가 히브리 노예의 아들임이 밝혀지면서 정적들이 그를 제거하고자 일제히 일어난 것으로도 추정해 볼 수 있습니다. 성경은 이러한 정치적 상황에 대해서는 그리 상세하게 설명하지 않고, 다만 그 일로 인해서 모세가 왕궁을 떠나 멀리 미디안 땅으로 도망갈 수밖에 없었다는 사실만 보여줍니다. 작은 사건이 그런 큰 결과로 이어진 것은 여러 가지 해석이 가능하겠지만 아무래도 그를 향하신 하나님의 특별한 섭리가 있었다고 이해할 수밖에 없습니다. 모세는 이집트의 왕궁에서 우상이나 섬기다 끝날 인생이 아니었고, 그렇게 거들먹거리다가 끝날 인생이 아니었습니다. 이 사건을 통해 하나님께서는 모세로 하여금 인생 그 다음 단계로 나아가게 하신 것입니다.

부모 품에서 나일강으로 내던짐을 당했던 모세가 이번에는 왕궁에서 미디안 광야로 내던짐을 당하고 있습니다. 미디안으로 내려가는 그의 가슴에는 깊은 좌절과 눈물, 한숨과 분노로 얼룩져 있었을 것입니다. 그러나 믿음의 눈으로 보면 단순히 버려진 것이 아니라 그건 하나님의 인도하심이었습니다. 죽음의 땅, 광야로 던져진 것이 아니라 인도하시는 하나님의 손길 안으로 던져진 것입니다. 사람들은 광야를 버려진 땅이라고 말하지만 성경은 계속해서 그곳을 '젖과 꿀이 흐르는 땅'이라 칭합니다. 모세가 미디안 광야로 도망간 것은 정적을 피해 도망간 것일 수 있지만 그것은 하나님의 인도하심과 섭리 가운데서 된 일이었습니다. '하나님의 섭리,' 얼마나 아름다운 표현인가요? 합력하여 선을 이루어 가시는 하나님의 섭리 ….

얼마 전 세상을 떠난 토지의 작가 박경리의 유고시집, 『버리고 갈 것만 남아서 참 홀가분하다』를 읽는데 그 첫 번째에 나오는 시, "산다는 것은"이라는 제목의 시가 긴 여운으로 남았습니다.

> 속박과 가난의 세월
> 그렇게도 많은 눈물을 흘렸건만
> 청춘은 너무나 짧고 아름다웠다
>
> 잔잔해진 눈으로 뒤돌아보는
> 청춘은 너무나 짧고 아름다웠다
> 젊은 날에는 왜 그것이 보이지 않았을까 [28]

남보다 더 살았으니 아픈 것은 당연한 것이라고 받아들이는 달관의 자세가 가슴에 뭉클하게 다가왔습니다. 시인은 많은 눈물을 흘려야 했던 젊은 날이지만 "청춘은 너무나 짧고 아름다웠다"고 외치면서 정작 우리는 "젊은 날에는 왜 그것이 보이지 않았을까"라고 회한의 외침을 토합니다. 때론 너무 아프고 힘들어서, 때론 너무 답답하고 외롭기 때문이었습니다. 청춘만이 아니라 중년에도, 노년에도 아름다움은 숨겨져 있습니다. 화려한 왕궁만이 아니라 사막에도 아름다움은 숨겨져 있습니다.

오늘 비록 아픔과 고난으로 얼룩진 시간을 보내고 있다 할지라도 오늘이 하늘의 축복으로 주어졌고, 하나님의 인도하심 가운데 있음을 알고 주저앉지 않을 수 있다면 이미 축복은 시작됩니다. 이집트의 왕자로서 잘 나가던 그의 인생은 이제 완전히 망가졌고, 촉망받던 화려한 왕자의 삶은 그렇게 끝이 났습니다. 그때 남는 것은 비애감과 좌절뿐입니다. 지금 모세는 그 절망의 땅에 서있습니다.

그 절망의 땅을 성경은 '미디안'이라고 칭합니다. 미디안 광야는 아카바만 근처의 시나이 반도에 위치한 곳으로 추정하는데, 이집트 왕궁에서 그곳까지 걸어서 갔든지, 아니면 낙타를 이용했을 것입니다. 어떻게 갔든지 간에 쉽게 이를 수 있는 곳은 아니었습니다. 목적지가 있었던 것도 아니고 수천리 길을 정처 없이 떠돌다가 이른 곳이니 더욱 멀었을 것입니다. 다양한 학설이 있지만 당시의 왕이 아멘호텝 3세나 4세였을 것으로 추정하면 카이로에서 남쪽으로 약 730km 떨어진 룩소에 왕궁이 있었을 것입니다. 그렇다면 모세는 룩소에서부터 출발하여 배를 타고 홍해만을 건넜든지, 아니면 카이로 쪽으로 돌아서 홍해를 끼고 먼 길을 내려갔을 것입니다. 어디에서 출발했든지 미디안 광야까지 걸어가는 데는 수개월이 걸린 먼 여정이었을 것입니다. 그렇게 모세는 멀고 먼 길을 걸어 그 땅, 미디안에 이른 것이지요. 그렇게 그곳에서 그의 인생의 제 2막이 펼쳐지고 있었습니다.

정말 확인해야 할 것

미디안 땅에 버려진 모세는 우물가에서 있었던 한 사건을 통해 가정을 이루면서 그곳 삶에 정착하게 됩니다. 자식도 낳고 평범한 촌부로 살아가는 동안 젊은 날의 모든 꿈은 접었고, 그렇게 인생이 저물어 가고 있었습니다. 그러나 그 쓸쓸한 인생의 배후에 하나님이 계셨음을 성경은 계속해서 강조합니다. 하나님께서는 거기에서 모세를 믿음의 사람으로 다듬고 계셨습니다. 하나님 안에서는 실패도 기회가 되고, 무너짐도, 고통도, 절망도 위대한 기회가 됩니다. 무너진 이집트의 왕자 모세에게 미디안 광야 40년은 긴 시간이었고, 고통의 시간이었으며 절망의 시간이었습니다. 그러나 하나님의 백성들을 바라보시며 찢어지는 가슴을 가지신 하나님께는 더 긴 기다림의 시간이었습니다. 왕궁을 떠나야 했던 비애의 시간, 모든 것이 무너지던 절망의 시간에 하나님께서 그렇게 그곳에서 여전히 역사하고 계셨습니다. 하나님의 섭리와 인도하심 가운데 있음을 믿고 그분의 손에 붙들리기를 바라며, 순백의 믿음으로 걸어갈 수만 있으면 미디안도 축복의 땅이 될 수 있습니다.

한신대 학장을 지낸 김정준 목사는 젊은 날 폐결핵에 걸려 마산 결핵 요양소에서 요양을 하고 있었습니다. 23세의 젊은 나이에 폐결핵 4기, 죽음 앞에 서있던 어느 날 침대에 누워 창문을 통해 밖을 내다보고 있는데 나비 한 마리가 밖으로 나가려고 발버둥치고 있는 것을 발견했습니다. 아무리 발버둥을 쳐도 나갈 수 없는 절망의 자리에 갇혀 있는 나비를 잡아 밖으로 날려 보내면서 살아보려고 발버둥치는 나비에게서 자기를 보았습니다. 내 힘으로는 벗어날 수 없지만 하나님의 손에 붙들리면 살 수 있다는 하늘의 소리를 들으며 한 편의 고백의 시를 썼습니다.

나는 주님의 것이외다
내가 주님의 것이 되고자 원하기 전에
주님은 나를 주님의 것이라 말씀했나이다

내 부모 형제에게서 선함이 없고
내 자신에게서 아무 의로움이 없지만
그저 주님은 나를 주님 것이라 말씀하나이다

내 과거나 현재도 죄뿐이요
또 내 미래도 거룩한 보증을 할 수 없건만
그저 주님은 나를 주님 것이라 말씀하나이다

주님이 이것을 주님의 소유물로 하셨어도
천지나 역사에 털끝만한 변함이 없겠지만
주님은 그저 주님 것이라 말씀하나이다

이것을 주님의 소유로 하시오면

주님이 이것 위해 마음 쓰시기 괴로우실 텐데

그래도 주님의 것이라 하시나이다

주님은 나를 주의 것이라 하시지만

이것은 또 몇 번이나 주님을 반역할지 모르겠는데

그래도 주님은 주의 것이라 말씀하나이다

이것이 주님 것 됨으로

주님의 곳간이 부해질 것 아니건만

그래도 주님은 "너는 내 것이라" 하나이다

내게는 배암 같은 간사함이 있고

표범 같은 악독함이 있사온데도

주님은 그래도 "너는 내 것이라" 하나이다

내 교만이 바벨처럼 높고

내 비루함이 수풀처럼 우거졌건만

그래도 주님은 "너는 내 것이라" 하나이다

음부도 내 흑암에 비길 바 못되고

우주도 오히려 내 죄악보다도 적건만

그래도 주님은 "너는 내 것이라" 말씀하나이다

주님, 이것이 주님의 소유의 하나이오니
쓰셔도 당신 뜻, 또 버려도 당신의 뜻이외다
다만 당신의 뜻만이 이루어지사이다[29]

죽음의 광야에 던져진 인생이었지만 눈이 열리면서 자신은 하나님께서 붙들고 계시는 '주님의 것'임을 고백합니다. 모세는 미디안 광야에서 하나님을 향하여 눈이 열려야 했고, 하나님의 백성들을 향한 소명의 눈도 열려야 했습니다. 이은상 시인은 "아무리 뵈오려 해도 안 보이던 님이 눈을 감으니 보이더라"고 노래합니다.[30] 욕심에 대해 눈을 감고, 분노에 대해서도, 미움에 대해서도, 절망에 대해서도 눈을 감고 났더니 보이더랍니다. 그래서 자신은 임의 얼굴 뵙고 싶어서 차라리 소경이 되겠답니다. 하나님께서도 그때 모세가 그런 마음, 그런 고백을 갖기를 원하셨습니다. "주님, 눈을 감아야만 볼 수 있다면 저는 세상에 대하여 소경이 되겠습니다. 저는 주님이면 충분합니다." 하나님의 특별한 은혜를 입고 40년을 살았지만 모세에게는 아직도 그 고백이 없었습니다. 그래서 왕자의 자리에서 내려와 이제 하나님만 바라보게 하려고 미디안으로 보내신 것입니다. 그 고백을 갖기를 하나님도 기다리고 계셨습니다.

2010년 9월 2일, 태풍 곤파스가 수도권을 강타하면서 지나가던 날 새벽이 기억납니다. 북상하면서 많이 약화되었다고 했지만 이른 새벽

서울을 강타한 중형 태풍의 위력은 대단했습니다. 도시 곳곳에서는 나무와 전신주가 넘어지고 정전사태가 속출했습니다. 그날 아침, 학교 새벽기도회를 마치고 정기적으로 말씀 전하는 CBMC(기독실업인회) 모임이 있어서 차를 운전해 가는데 세찬 바람으로 인해 길에는 여러 그루의 나무가 쓰러져 있었고 가로등이 넘어지고 간판이 떨어져서 뒹구는 모습을 보며 혹시 차를 덮치지 않을까 마음이 몹시 불안했습니다. 그날 아침, 모임에 출석하려던 회원들 중 여러 분이 여기저기 나무가 쓰러져 있고 비바람이 너무 거세어서 다시 집으로 돌아갔다고 했습니다. 그러나 필자는 그렇게 할 수가 없었습니다. 뛰어난 열심이 있어서가 아니라 말씀을 전해야 하는 사람이었기 때문이었습니다.

현대 문화는 기독교의 복음과 진리에 대해 갈수록 적대적인 방향으로 흐르고 있습니다. 거대한 변화의 물결이 사역을 주춤거리게 만들고, 무기력하게 만들고 있습니다. 이때 정말 필요한 것은 자기 정체성의 확인과 고백의 회복입니다. 자기가 누구인지, 무엇 때문에 그곳에 세워진 사람인지를 명확하게 아는 사람은 폭풍우 속에서도 달려갈 수 있기 때문입니다.

행동하는 신학자이자 신학도들의 영원한 스승인 디트리히 본회퍼는 야만적인 폭력이 유럽 전역과 세계를 흔들어 놓고 있을 때 나치 정권에 항거하다가 1943년 4월 5일 체포되어 베를린에 수감되었고, 1945년 4월 4일에 39살의 젊은 나이로 처형을 당하였습니다. 그에게는 결혼을 약속한 사랑하는 여인도 있었고, 전해야 할 진리의 말씀도 가슴속에 불타고 있었습니다. 그 암담한 시절, 자신을 향해 끊임없이 던졌던 질문은 '나는 도대체 누구인가?'였습니다.

나는 누구인가?
남들은 종종 내게 말하기를
감방에서 나오는 나의 모습이
어쩌나 침착하고 명랑하고 확고한지
마치 성에서 나오는 영주 같다는데

나는 누구인가?
남들은 종종 내게 말하기를
간수들과 대화하는 내 모습이
어쩌나 자유롭고 사근사근하고 밝은지
마치 내가 명령하는 것 같다는데

나는 누구인가?
남들은 종종 내게 말하기를
불행한 나날을 견디는 내 모습이
어쩌나 한결같고 벙글거리고 당당한지
늘 승리하는 사람 같다는데

남들이 말하는 내가 참 나인가?
나 스스로 아는 내가 참 나인가?

새장에 갇힌 새처럼 불안하고 그립고 병약한 나

목 졸린 사람처럼 숨을 쉬려고 버둥거리는 나

빛깔과 꽃, 새소리에 주리고 따스한 말과 인정에 목말라하는 나

방자함과 사소한 모욕에도 치를 떠는 나

좋은 일을 학수고대하며 서성거리는 나

멀리 있는 벗의 신변을 무력하게 걱정하는 나

기도에도, 생각에도, 일에도 지쳐 멍한 나 …

나는 누구인가?

으스스한 물음이 나를 조롱합니다.

내가 누구인지

당신은 아시오니

나는 당신의 것입니다 ….[31]

   나는 도대체 누구인가? 모든 것이 무너져 내리던 시간에 본회퍼도, 모세도 지금 그것을 묻고 있습니다. 또다시 생명 자체가 위협받고 있을 때 거기에서 모세가 진정으로 물어야 할 것이 바로 그것이었습니다. 왜 이렇게 내 인생에는 폭풍이 쉴 없이 불어오는가? 내 인생을 이렇게 비극적으로 만든 장본인이 누구며, 이런 아픔은 왜 오는가? 그게 아니라 '나는 누구인가?'였습니다.

들꽃 언덕에서 알았다

모세는 그것을 확인하지 못한 채 오늘도 걷고 있습니다. 수개월 동안, 수천리 길을 걷고 걸으면서 방황하던 모세는 어느 우물가에서 우연히 일어난 사건을 통해 르우엘의 집에 거할 수 있는 행운을 얻게 됩니다. 진종일 가축을 먹이던 목동들은 해가 떨어지면 우물가로 몰려와 물을 먹인 다음에 집으로 끌고 갑니다. 비슷한 시간에 목동들이 몰려들기 때문에 거기에도 힘 있는 사람의 횡포가 있기 마련입니다. 그래서 아가씨 목동들은 밀리기 마련인데 모세가 그들을 도와준 일로 인해 르우엘 가정과 만남이 이루어집니다.

"그 사람이 어디에 있느냐? 너희가 어찌하여 그 사람을 버려두고 왔느냐? 그를 청하여 음식을 대접하라." 여기에서 말씀은 '버려진 사람'과 그에게 '깊은 관심을 보이는 사람'을 대조하여 보여줍니다. 이때 사용된 단어, "버리고"라는 말의 히브리어 '아자브'는 '쓸모없는 물건, 혹은 가증스러운 것을 내버린다'는 뜻을 가진 말입니다. 그것은 모세의 신세를 잘 설명해 줍니다. 그렇게 그는 버려진 존재였고, 내팽개쳐진 존재로 서있음이 강조되고 있습니다. 그런데 그에게 관심을 보이고 있는 마음이 따뜻한 사람이 있었는데, '하나님의 친구'라는 이름을 가진 사람입니다.

출애굽기 2장은 모세만이 아니라 이스라엘 자손들도 버려진 존재였음을 평행 구조로 보여줍니다. 죽음의 땅에서 모세가 헤매며 탄식하듯이 이스라엘 백성들도 기약 없는 노예생활에서 고된 노동으로 인해 탄식하고 있었습니다. 모세가 르우엘의 집에 얹혀살고 있듯이 이스라엘 백성들은 이집트에 얹혀살고 있었습니다. 거기서 그들은 '부르짖었다'고 성경은 전합니다. '부르짖다'는 말의 히브리어 '자아크'는 막다른 상황에 부딪쳐 외치는 절규하는 소리를 일컫는 말입니다. 아무 때나 절규합니까? 그만큼 어려웠고 심각했다는 말입니다. 그렇게 그들은 버려진 존재로, 잊어진 존재로 서있었습니다.

죽음의 땅에서 모세는 마음이 따뜻한 한 사람을 만나 죽을 것 같은 삶의 발걸음을 다시 일으켜 세웠습니다. 낯선 땅에서 망가진 인생으로 배회하고 있다가 정착할 수 있는 처소를 얻은 것입니다. 십보라와 결혼도 하고 자녀도 낳았습니다. 그렇게 살아가면서도 가슴 가득 담겨 있던 절망감이 완전히 사라지지 않았음이 아들의 이름을 통해 드러납니다. 첫 아들을 낳아 모세는 그를 '게르솜'이라고 이름을 지었답니다. 그 말은 '이방인,' '객'이라는 뜻의 '게르'와 '그곳'을 뜻하는 지시대명사 '솜'이 결합한 형태로, '도피했던 그곳에서 이방인이 되었다'는 의미를 담고 있습니다. 죽음을 피해 도망 나와 정처 없이 헤매다가 그곳에 거처를 정했지만 그는 그곳에서도 객이었다는 참담함의 표현입니다. 그렇게 모두에게 잊히면서 그렇게 모세의 인생은 저물어가고 있었습니다.

생명조차 이어가기 어려운 한겨울을 지나온 들꽃들, 돌보는 사람 하나 없지만 봄 동산을 아름답게 물들이고 있는 작은 야생초들은 외치고 있습니다. 거친 바람이 불어오는 들꽃 언덕에 서있지만 우리는 하나님께서 친히 먹이시고 입히시고 키우셨다고 유안진 시인도 고백하지 않습니까? 들꽃은 하나님이 키우시고, 그 향기는 하늘의 향기라는 사실을 그는 들꽃 언덕에서 알았답니다. 들꽃은 하나님께서 키우시기에 아름답고, 그 향기는 하늘의 향기랍니다.³² 들꽃 언덕, 그것을 감지하고 고백할 수 있었던 그 언덕이 우리에게도 있어야 합니다. 아무도 돌보지 않는 듯 보이는 들꽃 언덕에서 거센 비바람 앞에 세워진 것 같지만 버려진 것은 아니었습니다. 그곳도 역시 하나님의 돌보심 가운데 있었습니다. 아니 하나님이 다스리시고 일하시는 하나님의 무대 위에 세우신 것입니다.

잠시 스텝이 엉키면

알 파치노의 연기가 돋보이는 영화, 〈여인의 향기〉(Scent of a Woman)는 미국 육군 정보부와 대통령 참모로 활동한 예비역 대령 프랭크의 이야기를 통해 절망으로 뒤덮인 인생길을 어떻게 살아야 할지에 대한 교훈을 줍니다. 완전히 시력을 잃고 조카 집에 얹혀사는 프랭크는 괴팍한 성격 때문에 식구들과 잘 어울리지 못하면서 서로 힘든 시간을 보내고 있었습니다. 추수감사절 연휴에 조카 부부가 시댁 방문으로 출타하게 되면서 한 주간 프랭크를 돌봐줄 아르바이트 학생을 찾게 되는데 명문 사립학교에 다니는 찰리가 그 일을 맡게 됩니다. 집이 가난한 찰리는 오리건 주에서 장학금을 받고 그 학교로 유학을 왔는데 돈이 없어서 추수감사절 연휴에도 고향에 갈 수가 없어 기숙사 문이 닫히는 연휴 기간에 머물 곳을 찾고 있었습니다.

앞을 보지 못하는 장애를 안고 살아야 하는 무의미한 인생을 견디지 못해 프랭크는 화려한 자살여행을 떠나려고 계획하는데 찰리가 그를 돌봐줄 사람으로 고용된 것입니다. 그렇게 찰리는 알지도 못한 채 프랭크의 자살여행에 동행하게 됩니다. 비록 앞이 보이지 않지만 프랭크 대령은 향기만으로 그 여인이 어떤 비누를 사용하는지, 목소리만 듣고도 신장이 얼마인지, 머리칼이 어떤 색인지도 알아낼 만큼 뛰어난 감각의 소유자였습니다. 레스토랑에서 만난 아가씨와 멋지게 탱고를 추기도 하고, 최고급 호텔에 묵으면서 리무진을 타고 뉴욕에서의 마지막 시간들을 보냅니다. 연휴가 끝나갈 무렵 프랭크는 그의 생을 마감할 계획을 세웁니다. 그래서 찰리를 집으로 돌려보내려고 하지만 낌새를 챈 찰리는 전혀 움직이지 않고 오히려 살아야 할 이유를 찾게 하려고 노력합니다.

찰리에게도 고민이 있었습니다. 도서관에서 밤늦게 아르바이트를 마치고 나오는 길에 몇 학생들이 자동차에서 나오는 교장 선생님 머리 위로 페인트가 쏟아지게 만들어 골탕을 먹이는 광경을 목격하게 됩니다. 이사회에서 선물로 받은 고급자동차를 타고 거들먹거리는 교장을 놀려주기 위해 부잣집 아이들이 벌인 해프닝이었습니다. 화가 난 교장이 범인을 찾아내 처벌하려고 목격자인 찰리에게 범인이 누구인지 말하라고 압박을 가합니다. 찰리에게는 밀고하면 하버드대학에 장학금을 받고 진학할 수 있도록 추천을 해 주겠다며 회유를 합니다. 그러나 만약 거부하면 찰리도 공범으로 퇴학처분을 받게 될 것이라고 협박을 가합니다. 연휴가 끝나면 찰리는 상벌위원회에 소환되어 전교생과 교직원이 함께 모인 자리에서 그것에 대해 증언을 해야만 했습니다. 친구를 팔지 않으면 학교에서 퇴학을 맞을 수밖에 없는 위기 가운데 놓여 있었습니다. 그러나 찰리는 친구를 팔아 그렇게 자기 인생을 세워가고 싶지 않았고, 그런 찰리의 모습에서 프랭크는 감동을 받습니다.

그렇게 생의 위기 가운데 있는 두 사람이 함께 여행을 하면서 서로 위로를 얻지만 한 사람은 죽으려고 하고, 한 사람은 살리려고 안간힘을 씁니다. 찰리를 잠시 심부름을 보낸 후에 훈장이 가득 달린 정복을 입고 생을 끝내려고 프랭크가 권총을 뽑아든 순간, 미심쩍어하던 찰리가 급히 되돌아와 그 광경을 목격합니다. 프랭크는 인생을 살 가치가 없고 더 이상 의욕이 없어 떠나려고 하니 막지 말라고 하면서 말을 듣지 않으면 너도 죽는다고 권총으로 위협하지만 마음이 따뜻한 찰리는 죽더라도 결코 그렇게는 할 수가 없다고 고집합니다. "네가 내 고통을 아느냐?"라고 소리치는 프랭크를 향해 찰리는 "탱고 스텝이 엉켜도 계속해서 춤을 추면 된다"고 나에게 말하지 않았느냐면서 그를 설득합니다. "당신만 눈이 멀었습니까? 눈이 먼 사람은 세상에 아주 많아요. 생명을 귀하게 여기세요!" 살아야 할 이유를 한 가지만 대보라고 프랭크가 소리쳤을 때 그는 이렇게 대답합니다. "대령님은 탱고를 잘 추기 때문입니다. 탱고는 함께 추는 것이고, 춤을 추다보면 스텝이 엉킬 때도 있지만 서로를 일으켜 세우면서 함께 계속 춤을 추어가는 것이 인생이라는 사실을 대령님에게서 배웠어요." 그 말을 듣고 프랭크는 권총을 내려놓습니다. 그렇게 찰리는 죽음의 늪에 빠져들던 프랭크를 건져냅니다.

하나님께서는 고통 가운데 있는 이스라엘 백성들을 위해 모세를 그렇게 사용하기를 원하셨습니다. 그러나 모세가 왕궁에서 그들을 내려다보기를 원치 않으셨고, 고통 가운데 있는 이스라엘 백성들과 함께 탱고를 추기를 원하셨습니다. 스텝이 엉켜서 이방 땅에서 서로 고통을 당하고 있지만 서로 일으켜 세워주고, 서로를 붙들어 주는 하나님의 탱고를 추는 사람으로 무대 위에 세우시길 원하셨습니다. 인생이 뒤죽박죽되었다고 실망하여 모세는 지금 미디안 땅에 주저앉아 있지만 잠시 스텝이 뒤엉켜도 다시 시작하면 된다고 이르고 계셨습니다.

널 잊은 적 없었다

노예로 전락한 지 400년이 지나가면서 사람들은 그들을 다 잊었을지 모르지만 하나님께서는 잊으신 것은 아니었습니다. 긍휼이 풍성하신 하나님은 고통과 탄식 가운데서 부르짖는 소리를 외면하지 않으셨습니다. 성경은 "그들의 부르짖음이 상달되었다"고 말씀하는데, 여기에서 '상달되었다'는 히브리어 표현은 마치 향이나 연기가 위로 피어오르듯 그들의 부르짖음이 하나님께 닿았다는 뜻을 담고 있습니다. 출애굽기 2장 24절은 이것을 강조합니다. "하나님이 그들의 고통 소리를 들으시고 하나님이 아브라함과 이삭과 야곱에게 세운 그의 언약을 기억하사." 여기에서 '들으시고'(쇠마)라는 말은 '주의 깊게 경청하다'라는 의미로 귓전으로 흘려듣는 상태가 아니라 귀를 기울여 주의 깊게 듣는 것을 말합니다.

'기억하다'라는 말의 히브리어 '자카르'는 늘 염두에 두는 것, 마음에 두는 상태를 지칭하는 말입니다. 이것은 출애굽기 2장 25절에서는 "권념하셨더라"(개역한글)는 표현으로 확대됩니다. 이것은 '야다'와 '라아'라는 말이 합성된 단어로 '라아'는 '주목하다'라는 뜻이고, '야다'는 '알다, 돌아보다' 등의 뜻입니다. 따라서 문자적으로 풀면 '자세히 살피시고 돌아보셨다'는 의미입니다. 침묵하고 계신 것 같았어도 하나님께서는 이스라엘의 모든 한숨을, 눈물과 상처를 일일이 기억하셨음을 강조합니다. 박경리 시인은 인생의 황혼에 그 사실을 깨달으면서 이렇게 노래합니다.

> 내 영혼이
> 의지할 곳 없어 항간을 떠돌고 있을 때
> 당신께서는 산간 높은 나뭇가지에 앉아
> 나를 바라보고 있었습니다
> 내 영혼이
> 뱀처럼 배를 깔고 갈밭을 헤맬 때
> 당신께서는 산마루 헐벗은 바위에 앉아
> 나를 바라보고 있었습니다
>
> 내 영혼이
> 생사를 넘나드는 미친 바람 속을
> 질주하며 울부짖을 때
> 당신께서는 여전히 풀숲 들꽃 옆에 앉아서
> 나를 바라보고 있었습니다 ...[33]

나를 바라보시는 하나님께서 거기에서 모세를 바라보고 계셨고, 고통 가운데 있는 이스라엘 백성들을 바라보고 계셨습니다. 사람들은 잊었을지라도 하나님은 결코 잊지 않으셨습니다.

언젠가 서울 올림픽공원 근처의 한 교회에서 주일예배 설교를 한 적이 있습니다. 1부, 2부 예배를 잘 마치고 3부 예배가 시작되었습니다. 예배위원 좌석은 중앙 회중석 제일 앞자리에 마련되어 있었고 그 교회는 찬양 중심의 현대적 예배를 드리고 있어서 설교 전에 비교적 많은 찬양을 드리는 교회였습니다. 찬양시간 끝 부분에 한 찬양을 부르는데 갑자기 눈물이 주르르 흘렀습니다. 나중에는 주체할 수 없는 울음이 터져 나오면서 흐느끼는 울음으로 바뀌었습니다. 다른 교인들이 다 보고 있고 바로 설교를 해야 하는 설교자이기에, 강사 체면을 구기고 싶지 않아 참아보려고 했지만 그럴수록 흐느낌의 눈물이 쏟아져 나왔습니다. 찬양할 때 파노라마처럼 지나온 인생길을 보여주시는데 울지 않을 수가 없었습니다.

그때 파노라마처럼 보여주신 제 아홉 살 인생은 외갓집 소를 먹이기 위해 어느 논둑길에 서있었습니다. 그렇게 소를 먹인 다음 저녁에 돌아가면 흰 쌀밥을 얻어먹을 수 있었고, 추석 명절이면 옷도 한 벌 얻어 입을 수 있었습니다. 부친은 머리도 비상하셨고, 공부도 많이 하신 분이었지만 젊은 날의 꿈이 좌절된 것 때문에 술을 많이 드셨기 때문에 우리집은 늘 어려웠고, 외갓집에 가면 딸 고생시키는 사위가 미워 외할머니께서 우리 형제들을 엄청 미워하셨던 기억이 납니다. 그러나 그렇게 오후 내내 꼴을 먹인 소를 끌고 외갓집에 가면 할머니가 아무 말씀도 안하셨습니다. 초등학교를 마치고 나면 중학교를 갈 수 있을지도 모를 그런 막막한 때였습니다. 그런데 부르고 있던 찬양은 한 가지 놀라운 사실을 내게 깨우쳐 주었습니다.

나를 지으신 주님
내 안에 계셔
처음부터 내 삶은 그의 손에 있었죠
내 이름 아시죠 내 모든 생각도
내 흐르는 눈물 그가 닦아 주셨죠
그는 내 아버지 난 그의 소유
내가 어딜 가든지 날 떠나지 않죠 …[34]

"네 아버지는 혹 너를 잊었을지 몰라도 난 너를 잊지 않았다"라고 들려 주시는데 울지 않을 수가 없었습니다. 미디안 거기에서 모세는 하나님의 그 음성을 들어야 했습니다.

다른 것에 눈길 두지 말 것

작은 물줄기는 결코 바위를 부수지 못하고 쇠를 자를 수 없습니다. 그러나 한곳으로 집중시키면 그건 가능해집니다. 모세는 지금 거기에서 그것을 배워야 했습니다. 하나님의 사람들의 능력, 교회의 능력은 하나님께 온전히 집중할 때 나온다는 사실을 모세는 거기에서 배워야 했습니다. 미디안은 그냥 보내진 자리가 아니라 하나님 앞에서 새로워진 존재로, 가슴이 뜨거워진 존재로, 하나님의 능력에 사로잡힌 존재로 회복되어야 할 자리였습니다.

산삼을 캐는 심마니들에게는 하나의 철칙이 있다고 합니다. "절대 약초에 눈길을 두지 말 것!" 깊은 산속을 헤매다보면 돈이 되는 약초가 많이 보인답니다. 그런데 아무리 비싸고 돈이 되는 약초여도 그것에 마음을 빼앗겨 쫓아다니면서 그것으로 보따리를 채우다보면 산삼은 결코 캘 수 없기 때문이랍니다. 지금 모세도 그 훈련을 받고 있습니다. "네 인생이 무너지는 것 같이 느껴질 때, 모든 것이 캄캄하게 느껴질 때 거기에서 나에게 집중하여라."

미국의 프린스톤대학교와 유니온신학대학원에서 공부하고, 콜럼비아대학교에서 박사 학위를 받은 후에 미국해외선교회 소속 선교사로 필리핀에서 평생을 사역했던 프랭크 로바크(Frank C. Laubach, 1884~1970)는 민다나오의 모로 부족의 언어를 문자화하는 기술을 개발하여 "문맹인들의 평화의 사도"로 평가를 받고 있습니다. 짧은 시간에 문자를 깨우치고 곧바로 다른 사람을 가르칠 수 있는 언어학적 방법론을 일반화하여 문맹퇴치운동의 기초를 다진 학자로 영향력을 끼친 선교사였습니다. 그러나 15년여의 사역을 통해 이런 놀라운 결과를 이루었지만 순간순간 하나님의 뜻을 따르는 삶을 살지 못했음을 고민하였고, 몇 분 단위로 자신의 행동을 하나님의 뜻에 맞추려고 노력하였습니다. 분초마다 자신의 마음과 생각을 주님께 집중하려고 노력하였고, 그것이 그의 삶의 여정에서 가장 중요한 관심사였습니다. 40대 중반을 넘어섰던 1930년이 시작되는 새해부터 그는 분초마다 자신의 마음을 그리스도께 향하는 습관을 들이려고 노력했습니다. 그는 고백합니다.

생각이란 계속해서 흐르는 것이며 움직인다. 집중한다는 것은 다름 아니라 수많은 방향에서 오직 한 가지로 계속 되돌아오는 행위를 말한다. 우리는 보통 한 가지만을 생각하지 않는다. 적어도 두 가지, 혹은 세 가지, 그 이상의 것과 동시에 관계하며 그것에 대한 생각에 사로잡힐 때가 많이 있다. 내가 고심하는 문제는 이것이다. 분초 단위로 내 생각의 흐름 속에 하나님을 내 생각의 중심에 둘 수 있을까? 하나님께서 언제나 내 생각의 잔상 속에 계시도록, 언제나 모든 개념과 지각의 중심이 되시도록 말이다.[35]

로바크는 순간 단위로 하나님의 뜻에 복종하는 개인적 실험을 통해 자신의 일과 삶의 세세한 부분이 어떻게 달라졌는지를 전해 줍니다. "내가 생각했던 것보다 더 큰 계획 안에서 그분께 붙들려가고 있음을 알 수 있었습니다. … 작은 일들 속에서도 하나님과 함께 한다는 사실을 인식하는 것은 내게 너무도 놀랍고 황홀한 일이었습니다."[36]

외로운 선교지에서 하나님께 집중하려고 몸부림치는 그를 높이셨고, 아무런 정치적 지위가 없었음에도 불구하고 2차 세계대전 이후에 미국의 외교정책에 막대한 영향을 끼친 인물이 되었습니다. 가난, 불의, 문맹에 깊은 관심을 가졌으며, 그것이 세계 평화의 장벽이 된다는 생각에 1955년에 '로바크 문맹퇴치'(Laubach Literacy)를 세웠고, 나중에는 '세계 문맹퇴치선교회'(World Literacy Crusade)를 설립하였습니다. 인생 후반부에는 전 세계를 다니며 문맹퇴치와 세계 평화에 대한 강연을 하였으며, 1984년에 선교사로는 처음으로 미국에서 '위대한 미국인 시리즈' 기념

우표(Great Americans series stamp)의 주인공이 되었습니다. 그는 그리스도인 된 사람들에게 매일 매일의 삶 속에서, 매순간 순간마다에서 하나님께 집중하며 살 것을 요청합니다.

"우리의 모든 노력으로는 불가능하다는 사실을 깨달으면서 이제 인류에게 남아 있는 유일한 희망은 우리가 그리스도와 같이 되는 것이다." 이것은 한 유명한 과학자가 한 이야기이다. 그리고 그것은 많은 교육자들과 상하원 의원들과 철학자들 사이에서 반복적으로 언급한다. 그리스도께서는 오늘 세상이 안고 있는 두려운 딜레마로부터 세상을 구원하지 않으셨다. 그 이유는 분명하다. 그리스도께서 자신들과 세상을 구원하시기에 충분하다고 믿는 사람이 그렇게 많지 않다. 미국을 예로 들어보자. 인구의 1/3이 교회에 속해 있으며, 그 1/3 중의 반절만이 정규적으로 예배에 참석한다. 설교자들은 일주일에 한 번의 예배에서 43분 정도 그리스도에 대해 설교한다. 많은 설교자들이 탁월하고 좋은 설교를 하고 있지만 그리스도를 설교하는 것을 자주 하지 않는다. 정기적으로 예배 참석하는 사람들의 1/6만이 그리스도를 생각하는데, 그 시간이 일주일에 10분도 채 안 된다. 그들이 나라와 세상을 구원하기에는 역부족일 수밖에 없다. 대신에 그들은 이기심, 탐욕, 증오심에 대한 생각으로 가득 차 있다. 그것은 나라들도 마찬가지이다. 우리가 그분께 좀 더 시간을 드리기까지 우리는 그리스도를 닮아갈 수 없게 된다.[37]

2부

다시 그 손을 잡고
사막을 걸어가다

상처,

너는 모든 길을 만들지

세상에 없는 길을 만들기도 하지

조팝나무가 남기고 간 꽃길처럼

저 깊고 환한

– 윤홍조, "상처" 전문

04

설렘과 감격으로 몸이 떨려 왔었노라

내가 성령의 사람이 되기만 하면
하나님께서는 얼마든지 새 일을 행하심을 믿으십시오 …
이 환상을 가지면 하나님께서는
우리가 내딛는 걸음에 날개를 달아주실 것입니다.
- 옥한흠[38]

위기 가운데 서있다

로마제국 동쪽 모퉁이에서 시작된 서구문화는 그리스 문화권에 스며들어 오늘날 전 세계에 영향을 끼쳐온 문화로 형성되었습니다. 기독교문화를 그 바탕으로 하여 발전되어 온 서구문화에 대해서 많은 학자들은 그것의 몰락을 이야기합니다. 서구문명의 몰락은 바로 기독교의 몰락을 의미했습니다. 독일의 역사가인 오스왈드 스팽글러(Oswald Spengler)는 1차 세계대전이 끝난 1918년, *The Decline of the West*(서구의 몰락)라는 책을 써서 이것을 예고했습니다. 문명과 문화는 마치 살아있는 생명체처럼 탄생, 성장, 성숙, 퇴조의 단계를 걸치면서 결국 소멸한다고 주장하면서 서구문명의 몰락, 즉 서구에서의 기독교의 몰락을 예언하였습니다. 서양을 뜻하는 독일어 'Abendland'가 '해가 지는 땅'을 의미하듯 종말론적 역사철학의 전형을 제시합니다. 그의 주장은 역사학자 아놀드 토인비에게도 영향을 주었고, 미래학자인 할 린제이(Hal Lindsay) 등도 비슷한 관점을 제시합니다.

그러나 피티림 소로킨(Pitirim A. Sorokin)은 그들과는 다른 관점을 제시합니다. 본래 러시아 출신이었던 그는 상트페테르부르크대학의 사회학 교수였으며 내각의 각료를 지냈는데 공산당 정권에 의해 사형언도를 받고 수감됩니다. 국제사회의 구명운동으로 레닌의 특별사면으로 풀려난 다음 추방을 당합니다. 미국으로 귀화한 그는 1923년부터 미네소타대학교 교수로 있다가 1930년부터 1955년 은퇴할 때까지 하버드대학교 교수를 지냈습니다. 회복이나 갱신의 가능성이 전혀 없어 보이는 서구문명에 대해 분명히 비판적 입장을 취할 수 있었지만 신앙인이었던 그는 하나님께서 이 땅에서 어떻게 인간을 향한 계획을 가지고 계시는가를 진지하게 고민하면서 학문을 하였습니다.

오래전 출간된 *The Crisis of Our Age*(우리 시대의 위기)라는 책에서 그는 문화를 이야기하면서 관념문화(ideational culture), 이상주의 문화(idealistic culture), 감각문화(sensate culture) 단계로 나누어서 설명합니다.[39] 관념문화의 단계를 지배하는 정신은 영적 진리와 가치를 가장 중요한 진리와 가치로 여기는 경향입니다. 여기에서 가장 중요한 선(善)은 하나님의 뜻이며 자기 부인과 금욕주의를 가장 중요한 미덕으로 생각합니다. 두 번째가 이상주의 문화 단계인데 관념문화의 단계와 그 다음 감각문화를 절충한 것이라고 생각할 수 있습니다. 영적인 진리와 가치가 중요하지만 현세적 가치도 중요하게 생각하는 경향입니다. 세 번째 단계가 감각문화 단계인데, 이것은 감각에 호소하거나 물질적 요소가 중요한 덕목입니다. 육감적이고 무절제한 탐닉을 오히려 중요한 요소로 생각합니다. 내일 죽을 것을 생각하지 말고 오늘 먹고 마시고 즐기라고 부추깁니다. 이 단계에 이르면 그 문화는 소멸하는 길밖에 없습니다. 이러한 문화의 발전과 퇴락을 설명하기 위하여 로마문화를 예로 듭니다. 로마제국 말기에 깊이 뿌리 내리고 있는 감각문화는 거의 파멸 직전에 이르렀으며 스스로 지탱할 수 없는 지경에 이릅니다. 이교 국가였던 로마제국은 감각문화의 단계에 이르면서 쇠퇴 일로를 걷고 있었으나 기독교를 받아들임으로 회생되었다고 주장합니다.

소로킨은 지금 서구문화는 퇴락하는 감각문화의 후기 단계에 이르렀다고 주장합니다. 그 막바지에 이르렀으므로 그 문화는 그대로 지속될 수 없을 것이라고 주장한 것은 스팽글러와 비슷합니다. 그는 다른 책에서는 이렇게 주장합니다.

> 서구사회의 삶과 구조와 문화 같은 모든 중요한 양상들이 심각한 위기에 처해 있다. … 서구사회는 몸과 마음이 모두 병들어 있다. 사회 전체가 상처투성이로 멍들어 있으며 제대로 기능을 발휘하는 신경 조직은 아예 없다. … 우리는 6백 년이나 찬란하게 이어온 감각문화의 마지막 시기에 살아가고 생각하며 행동한다. 기울어진 석양빛은 지나간 시대의 영광을 비추고 있다. 하지만 그 빛은 점점 희미해지고 짙게 드리워진 그림자는 사물을

뚜렷이 분간하지 못하게 만들고, 더구나 황혼기에 발생한 혼란
으로 우리는 나아갈 방향을 더욱 찾기 힘들게 된다.[40]

그러나 거기에 자각의 은혜를 받은 사람들이 있을 때 그곳에서 희망
의 역사가 시작되고 문명의 회복이 이루어지게 된다고 주장합니다. 로
마문화는 감각문화 말기 증상을 보이며 휘청거리고 있었으나 로마 청
년들이 크리스천 처녀들을 아내로 맞아들이고 그들도 그리스도를 영
접하기 시작하면서 조금씩 기독교를 받아들이게 되었고, 그로 말미암
아 새롭게 회복되었습니다. 깨어 있는 사람, 자각의 은혜를 가지고 있
는 사람들이 있을 때 그 역사는 희망이 있다고 본 것입니다.

그 언덕에서 배워야 했다

'자각의 은혜'를 가진 사람, 하나님께서는 그런 사람을 찾고 계셨습
니다. 그리고 거기에서 아주 작은 모세를 주목하셨으며, 긴 시간 그를
기다려주셨습니다. 참 곱게 피어서 곱게 자란 인생도 있고, 유월의 장
미처럼 화려한 인생도 있습니다. 그런가 하면 이름 없는 들꽃처럼 비바
람 맞으며 피어나는 인생도 있습니다. 많은 사람의 눈길을 끄는 화려함
과 많은 재능을 가진 사람도 있지만 그렇지 못한 사람도 있습니다. 그
런 점에서 보면 모세는 화려함과 비참함을 동시에 가지고 있었습니다.
과거에는 어땠을지 모르지만 그는 지금은 비참한 인생의 시간을 보내
고 있었습니다.

그러나 그는 그 언덕에서 배워야 했습니다. 뜰에 곱게 피어난 장미도

아름답지만 들에 핀 무명초도 자신만의 아름다움을 간직하고 있다는 사실을. 들꽃은 다른 사람의 아름다움을 향해서는 투덜대지도 부러워하지도 않고, 자신의 색깔로 자기만의 아름다움을 드러냅니다. 정채봉 시인이 노래한 대로 제비꽃은 민들레를 부러워하지 않으며 닮으려고 하지 않습니다. 작은 냉이꽃이 커다란 함박꽃 앞에서 기죽지 않으며, 싸리꽃은 함께 모여 피어서 아름답고, 산유화는 멀리 떨어져 있어서 아름답다고 노래합니다.[41] 하나님이 지으신 모든 피조물은 다 아름답다고 전해 주는 시인의 혜안이 참 곱기만 합니다. 자본주의 세상은 가진 것과 외적 조건으로 사람을 평가하고 금을 긋지만 하나님 앞에서 모든 존재는 소중하며, 그 자체로 아름다움을 간직합니다. 분명 하나님의 잣대는 세상의 잣대와는 다릅니다.

어디에서나 흔하게 잘 자라서 농부들을 참 많이도 괴롭히는 풀 가운데 '망초'라는 것이 있습니다. 정확한 이름은 '개망초'입니다. 북아메리카가 원산지인 귀화식물인데 일제 강점기에 철도 침목에 함께 따라 들어온 것으로 식물학자들은 추정합니다. 일제 침략으로 나라를 빼앗겼는데 갑자기 산하에 이 꽃이 피어나기 시작하자 나라를 망하게 만든 꽃이라 하여 '망초'라는 이름을 붙여 부르기 시작했습니다. 엄청난 번식력 때문에 골칫거리여서 농부들은 자연스럽게 '개-'라는 접두어를 붙여서 '개망초'로 불렀습니다. 5월이면 이 땅 어디에나 지천에 피어나 늦가을까지 꽃을 피웁니다. 언젠가 아침에 자전거로 왕숙천변을 달리면서 천변에 끝없이 피어 있는 그 아름다운 자태가 눈에 들어오기 시작했습니다. 어릴 적부터 보아왔지만 이제야 그 아름다움을 알아보다니어지간히 뒤떨어진 자신이 미안하게 느껴졌습니다.

　아마도 그 아름다움은 안도현 시인의 눈에도 들어온 모양입니다. 눈치코치 없이 아무데서 피는 것이 아니고 사람의 눈길이 닿는 곳에 피어나는 꽃이라고 노래하면서 화려하지는 않지만 자기만의 색깔로 피어나는 꽃, 사람들이 알아주건 그렇지 않건 눈길 닿는 곳 어디에서나 피어나는 꽃이라고 노래합니다.[42] 더러는 바람에 쓰러지기도 하고, 가뭄에 시들기도 하지만 아무렇게나 피어나는 것이 아니라 사람의 눈길이 닿는 곳에 피어난답니다. 이곳저곳 널려 있는 밥풀꽃이라고 가볍게 여겨도 상관하지 않고, 담아주신 자신만의 아름다움을 창조주 앞에 맘껏 드러냅니다. 숨어서 피는 들꽃은 그것을 알아보는 존재 앞에서 그 아름다움이 놀랍게 드러납니다.

아 가짜 꼭대기

　한때는 화려하였지만 중년 이후 모세의 삶은 불운했습니다. 젊은 날의 야망도 접고, 대단한 걸 이룰 수 있을 것 같던 능력도 사막에 묻어버리고 이제는 평범한 시골 양치기로 살고 있었습니다. 처갓집에 얹혀살면서 주어진 소박한 삶에 만족하며 그렇게 그의 생은 서서히 황혼기로 치닫고 있었습니다. 늘 그래왔듯 그날도 모세는 양떼를 이끌고 호렙산에 나갔습니다. 웅장한 꿈도 펼쳐보지 못한 채 황야에 묻혀 그의 생이 끝나간다는 사실이 그를 괴롭게 했을지도 모릅니다. 아무것도 없는 광야에서 아무것도 가진 것이 없는 텅 빈 인생을 살고 있는 모세가 굶주린 양떼를 이끌고 광야로 나아가고 있습니다. 이곳저곳으로 헤매고 있는 모습이 참 처량하게 보입니다. 그러나 성경은 그곳을 "하나님의 산"이라고 명명합니다. 모세와는 전혀 다른 관점입니다. 모세는 그날 알지 못한 채 거기에 서있었지만 그곳은 하나님의 임재와 영광을 맛볼 수 있는 거룩한 산이었다고 전합니다. 하나님의 산에 서있고, 수년째 그곳을 오르내리고 있지만 그것을 알지 못한 채 살고 있는 것이 더 큰 비극이었습니다. 모세에게는 오르고 싶었던 봉우리가 있었으나 오르지 못한 것 때문에 삶의 비애감이 넘쳐나고 있었습니다. 그러나 그건 '가짜 꼭대기'였습니다. 그가 올라야 할 꼭대기는 다른 곳에 있었습니다.

오래전 아주 훈련이 많았던 강원도 한 부대에서 소총소대장으로 군 복무를 하던 때가 생각납니다. 전방 예비사단이었기 때문에 야외 기동 훈련이 참 많은 부대였고, 한해에도 수차례씩 전투력 측정을 받아야 했습니다. 그렇게 길지 않은 3년 반 가까이 복무하는 동안에도 소대, 중대, 대대 전투력 측정(ATT)부터 연대 전투력 측정(RCT), 사단 기동훈련, 팀스피릿(Team Spirit) 훈련까지 두루 경험했습니다. 그때마다 임무가 주어지는데, 소대장으로서 임무를 수행하면서 늘 긴장이 되었던 것은 야간공격 때였습니다. 소대에는 점령해야 할 야간공격 목표가 주어집니다. 험난한 강원도 산악지역에서 야간에 정해진 목표를 정확하게 찾아가는 것은 쉽지 않았습니다. 그래서 낮에 미리 지형정찰도 하고, 지도 도면을 놓고 도상 연습도 많이 했지만 엉뚱한 곳으로 가지 않을까 하는 염려와 긴장은 늘 있었습니다. 인근 부대 대대 전투력 측정에서 야간공격 훈련을 하면서 소대장이 목표지점을 잘못 판단하여 엉뚱한 꼭대기에 올라가 조명탄을 터뜨리는 바람에 큰 문제가 되었던 적이 있었기 때문에 오랜 시간이 지난 지금도, 그때의 긴장이 기억납니다.

사실 '가짜 꼭대기'에 대한 긴장과 유혹은 소대장들에게만 있는 것은 아닙니다. 누구에게나 있습니다. 하나님의 특별한 은혜로 살아온 모세는 지금까지 가짜 꼭대기를 추구했고, 그것이 무너지는 것 때문에 힘들어했습니다. 세상 권력자가 되고자 했으나 처갓집의 양떼를 길러야 하는 신세가 되었고, 천하를 호령하고 싶었는데 이제는 들판에 홀로 서있습니다. 그러나 그것은 모세가 올라가야 할 꼭대기가 아니었습니다. 그것을 위해 살도록 그는 건짐 받은 사람이 아니었습니다. 하나님은 그를 향한 다른 계획을 가지고 계셨습니다. 그러나 그것을 잘 알지 못하고 있었습니다. 그래서 하나님께서는 그를 미디안으로 옮기셨고, 거기에 많은 것을 준비해 놓으셨습니다. 믿음의 눈을 열고 살아온 날들을 돌아보면 모두가 하나님의 은혜였음을 알 수 있습니다. 바로의 궁전도, 미디안 광야도, 십보라의 집도, 양떼들도, 호렙산 들판도 하나님의 준비하심이었습니다.

무너진 인생길에 찾아오시는 분 있어

한 고등학생이 서울대학교를 찾아가려고 봉천동 2호선 서울대입구역에서 내렸는데 혼동이 되어 나가야 할 출구를 찾지 못해 헤매고 있었습니다. 마침 지나가는 아저씨를 붙잡고 길을 물었습니다. "아저씨, 서울대학교 가려면 어떻게 가요?" 그런데 이 아저씨가 이 학생을 한참 쳐다보더니 꽥 소리를 지르며 이렇게 대답했습니다. "예끼 이놈아! 공부 열심히 해서 실력을 쌓아야 서울대학엘 가지!"

한국말이 참 재미있지요? 학생은 서울대로 가는 방향을 물었는데, 아저씨는 어떻게 진학할 수 있는지로 알아들어서 생긴 문제입니다. 그렇지요. 열심히 공부해야 좋은 대학에 진학할 수 있지요. 그러나 지금 모세는 열심히 공부한다고 해서, 실력을 쌓는다고 해서 인생의 방향을 찾을 수 있는 것은 아니었습니다. 열심히 공부해서 실력을 키워야 좋은 대학에 들어가고, 그래야 성공할 수 있다는 이야기는 맞는 말입니다. 그러나 인생이 반드시 그 공식만으로 되는 것은 아닙니다. 궁중에서 자라 실력을 키우고, 최고의 학문을 터득하면 잘 풀려야 했습니다. 그러나 인생이 꼭 마음먹은 대로 되지만은 않았습니다. 화려하게 시작했으나 그의 인생은 결국 양치기 인생으로 저물어가고 있었습니다. 그러나 거기 실패하고 무너진 인생길에 찾아오신 분이 계셨고 그의 이름을 부르셨습니다. 사람들은 잊었을지 모르지만 그를 잊지 않으신 분이 그의 이름을 부르셨습니다.

모세에게 미디안은 모든 것이 막혀 있는 절벽이었습니다. 절벽 위에도 절벽이었고, 절벽 아래도 절벽이었습니다. 그러나 절벽 위에 서보면 그 위에는 쏟아지는 별도 있고 그곳에 뿌리를 내리고 우뚝 서있는 나무도 있으며, 거기에서도 꽃을 피우는 들꽃도 있습니다. 스스로 입을 막고 귀를 닫아 버리면 우리 인생길은 어디나 그곳이 절벽이 됩니다. 그러나 절벽 가운데서도 별이 쏟아지고, 펄펄 꽃잎을 날릴 수 있다면 그곳은 이미 절벽이 아닙니다. 하나님께서 모세의 인생에 찾아오심으로 이제 그곳은 더 이상 '광야'가 아니었고, '버려진 자리'가 아니었습니다.

그는 습관적으로 그 산에 올랐고, 아무것도 알지 못하고 그곳에 서있었으나 하나님께서 그곳에 찾아오십니다. 호렙산의 정확한 위치에 대해서는 이견이 있긴 하지만 전통적으로 시내 반도 최남단에 위치한 해발 2,291m의 예벨-무사(Jebel-musa, 모세의 산)로 받아들여지고 있는데, 그곳 어딘가에서 하나님께서는 그의 이름을 부르셨고, 모세는 그 산기슭 어딘가에서 그를 찾아오신 하나님을 만났습니다. 좌절과 한숨이 서린 그곳에 하나님께서는 먼저 불타는 떨기나무를 준비해 놓으셨습니다. 떨기나무는 가시나무의 일종이었는데 앙상한 가지에 무성한 가시를 가지고 있어서 목재로는 전혀 사용할 수도 없고 볼품도 없는 나무였습니다. 아니 나무라기보다는 덤불이라고 보는 것이 더 정확할 것입니다. 볼품도 없고 쓸모도 없는 그것에 하나님이 함께 계시니 그것은 하나님의 신비를 드러내는 도구가 되고 있습니다.

떨기나무는 모세의 인생을 닮았고, 이스라엘 백성의 모습과 비슷했습니다. 그러나 그곳에 하늘의 불이 붙으면 하나님의 도구가 될 수 있다는 점을 드러내기도 합니다. 40여 년 동안 그 산을 누볐지만 모세는 그런 광경을 처음 목격했습니다. 가짜 꼭대기에 마음을 빼앗기고 살았을 때 그는 거기에 나타나고 있는 하나님의 임재와 신비(divine mystery)를 놓치고 있었습니다. 자신의 능력으로 살아오는 동안에 모세는 하늘의 신비를 누리지 못하고 살았습니다. "모세야, 네 인생이 비록 가시떨기나무같이 생각되어도 네가 하나님께 붙잡히면 너를 통해서 사람들이 세워지고, 민족이 세워지고, 하나님 나라가 세워질 것이다." 그곳에서 하나님은 말씀하고 계셨습니다.

섬세한 눈길

모세에게 필요한 것은 하나님에 대한 열망이었습니다. 하나님을 향한 목마름, 그것을 갖게 되기를 하나님께서는 오랫동안 기다리셨습니다. 80년 세월이 지나가는 그 정점에서 하나님께서는 모세에게 다가오셨습니다. 하나님이 보시는 것은 세상 권력자들과는 달랐습니다. 필립 얀시는 이렇게 말합니다.

> 세상 사람들은 지성과 그럴듯한 외모, 확신에 찬 태도와 정교함 등을 존중한다. 하지만 하나님은 그렇지 않다. 하나님께서는 종종 계획하시는 일을 이루기 위해 오직 하나님만을 신뢰하는 것밖에 모르는 사람을 사용하신다. 실제로 그들을 통해서 놀라운 일들이 일어난다.[43]

하나님을 신뢰하는 것밖에는 모르는 사람들, 믿음을 저버리지 않고 담대하게 살아가는 이들을 통해서 하나님의 역사는 일어납니다.

하나님께서 준비하신 불타는 떨기나무를 보고 궁금해하며 다가오는 모세를 보고 계셨습니다. 모세는 아직 아무것도 모르고 있었습니다. 지난 80년 동안 큰 은혜를 덧입혀 주시고 그렇게 기다리셨으나 여전히 모세는 쓰러져 있었습니다. 하나님의 종이 쓰러진 곳에서는 하나님의 영광이 나타나지 않고, 하나님의 역사가 시작되지 않기에 그를 일으켜 세우기를 원하셨습니다. 하나님의 초대를 받고 나아오는 모습을 하나님께서 보고 계셨습니다. '보다'를 뜻하는 히브리어 '라아'는 '면밀히 관찰하다, 깊은 주의를 기울이다'라는 뜻을 가진 말입니다. 이 말이 명사로 쓰이면 독수리 등과 같은 '맹금류'를 뜻하는데 이는 예리한 관찰력에서 유래한 듯합니다. 독수리가 멀리 하늘에서 빙빙 돌고 있지만 그는 정말 두 눈을 부릅뜨고 땅 아래 상황을 주시하며, 작은 들쥐의 움직임 하나도 놓치지 않습니다.

그렇게 하나님께서 지금 모세를 보고 계셨습니다. 그리고 떨기나무 가운데서 그를 부르셨습니다. '부르다'의 히브리어 단어에는 '초대하다'라는 뜻이 담겨 있습니다. 단순한 부르심이 아니라 하나님의 세계로 초대한 것이며, 여기에는 부르시는 분의 주권적 의지가 강하게 담겨져 있습니다. 하나님께서 억눌린 백성들을 위해서 모세를 부르고 계셨습니다. 방황하는 삶을 끝내라고, 좌절의 인생을 끝내고 사명의 인생을 살라고 하나님께서 부르고 계셨습니다. 부르심 앞에 서있는 사람은 절망으로 눈을 덮어버려서는 안 되고, 좌절로 약속을 덮어버려서도 안 됩니다. 부르심 가운데 있는 사람은 하늘을 덮지 않습니다.

인생길에는 언제나 깊은 외로움이 배여 있습니다. 그래서 한 시인은 인생길이 쓸쓸하여 들판에 꽃이 피고, 하늘도 허전하여 허공에 새들을 날린다고 노래합니다. 허전하고 허전하여 뜰에 나와 노래를 부른답니다. 산다는 게 생각할수록 슬픈 일이어서 파도는 그치지 않고 제 몸을 몰아다가 바위에 던지고 천 권의 책을 읽어도 쓸쓸한 일에서 벗어날 수가 없어서 깊은 밤에도 잠들지 못하고 글 한 줄을 쓴답니다. 쓸쓸하고 쓸쓸하여 사랑을 하고, 누군가를 향해 이 세상 가득 눈을 내리게 한답니다.[44] 모세의 눈물보다 더 진한 눈물을 가지고 그를 그렇게 사용하시기 위해 하나님께서는 오랜 세월 기다려 오셨습니다. 한 시인의 상상력은 새들의 깃털에 내려앉은 아침 이슬을 하나님의 눈물로 묘사합니다. 이른 아침에 새들의 집을 들여다보면 거기에는 간밤에 떨어진 별똥별이 곤히 잠을 자고 있다고 묘사합니다. 앙증맞게 누워 자고 있는 아기 새를 간밤에 떨어진 별똥별로 묘사하는 시인의 상상력이 부럽기만 합니다.[45] 자기 아집과 욕심을 지붕 삼고 살아가는 사람에게는 보이지 않고, 자기 연민에 빠져 절망하고 방황하는 사람에게는 보이지 않지만 지붕을 짓지 않는 사람은 하나님의 눈물, 세상을 향한 아버지의 마음을 알 수 있답니다. 하나님께서는 오늘도 그런 민감함을 가진 누군가를 찾고 계십니다.

거룩한 땅에 세움 받았다

무너진 땅에 서있는데 찾아오신 하나님께서 그곳에서 선언하신 것이 무엇이었습니까? "네가 서있는 그곳은 거룩한 땅이다!" 여기에서 가장 주목을 끄는 단어는 '거룩한 땅'(코데쉬 아다마)이라는 표현입니다. '거룩한'이라는 말의 히브리어 '코데쉬'는 '구별된, 성결한'이라는 뜻을 가진 단어입니다. 코데쉬 아다마는 나중에 언약 백성이 정주했던 가나안 땅, 예루살렘, 하나님의 성전 등을 지칭하는 표현으로 사용되는데(느 11:1, 시 18:2, 슥 2:12) 여기에서는 하나님의 임재와 관련하여 사용합니다. 하나님께서 거기에 계시기 때문에, 그 하나님을 만난 곳이기 때문에 그곳은 거룩한 땅이 됩니다. 오늘 우리가 서있는 삶의 자리에서 하나님의 임재를 경험하게 될 때 그곳이 거룩한 땅이 되고, 성소가 됩니다. 우리에게도 그런 성소가 있어야 합니다. 나를 새롭게 돌아보고, 나를 일으켜 세울 수 있는 성소가 있어야 합니다.

"네 발에서 신을 벗으라." 이것은 성경에서 하나님의 사람들을 부르실 때 반복적으로 나타난 명령입니다(수 5:15). 당시에 신을 벗는다는 것은 항복의 의미를 담고 있습니다. 내 것을 내려놓고 하나님의 것으로 채우고 사로잡히는 것을 의미합니다. 가짜 꼭대기에 마음을 두고 살면서 그를 사로잡았던 좌절과 패배감, 열등감, 무기력과 절망감을 내려놓으라는 말씀이었습니다. 이것은 특별히 과거적인 측면과 깊이 연결되어 있습니다. 애굽에서 쌓은 지식과 경험, 야망, 실패와 체념, 실망, 쓴 뿌리, 상처, 불신앙의 줄을 끊고 하나님께 붙들리는 사람이 되라는 뜻이었습니다. 이제 네 욕망으로 네 삶을 채우지 말고, 이루고 싶은 야망으로 채우지 말고 하나님의 것으로 채우라는 말씀이었습니다.

그 거룩한 땅에서 하나님께서는 모세를 불러 거룩한 사명자로 세우십니다. "나는 네 조상의 하나님이니 아브라함의 하나님, 이삭의 하나님, 야곱의 하나님이니라"(출 3:6). 보내시는 분이 누구이며, 세우신 분이 누구이신지를 분명히 밝히면서 사명을 주십니다. "애굽에 있는 내 백성의 고통을 분명히 보고 그들이 … 부르짖음을 듣고 그 근심을 알고 내가 내려가서 그들을 애굽인의 손에서 건져내고 그들을 그 땅에서 인도하여 아름답고 광대한 땅으로 … 데려가려 하노라 이제 가라 …"(출 3:7~9). 여기에는 하나님의 마음, 그분의 의지가 얼마나 강하게 드러나고 있는지 모릅니다. 모세는 이 일을 위하여 부름 받았고, 세움 받은 사람이었습니다. 황무한 땅, 시내산은 아무리 돌아보아도 거룩한 땅은 아니었습니다. 그러나 그곳에 하나님이 계시니 거룩한 산 호렙이 되고, 실망과 좌절로 인생이 저물어가는 모세가 서있는 그곳은 거룩한 땅이 되었습니다.

기억과 망각 사이에서

우리가 서있는 땅은 거룩한 땅이 아닙니다. 동포끼리 총칼을 날카롭게 겨누고 서로 위협하며 우리는 지난 70여 년을 전쟁 이야기를 하며 살아왔습니다. 강대국의 이념(ideology)을 따라 동족상잔의 전쟁을 치렀고, 그 강대국들은 이제 그것을 다 내려놓았는데도 우리는 여전히 그 썩은 동아줄을 붙잡고 좌파니, 우파니 하면서 싸워왔고, 해방된 지 70년이 지났어도 그 병폐는 여전히 남아 있습니다.

나라가 위기에 처해 있을 때 고종 황제는 헤이그에 밀사를 보내었으나 한 나라의 왕이 보낸 외교 사신들은 일본의 방해로 국제 회의장에 입장도 못하였습니다. 결국 국왕은 나라 밖으로 나가서 일본과 싸우리라 결심을 합니다. 국왕이 망명을 하게 되면 세계 열강들이 조선을 외면하지 않을 것이라는 생각으로 망명을 결심하지만 실행하기도 전에 의문의 죽음을 당하였습니다.[46] 그전에 명성황후는 일본 군인이 이끄는 폭력배들에 의해 비참하게 죽임을 당하였고 그 시신은 불로 태워졌습니다. 그것이 지엄하다는 왕실에서 일어난 일이었습니다.

그때 우리는 강대국의 틈바구니에서 아무것도 할 수 없었으며, 일본 제국주의에게 나라를 빼앗기고 35년 동안 유린을 당하였습니다. 해방이 되었지만 우리의 의지와는 상관없이 38선으로 남북이 갈리었고, 강대국의 이념을 따라 동족상잔의 전쟁을 치렀으며, 그들이 버린 이념을 따라 오늘도 서로 미워하며 세계 유일의 분단국으로 남아 있습니다.

북녘 땅에서는 종주국도 깃발을 내린 공산주의의 망령에 사로잡혀 여전히 대를 이어가면서 세습 정치를 일삼고 있고, 백성들은 굶주려 죽어가면서 생명을 걸고 국경을 넘는 탈북자들이 줄을 잇고 있지만 무기 개발과 전쟁 준비에 혈안이 되어 있습니다. 10만 명 전후의 정치범이 수용소에 갇혀 있으며 아무런 사법 절차 없이 살인과 고문이 자행되고 있는 세계 최악의 인권 유린국가로 남아 있으며, 70% 이상이 식량 부족으로 굶고 있고, 1/4은 충분한 의료서비스를 받지 못하고 있으며, 1/5은 깨끗한 물을 구할 수 없는 상황이어서 유엔안전보장이사회는 2014년부터 매년 북한의 인권 상황을 정식 안건으로 논의하고 있습니다. 그런데도 북한 당국은 핵무기를 포함하여 전쟁 무기 개발에 올인하면서 한반도의 상황을 위기 상황으로 내몰고 있습니다.

남녘 땅에서는 다행히 경제의 부흥, 영적 부흥을 허락하셔서 이만큼 살게 되었습니다. 하나님께서 1960년대 이후 놀라운 경제 부흥을 허락하셔서 잘 살게 하셨고, 선진국의 대열에 들어가게 해 주셨습니다. 보릿고개로 굶어 죽어가던 사람들이 허다했는데 이만큼 살게 된 것은 이 민족을 향하신 하나님의 특별하신 은혜가 아닐 수 없습니다. 그러나 혹 우리는 하나님이 주신 축복을 입고 잘 살게 되고 배부르게 되면서 하나님을 잊어가고 있지 않습니까? 쾌락주의, 향락주의, 물질주의, 양극화, 당파주의, 소득과 부의 불평등 등의 자본주의의 온갖 폐해에 뒤덮여 있습니다.

잠시 남북 화해의 분위기가 무르익는가 싶더니 보수정당이 정권을 잡은 이후 남북관계는 경색되었고 북핵 문제로 인해 회복될 기미가 보이지 않습니다. 해방 후 지난 70여 년 동안 계속되어 온 '전쟁 이야기'는 아직도 끝이 나지 않고 있습니다. 우리 자녀들에게만큼은 다시 전쟁 이야기를 물려주어서는 안 되며, 다시는 이 땅에 전쟁이 없어야 한다고 생각하지만 강대국의 틈바구니에 끼여 있는 우리 민족의 화해, 한반도의 평화는 요원하게만 느껴집니다. 똑같은 상황에서 비슷한 때에 갈라진 독일 땅에서는 1989년 11월 9일, 분단의 벽이 무너져 내렸지만 그로부터 30년이 다 되어가는 데도 아직 한반도 땅에 드리워진 벽은 견고하기만 합니다.

물고기의 지능은 0.4밖에 되지 않고 기억은 3초밖에 가지 않는다고 합니다. 그래서 불과 수초 전에 물고 혼났던 미끼를 3초가 지나면 다시 낚시에 입질을 하다가 걸려들고 맙니다. 기억하지 못하는 것은 결국 죽음으로 이어집니다. 그러므로 폴 리꾀르가 말한 것처럼 과거 사실에 대한 의식적 회상을 통해 재구성하는 기억이 필요합니다. "기억의 작은 기적"은 재인식에서부터 시작됩니다. 기억은 폐기되어서는 안 되는 그 것과 파괴할 수 없는 이미 있는 그것을 보존할 수 있도록 만듭니다. 기억의 상실인 망각은 모든 것을 무너뜨리지만 "기억의 재현"은 모든 것을 세웁니다.[47] 그래서 역사는 기억과 망각의 투쟁으로 채워집니다.

누군가가 있어야 한다
오랜 역사 동안 영국은 프랑스와 아주 오랫동안 비슷한 여건 속에서 지내왔습니다. 두 나라가 다 왕정체제를 가지고 있었고, 두 나라의 왕실이 비슷하게 타락했습니다. 루이 14세 때 지은 베르사유 궁전만 보더라도 17세기 중엽, 매일 3만 명이 넘는 백성들을 동원해서 50년의 긴 세월 동안 모래땅과 늪지 위에 엄청난 규모로 세워진 궁전입니다. 걸어서는 하루 종일 다녀도 다 구경할 수도 없을 만큼 넓은 궁전은 그 규모 면에서만 보더라도 가히 입을 다물지 못할 정도였습니다. 베르사유 조약이 맺어진 방으로도 유명한 '거울의 방'은 전체 길이만 74m, 너비 10m, 높이 13m로 정원을 향한 창문이 17개가 있고 반대편의 벽에는 17개의 거울이 설치되어 있습니다. 절대왕정의 확립을 위해 건설한 그 궁전은 백성들의 눈물과 고통의 결정체였고, 그때 상류층의 사치와 향락이 그 극에 도달했음을 알 수 있습니다. 몇 년 전 그곳을 돌아보면서 '아 혁명이 일어날 수밖에 없었겠다'는 생각을 갖게 되었습니다. 결국 온 나라가 피로 얼룩지게 되었습니다.

영국도, 황실도 부패하기는 마찬가지였습니다. 그러나 영국에는 프랑스 혁명과 같은 유혈혁명이 일어나지 않았습니다. 역사를 연구하는 크리스천 학자들은 그 이유를 18세기 웨슬리 형제의 부흥 운동에서 찾았습니다. 옥스퍼드대학교를 중심으로 일어났던 홀리 클럽(Holy Club)의 웨슬리 형제와 조지 휫필드와 같은 위대한 그리스도인이 있었기 때문이라고 말합니다. 또한 그 이유를 17세기 윌리엄 윌버포스와 클래펌 공동체(Clapham Sect)에서 찾기도 합니다.[48] 그들은 도시화와 산업화로 타락해 가는 영국 사회를 새롭게 하기 위해 말씀을 선포하고, 거룩한 삶을 그들이 처한 처소에서 손수 실천했습니다. 믿음을 지키려고 했던 젊은이들이 일어나 신앙운동을 일으켰기 때문이었습니다. 하나님의 백성들이 바로 살고, 바로 섬기는 운동을 일으켜야 할 때입니다. 우리가 즐겨 부르는 찬양 가사처럼, '신실하게, 진실하게, 거룩하게 …' 그렇게 말씀을 삶으로 살아내는 운동이 각처에서 일어나야 합니다.

하나님의 음성을 새롭게 들어야 합니다. "모세야, 네가 선 곳은 거룩한 땅이니 …"(출 3:5). 이 땅을 거룩한 땅으로 바꾸는 운동이 우리 가운데서도 일어나야 합니다. "거룩한 땅은 따로 있지 않다. 거룩하신 하나님께서 임재하시면 거룩한 곳이 된다. 네가 신발을 벗고 부르심에 붙들려 살아가는 거룩한 사람이 될 때 그곳에서부터 거룩한 땅은 시작된다. 이것을 위해 네가 필요하다. 이것을 위해 너를 여기에 세웠다." 그렇습니다. 호렙산에서 모세가 대면했던 여호와 하나님, 그리고 그가 들었던 그분의 말씀은 고도로 농축된 말씀이었습니다. 그것을 유진 피터슨은 "존재하시고 현존하시고 존재케 하시고 존재의 근원이 되시는 여호와"로 소개합니다. 그분의 이름은 결코 "객체로서 대상화될 수 없었고, 인격적으로 현존으로서 반응해야만 하는 이름"이었으며, "현존하는 하나님 앞에 현존해야" 했던 이름이었습니다.[49] 모세는 이제 나아가 그 이름을 증거해야 할 책임이 주어졌습니다.

05

망설임과 머뭇거림 속에서 헤매이다

오 하나님 도처에 있는 모든 자녀들의 기도를 들으소서 …
주께서 우리의 구하는 바를 주시건 주시지 않건
우리에게 불처럼 타오르는 말로 대답하시건
불처럼 타오르는 침묵으로 대답하시건
언제나 우리의 호흡보다 더 가까이 계시며
우리에 대한 주님의 뜻이 사랑이라는 사실을 더 잘 알게 하소서
- 프레드릭 부에크너[50]

잘 익은 살구

언젠가 교수식당에서 점심식사를 하고 캠퍼스를 걸어 연구실로 돌아오는 길에 노란 살구가 떨어져 있는 것을 보았습니다. 함께 가던 교수들은 그냥 지나쳐 갔지만 어릴 적 고향의 추억이 담긴 것인데 싶어서 그냥 지나갈 수 없었습니다. 그 중의 하나를 주웠습니다. 반으로 나누어 함께 가던 한 분께 권했더니 "그것 먹을 수 있습니까?"라고 반문을 하면서 받으려 하지 않았습니다. 옛날 배고프던 시절에 시골에서는 우리 것이 없으면 다른 집 것을 서리라도 해서 먹었으니 저는 그 맛을 잘

알고 있습니다. 맛있다고 먹어보라고 했지만 쓸 것 같다고 사양하길래 그냥 혼자서 맛보았습니다. 그러면서 문득 그날 아침 배달된 나희덕 시인의 편지 내용이 생각났습니다.

벌써 살구가 익는 계절이 왔군요. 그 집 마당에 떨어진 둥근 살구들을 가만히 떠올려 봅니다. 주말 내내 비가 오락가락하는 걸 보니, 살구가 떨어지면 장마가 시작된다는 말이 맞는 것 같습니다. 땅에 떨어진 살구 얘기를 읽으면서 얼마 전 보았던 영화, 〈시(詩)〉의 한 대목이 떠올랐습니다. 주인공인 양미자 씨는 자신의 손자로 인해 자살을 한 여학생의 어머니를 찾아가는 도중 땅에 떨어진 살구를 주워 맛을 봅니다. 그러고는 들판에서 일하고 있는 그녀에게 차마 자신이 누구인지도 밝히지 못한 채 살구에 대한 몇 마디를 주고받고 돌아오지요. 살구가 참 맛있다는 양미자 씨의 말에 그녀는 무심히 "살구는 원래 땅에 떨어진 게 맛있어요. 나무에 붙은 것들은 설익어서 못 먹어요."라고 대답합니다.

칸 영화제에서 각본상을 받아 유명해진 이창동 감독의 〈시〉라는 영화는 파괴되어 가는 인간의 실존을 그린 영화입니다. 2010년 대한민국 영화인들이 뽑은 최고의 작품으로 선정되었고 예술성이 강한 영화였지만 흥행에서는 그리 재미를 보지 못했습니다. 시는 "작가의 치열한 자기 탐구에서 나오는 것"이라는 시 창작 강좌의 강사가 한 말이 작품의 전반에 흐르고, 중심 이야기와는 별 상관이 없이 그냥 끼어들어온 대화 한 구절이 가슴에 깊은 여운으로 남아 있습니다. "살구는 원래 땅에 떨어진 게 더 맛있어요. 나무에 붙은 것들은 설익어서 못 먹어요."

살구만 그런 것이 아니라 인생사가 다 그렇습니다. 아무리 그럴 듯해 보여도 설익은 것은 먹을 수가 없습니다. 이스라엘 해방을 위한 지도자로 모세만한 인물이 당시에 누가 있었습니까? 모세는 이집트 왕궁에게 온갖 무예와 리더십을 두루 연마한 사람이었습니다. 그러나 설익은 살구와 같아서 하나님께서는 그대로 쓰실 수가 없었습니다. 그래서 그를 미디안 광야로 보내어 잘 익은 살구처럼 되기를 기다리셨습니다. 긴 세월이 지난 후 하나님께서는 모세를 사명의 자리로 부르셨습니다. 이 장면을 담고 있는 출애굽기 3장은 그 광경을 '이제'라는 단어로부터 시작합니다. "이제 가라. 이스라엘 자손의 부르짖음이 내게 달하고 애굽 사람이 그들을 괴롭히는 학대도 내가 보았으니 이제 내가 너를 바로에게 보내어 너에게 내 백성 이스라엘 자손을 애굽에서 인도하여 내게 하리라"(출 3:9~10). '이제 가라'고 하신 것을 보면 하나님께서 만족하실 만큼 잘 익었던 것 같습니다.

출애굽기 3장 15절은 보내시는 분이 누구인지를 강조합니다. "너는 이스라엘 자손에게 이같이 이르기를 너희 조상의 하나님 여호와 곧 아브라함의 하나님, 이삭의 하나님, 야곱의 하나님께서 나를 너희에게 보내셨다 하라." 한 민족의 역사를 다스리시는 하나님, 아브라함에서부터 그 아들과 손자의 삶에 개입하신 하나님, 그들을 주목하시며 동행하신 하나님, 그 하나님께서 이제 모세를 보내십니다.

나는 못 가요

그러나 모세는 그 부르심에 즉각 순종하지 못합니다. 그는 누구보다도 이집트의 당시 정치구조와 권력의 특성을 가장 잘 알고 있었고, 이스라엘 백성들의 위치도 잘 알고 있었으며, 정치적 역학관계도 잘 알고 있었기 때문입니다. 엄청난 권력과 부, 군사력을 가진 바로에게서 큰 노동력이요, 재산인 수백만의 노예를 빼온다는 것은 거의 불가능한 일이었습니다. 그래서 모세는 가지 않으려고 했습니다. 아니 갈 수가 없었다는 것이 더 정확한 표현일 것 같습니다. 갔다가는 그의 인생이 박살나는 것은 뻔한 이치인데, 왜 그런 위험한 일에 가려고 하겠습니까?

그래서 모세는 하나님께 이집트에 갈 수 없는 이유를 두 가지로 제시합니다. 먼저 모세는 그들이 자기를 믿지 않을 것이며 말을 듣지 않을 것이라고 말합니다. 또 하나는 자기는 말을 잘 못하기 때문에 이집트의 왕을 설득할 능력이 없다고 말합니다. 허름한 복장에 지팡이 하나 들고 나타나 더듬거리며 말하는 그의 말을 들을 왕이 어디 있겠습니까? 사실 맨정신으로는 그곳에 갈 수 없었습니다. 이집트에서 이스라엘 백성들을 빼앗아 올 만한 군사력이 있었던 것도 아니고, 말로 설득해서 데리고 나와야 하는데 말을 못한다는 것은 분명 이유가 될 수 있습니다. 그러나 그를 보내시는 분이 하나님이고, 그와 함께 하시는 분이 하나님이라는 사실을 알면 이야기가 달라집니다. 하나님의 능력을 아는 사람이라면 이야기는 달라집니다. 그러나 모세는 여기에서 스스로를 가두고 있습니다.

분단조국을 바라보며 통일을 노래한 신동엽 시인은 1968년, 군부독

재정부의 서슬이 퍼렇던 시절에 "봄은"이라는 시를 발표합니다. 불온 사상으로 통할 수 있는 때였지만 그의 노래는 얼마나 당당한지 모릅니다. 그는 봄은 남해에서도 북녘에서도 오지 않고 "우리가 디딘 아름다운 논밭에서, 그리고 우리의 가슴에서 움튼다"고 외칩니다. 그리고 그 봄은 "강산을 덮은 그 미움의 쇠붙이들"을 녹여버릴 것이라고 소리칩니다.[51] 시인은 그렇게 산하를 얼어붙게 하는 민족의 겨울을 아파하면서 우리 스스로 통일의 봄을 열어가야 한다고 노래합니다. 아무리 좋은 때를 보내고 있어도 가슴이 겨울이면 겨울입니다. 반대로 아무리 힘겨운 상황을 만나도 가슴이 봄날이면 봄입니다. 봄은 그 미움과 두려움의 쇠붙이들을 눈 녹이듯 녹여버릴 것이라는 시인의 외침을 모세가 들었어야 했습니다.

당신을 빛나게 하는 것

그때 모세는 이집트로 돌아가는 것이 무엇을 의미하는지를 너무 잘 알고 있었기에 그것을 두려워하고 있었습니다. 그러나 그는 지금 강대국 이집트를 잘 알고 있었고, 그곳의 최고의 권력자와 그의 왕궁에 대해서도 잘 알고 있었으나 지금껏 이스라엘을 인도해 오신 하늘의 하나님은 잘 알지 못했습니다. 하나님보다는 이집트의 왕궁이 더 커보였고, 바로 왕이 더 커보였기 때문에 생긴 문제였습니다. 이것은 하나님에 대한 불신에서부터 기인한 것이었습니다. 하나님 앞에 서있고, 그분의 임재 앞에 서있으나 세상을 더 크게 보았던 것이 문제였습니다. 이런 점에서 팔순을 살고 있는 이생진 시인의 "너는 늙지 마라"라는 시는 하나의 외침으로 다가옵니다. "전철을 공짜로 타는 것도 미안한데 피곤한 젊은이의 자리까지 빼앗아 미안하다"면서 '너도 늙어봐라'고 말하는 것은 악담이니 "너는 늙지 마라!"고 부탁하듯 젊은이들에게 외칩니다. 늙으면 서러운 것이 너무 많기 때문이랍니다.[52]

"너는 늙지 마라!"는 시인의 외침이 가슴에 깊이 와 닿는 것은 그의 마음이 느껴지기 때문입니다. 사실 사람은 몸보다 생각이 먼저 늙는다고 하지 않습니까? 사람이 늙는다는 것은 눈에 보이는 것과 생각에서 먼저 확인됩니다. 나중 모세의 생애 마지막 부분에 대한 기록인 신명기 34장은 그의 눈이 쇠하지 않았고, 기력이 쇠하지 않았다고 말합니다. 이것은 단지 육체적인 것만 이야기한 것은 아닙니다. 이집트에서 나온 지 40년 세월이 지났고, 모진 광야를 지났지만 그의 믿음, 생각, 비전은 늙지 않았다는 말로도 이해할 수 있습니다. 갈렙은 나이 80이 넘었는데도 "이 산지를 내게 주소서!"라고 외칠 만큼 늙지 않는 푸른 신앙을 간직하고 있었습니다. 가나안 땅에 정착하면서 국가 유공자 대우를 받으며 좋은 땅을 하사받을 수 있을 터인데 정착 자체가 쉽지 않을 산지를 달라고 합니다. 도전 정신을 가지고 내가 하나님께서 주신 땅을 복지로 바꾸어 보겠다는 젊은 신앙이었습니다. 어차피 시간이 가면 신체 나이는 더해갈 것입니다. 그러나 사고가 젊고 믿음의 행보가 활기차면 나이와 상관없이 젊은 신앙인으로 살 수 있습니다.

지하철 경로석에 앉아 있던 아가씨가 할아버지가 타는 것을 보고 눈을 감고 자는 척했습니다. 깐깐하게 생긴 할아버지는 아가씨의 어깨를 흔들면서 말했습니다. "아가씨, 여기는 노약자와 장애인 지정석이라는 거 몰라?" 그때 아가씨가 눈을 뜨면서 신경질적으로 대꾸했습니다. "저도 돈 내고 탔는데 왜 그러세요?" 그러자 할아버지가 대답했습니다. "여긴 돈 안 내고 타는 사람이 앉는 자리야."

이 할아버지 정말 당당하지 않은가요? 비록 경로우대로 돈 안 내고 타고 다녀도 이런 당당함이면 늙은 것이 아닙니다. 데일 카네기는 충고합니다. "머리에서 발끝까지 당신을 빛나 보이게 하는 것은 바로 자신감이다." 모세에게 필요한 것은 바로 이런 자신감이었습니다. '나를 놓친 사람은 평생 후회하게 될 것'이라는 자신감이 사막 길을 걸어가는 사람에게는 반드시 필요합니다.

그분의 처방

그러나 모세에게는 그런 당당함과 열정이 없었습니다. "나는 말을 못합니다. 보낼 만한 자를 보내소서! 더 나은 말재간꾼을 보내소서!" 그렇게 말하는 모세가 너무 작아서 쓰지 못하신 것이 아니었습니다. 조지 뮬러가 설립한 고아원 원장을 지냈던 프레드 버거는 임종 자리에서 마지막으로 이런 말을 남겼습니다. "젊은 형제들에게 가서 말해 주시오. 그들이 너무 작아서 하나님께서 못 쓰시는 것이 아니라 너무 커서 쓰실 수 없다고 말입니다." 하나님 앞에서 우리 생각이 너무 크고, 선호하는 것이 너무 분명하고, 추구하는 것이 너무 뚜렷해서 하나님이 자리잡을 수 없다면 그는 하나님의 일꾼으로 적당하지 않습니다.

이런 모세를 향한 하나님의 처방이 무엇이었습니까? 두 가지 기적을 행하시고 한 가지 기적은 미래적인 사건으로 남겨두시면서 약속으로 주고 있습니다. 첫 번째 기적은 네 손에 있는 것이 무엇이냐고 물으시면서 들고 있는 지팡이를 던지라고 했습니다. 그랬더니 뱀이 되었습니다. 다시 그 꼬리를 잡으라고 하셔서 그대로 순종하니 뱀이 다시 지팡이가 되었습니다. 이집트 사람들은 뱀을 두려워했습니다. 그래서 아예 뱀을 숭배하는 신앙까지 생겨났습니다. 양을 몰던 평범한 지팡이가 하나님의 손에 놓이니 이집트 사람들이 두려워하는 뱀이 됩니다. 하나님의 손에 붙들리면 하나님의 능력이 나타납니다. 그 기적 후에 그것이 가능한 것은 모세의 능력이 아니라 하나님의 능력이었음을 강조합니다. "하나님 여호와가 네게 나타난 것이다." 하나님의 현현, 하나님의 임재입니다. 하나님이 임재하시니 아무런 쓸모없는 떨기나무가 불에 타서 재가 되어 버릴 운명인데 하나님의 영광을 드러내는 도구가 됩니다. "아름다움은 하나님이 친히 쓰신 필적이다"(Beauty is God's handwriting)라는 말이 있습니다. 이 세상에 하나님이 필적을 남기신다면 아름답지 않은 것이 뭐가 있겠습니까?

2004년 피카소의 그림 중에 "파이프를 든 소년"이라는 그림이 뉴욕 경매에서 1억 416만 8,000만 달러(약 1,300억 원)에 팔렸습니다. 세계 회화 경매 사상 최고가였습니다. 1905년에 그린 이 그림은 파리의 바토 라 부아르, 화가나 조각가, 시인이나 행상인 등 온갖 직업에 종사하는 사람들이 모여 살던 낡은 공동체 건물에 있던 피카소의 작업실에 자주 놀러 오던 루이스라는 소년을 그린 작품으로 원래 습작이었습니다. 당시 피카소는 모델을 그리는 연습에 치중했던 시절이었습니다. 1905년에 완성된 이 그림은 꼬마의 신비한 표정과 어른이 되어가는 소년의 묘한 분위기를 담고 있는 작품입니다. 푸른 작업복 차림의 소년은 왼손에 파이프를 들고 있고, 머리에는 장미 화관을 쓰고 있습니다. 이 그림이 그렇게 비싸게 팔린 이유는 딱 한 가지였습니다. 피카소가 거기에 직접 사인을 했기 때문입니다.

모세의 마른 양치기용 지팡이는 보잘것없는 작은 지팡이일 뿐이었습니다. 그러나 거기에 하나님의 필적이 들어가니까 하늘의 능력과 신비가 나타나는 도구가 되고 있습니다. 그리고 모세가 하나님의 손에 붙잡힐 때 어떤 능력이 나타나게 될지를 가시적으로 보여주시는데, 모세의 손을 품에 넣게 하셨다가 꺼내니 한센병이 발병하고, 말씀을 따라 다시 넣으니 깨끗하게 나았습니다. 한센병은 당시 근동 사람들이 가장 무서워했던 질병이었습니다. 모세의 손에 들린 지팡이에서 하나님의 능력과 영광이 나타났다면 이번에는 모세의 손에서 그런 희한한 일들이 일어나게 하십니다. 하나님의 손에 붙들린 손, 그분의 손을 잡고 가는 손에는 놀라운 역사들이 나타나게 됨을 보여주십니다. 내 손에 무엇을 쥐고 있느냐가 중요한 것이 아니라 하나님의 손에 붙들리느냐가 중요합니다.

위의 기적들을 경험하게 하신 다음에 세 번째 기적은 약속으로 주십니다. 그래도 믿지 않으면 세 번째를 행하라고 하시는데 나일강 물을 조금 떠다 부으면 강물이 피가 될 것이라는 약속이었습니다. 두 가지는 눈으로 직접 보게 하셨다면 세 번째는 가슴에 안겨주십니다. 나일강은 이집트 사람들에게는 생명의 탯줄과 같은 곳입니다. 그런데 그곳이 마실 수 없는 핏물로 바뀌는데 그것은 철저하게 모세의 손에서 결정됩니다. 모세의 손이 물을 떠서 땅에 부으니 그 물이 피가 됩니다. 그것은 나일강을 정복하는 기적이었습니다. 모세의 손이 하나님께 붙들릴 때 일어난 역사였습니다. 모세는 처음에 자신의 능력을 믿으며 자신만만하게 나아갔고, 화려한 언변을 이용하여 그의 민족을 설득하려고 했습니다. 그러나 결과는 참담했고, 그는 거절당한 열등감에 젖어 지난 40년을 살았습니다. 열등감 덩어리가 된 모세, 좌절과 낙심의 영에 사로잡혀 살았던 모세, 그에 대한 하나님의 처방은 이것이었습니다. "네가 내 손에 붙들리면 나의 영광과 능력이 나타날 것이다."

어차피 무엇에 붙들려 산다

초대교회 그리스도인들에게는 '그 길을 걷는 사람들'이라는 별명이 주어졌습니다. 그 길은 물론 예수님이라는 길이었습니다. 예수님을 믿는다는 것은 그분의 길을 나의 길로 삼아 살아간다는 뜻을 담고 있습니다. 길에 대해 생각할 때마다 넘실거리는 요단강 물에 첫발을 내디딘 제사장들의 가슴 서늘한 결의가 떠오릅니다. 법궤를 메고 백성들 앞서서 요단강 물에 뛰어들었던 그 열정이 공동체를 살리고, 교회를 살립니다. 풍랑 이는 바다 위를 걷겠다고 나섰던 베드로의 비상한 마음도 떠오릅니다. 길이 있어서 걷는 것이 아니라 걷는 이가 있어서 길이 생긴다고 하지 않던가요? "완벽한 지도가 있어야 길을 떠날 수 있는 것은 아니다"라고 한 한비야 씨가 그래서 참 멋있다는 생각이 듭니다.

필자는 담임목회를 하다가 30대 중반에 하던 목회를 접고 미국 유학길에 올랐습니다. 장학금을 약속 받은 것도 아니었고, 도와준다는 사람도 없었지만 섬기던 교회에서 주신 퇴직금과 약간의 장학금을 들고 무작정 출발한 걸음이었습니다. 언젠가 박사과정을 하던 학교에서 목회자 세미나 인도를 위해 캠퍼스에 머물 때 문득 그런 생각이 들었습니다. '만약 지금 그 생활을 다시 시작하라고 하면 못할 것 같다.' 그런데 한비야 씨가 몇 년 전 나이 오십이 넘어서 보스톤으로 유학을 떠난다는 이야기를 들으면서 얽매임이 없는 홀가분함과 도전 정신이 부러웠습니다.

이기철 시인이 대학교수직을 은퇴하면서 쓴 시, "자주 한 생각"이라는 시가 떠오릅니다. 집 없는 사람의 집터가 되어주고, 목이 타들어가는 밭의 살을 적시는 빗방울이 되고, 지친 잠자리의 날개를 쉬게 할 수 있는 바지랑대가 되고, 슬픈 사람의 가슴을 적시는 음악이 되고 싶다는 생각을 자주 했다는 시인의 고백이 아름답기만 합니다.[53] 누군가의 삶을 적시는 여울물이 될 수 있다면, 지친 누군가를 편히 쉬게 하는 음악이 될 수 있다면, 누군가의 슬픈 가슴을 적시는 눈물이 될 수 있다면 다시 일어서서 달리겠다는 노 시인의 외침이 신선하게만 와 닿습니다. "더 나은 재간꾼을 보내세요. 말 잘하는 사람을 보내세요." 이렇게만 외칠 것이 아니라 모세는 하나님을 신뢰하고 온 마음으로 순종하면서 하나님께서 명하신 그 길을 걸어가면 되었습니다. 기왕이면 단정하게 걷고 싶고, 걸어온 이 길이 누군가에게 좋은 이정표가 될 수 있게 잘 걸어갈 일입니다.

사실 400년을 노예로 살아온 이스라엘 백성들을 이집트에서 빼온다는 것은 거의 불가능한 일이었습니다. 그건 애원한다고 될 일도 아니고, 무력으로 이집트 황제를 굴복시키기 전에는 완전히 불가능한 일이었습니다. 그 누구보다도 모세는 그것을 잘 알고 있었습니다. 그래서 이 핑계, 저 핑계를 대고 있습니다. "사람들이 저를 믿지 않을 것입니다. 사람들이 제 말을 신뢰하지 않을 것입니다. 저는 말을 잘 못합니다." 그러나 모세는 결국 하나님의 거룩한 임재 앞에서 굴복당합니다. 그리고 일어섭니다. 그때 거기에서 하나님의 구원의 역사가 활짝 펼쳐지기 시작합니다.

06

새 한 마리 그려 넣으면 남은 여백은
모두 하늘[54]

만일 나의 구주께서 내 피로
당신의 거룩한 복음을 확증하기 위해
나를 부르신다면
주님의 뜻이 이루어지기만을 빕니다.

– 피에르 뒤랑[55]

사랑이 일으켜 세웠네

때는 봄,

아침, 일곱 시,

언덕엔 이슬방울 진주되어 빛나고

종달새는 하늘 높이 나는데

달팽인 가시나무 위에 도사렸네.

하나님 하늘에 계시오니

온누리가 평화롭도다

이렇게 시작되는 "피파의 노래"를 쓴 영국의 시인 로버트 브라우닝은 아름다운 사랑 이야기를 남기고 있습니다. 그는 마흔 살의 노처녀이자 장애를 가진 6살 연상의 여인을 사랑했습니다. 당시 브라우닝이 무명의 시인이었지만 그녀는 윌리엄 워즈워스의 뒤를 이을 계관시인으로 꼽힐 만큼 유명한 시인이었습니다. 그러나 브라우닝은 그녀가 유명 시인이어서 좋아했던 것은 아니었습니다. 유복한 집안에서 태어나 전원적 환경에서 그의 재능을 키우고 맘껏 발휘할 수 있었지만 열다섯 살 되던 해에 그녀는 말에 안장을 얹다가 척추를 다쳤고, 몇 년 후에는 가슴의 동맥이 터져 시한부 인생을 선고 받았으며, 부모는 딸의 죽음을 준비할 정도였습니다. 두 사람이 결혼하려고 했을 때 당연히 부모가 반대했습니다. 그들은 친구 한 명과 하녀만이 참석한 가운데 비밀 결혼식을 올리고 신부의 건강을 위해 이탈리아로 떠나 피렌체에서 살았고, 두 사람은 활발한 활동을 했습니다. 사랑의 힘은 꺼져가는 생명을 일으켰고 아들도 낳았으며, 곧 죽을 것이라는 사람과의 행복한 결혼생활은 15년 동안 이어졌습니다. 1861년 6월 29일 남편이 지켜보는 가운데 55세의 일기로 그녀는 눈을 감았습니다. 그녀의 이름은 엘리자베스 베릿 브라우닝(Elizabeth Barret Browning)이었습니다.

죽음 앞에 서있던 그녀를 세운 것은 사랑의 힘이었습니다. 조건을 보고 사랑한 것이 아니라 진실한 마음으로 사랑했던 사랑의 힘이 그녀를 세웠습니다. 끈질긴 로버트 브라우닝의 구애를 받아들이면서 엘리자베스는 "당신이 나를 사랑해야 한다면"(If Thou Must Love Me)이라는 시를 썼습니다.

당신이 날 사랑해야 한다면

오직 사랑만을 위해 사랑해 주세요

그녀의 미소 때문에, 그녀의 모습, 그녀의 부드러운 말씨

그리고 내 맘에 꼭 들고

힘들 때 편안함을 주는 그녀의 생각 때문에

'그녀를 사랑해'라고 말하지 마세요

사랑하는 이여 이런 것들은 그 자체로나

당신 마음에 들기 위해 변할 수 있는 것

그리고 그렇게 얻은 사랑은 그렇게 잃을 수 있는 법

내 뺨에 흐르는 눈물

닦아주고픈 연민 때문에 사랑하지도 말아주세요

당신의 위안 오래 받으면 눈물을 잊어버리고

그러면 당신 사랑도 떠나갈 테지요

오직 사랑만을 위해 사랑해 주세요

사랑의 영원함으로 당신 사랑 오래오래 지니도록 [56]

　당신이 정말 나를 사랑한다면 어떤 목적이나 이유 때문이 아니라 "오직 사랑만을 위해 사랑해 주세요"라는 외침이 가슴에 와 닿습니다. 그런 지고지순한 사랑은 사람을 세웁니다. 무너져 내렸던 모세의 인생을 세운 것은 사랑의 힘이었습니다. 그를 찾아오신 하나님의 사랑, 그의 백성들을 사랑하셔서 그들을 구원하고자 하셨던 그분의 사랑의 마음이 그를 세웠습니다. 그 사랑에 감격하여 모세도 이제 사랑의 가슴으

로 다시 일어서고 있습니다. 이제 그는 어떻게 그 사랑을 펼쳐갈까요? 엘리자베스 브라우닝은 그의 다른 시에서 그것에 대한 답을 이렇게 던집니다. "내 영혼이 닿을 수 있는 깊이만큼 넓이만큼 그 높이만큼 당신을 사랑합니다."[57]

이제 모세에게도 사랑의 가슴이 생겼고, 영혼이 닿을 수 있는 깊이와 넓이만큼 사랑할 가슴도 생겼습니다. 그래서 애굽으로 돌아가려고 합니다. 그래서 장인에게 그의 결심을 밝힙니다. "내가 애굽에 있는 내 형제들에게 돌아가서 그들이 아직 살아있는지 알아보려 하오니"(출 4:18). 여기에서 '내 형제들'은 직접적으로 모세의 부모형제를 지칭하는 것이고, 광의적으로는 이스라엘 백성들을 지칭하는 표현입니다. 그동안 모세는 실망과 좌절감에 눌려 부모형제뿐만 아니라 자기 백성들에 대해서도 까마득히 잊고 있었습니다. 그가 할 수 있는 일이 없었으니 기억한들 무슨 소용이 있었겠습니까? 그런데 그 형제들에게 돌아가겠다고 말합니다. 사실 모세는 히브리인이었고 지금 애굽으로 내려가면 그도 노예가 되어야 할 형편입니다. 여기에서 '돌아가서'라는 히브리어는 '야솨브'를 사용하는데, '남아 있다, 견디다'라는 의미를 가진 단어입니다. 그는 고난과 아픔 가운데 있는 형제들과 함께 있어 그 고난을 당하겠다는 의지를 표현하고 있습니다.

그런데 모세는 하나님께서 주신 사명을 따라 형제들을 구원하러 간다고 말하지 않고 내 형제들에게 돌아가겠다고 말합니다. 아직도 두려움이 가득하고 확신이 흔들리고 있는 약한 모습입니다. 그런 인간적인 두려움은 당연한 것이 아니겠습니까? 하나님의 마음을 알았고, 그 말씀에 설득당하여 가기는 하지만 빼앗아 올 수 있는 것도 아닌데 목숨을 걸고 가는 길인데 어찌 그것이 두렵지 않았겠습니까? 사랑에도 두려움은 있습니다. 헤쳐가야 할 길은 언제나 멀고 험한 법입니다.

다시 일어서다

하나님은 모세의 약점과 그가 두려워하는 것을 잘 알고 계셨습니다. 그러한 그에게 하나님께서는 말씀을 주십니다. "애굽으로 돌아가라. 네 목숨을 노리던 자가 다 죽었느니라"(출 4:19). 아무리 상황이 절박해 보여도 하나님께서 지금 너의 발걸음을 인도하고 계시니 마음의 염려 내려놓으라는 말씀입니다. 이것은 잠언서가 들려주는 교훈 그대로입니다. "모세야, 네 명철을 의지하지 말아라. 머리 굴리지 말고 나를 의지하라"는 말씀입니다.

"너는 마음을 다하여 여호와를 신뢰하고 네 명철을 의지하지 말라. 너는 범사에 그를 인정하라. 그리하면 네 길을 지도하시리라"(잠 3:5~6). 이것은 필자가 박사과정 공부할 때 정말 힘이 되었던 말씀이었습니다. 그래서 필립스 버전으로 아예 도서관의 내 방(캐럴)에 크게 써 붙여 놓고 지혜를 구하며 공부했던 기억이 납니다. "Put God first in everything you do. God will crown your efforts with success." 늦은 나이에 갔지만 빠른 시간에 과정을 마칠 수 있었던 것은 말씀을 붙잡고 최선을 다하는 저를 불쌍히 여겨주신 전적인 하나님의 은혜였습니다. 말씀은 두려움을 이기게 합니다. 두려워하는 이유는 우리가 온전히 하나님이 어떤 분이신지 모르기 때문에 생겨납니다.

모세는 지금 말씀을 받고 힘차게 일어섭니다. "모세가 그의 아내와 아들들을 나귀에 태우고 애굽으로 돌아가는데 …"(출 4:20). 솔직히 하나님께서 함께 가시지 않고 혼자서 가는 길이라면 그 길은 사지로 가는 걸음이었습니다. 그런데 모세는 가족들을 다 데리고 가고 있습니다. 잘못하면 그들도 노예가 될 수 있는 가능성도 있습니다. 무슨 이야기인가요? 전적으로 하나님을 믿었으며 말씀하시는 분을 신뢰하였다는 말입니다. 자기는 죽더라도 자녀들은 살리고 싶은 것이 보통 부모의 마음인데 모세는 지금 아이들까지 데리고 이집트로 건너가고 있습니다. 이제 그 나이면 편안한 노년을 생각하면서 무리수를 두지 않으면서 욕심도 부리지 않고, 성질도 좀 누그러뜨리고, 현실도 적당히 인정하면서 살아야 할 때였습니다. 그런데 모세는 다른 길을 가고 있었습니다.

"어떤 사람이 자기의 또래들과 보조를 맞추지 않는다면 그것은 아마 그가 그들과는 다른 고수의 북소리를 듣고 있기 때문일 것이다." 헨리 데이빗 소로우의 『월든』에 나오는 말입니다. 모세는 지금 하나님의 북소리를 들었기에 세상 사람들과는 전혀 다른 방향으로 나아가고 있었던 것입니다.

그분의 지팡이를 손에 잡고

그런데 성경이 그리고 있는 그의 모습은 그리 우아하지는 않았습니다. 사실 모세는 대 이집트 제국을 상대로 선전포고를 하고 전쟁을 하러 가는 사람이었습니다. 그런데 전쟁터로 나가는 군인이 들고 갔던 무기가 무엇이었습니까? 양을 모는 데나 사용하는 지팡이가 전부였습니다. '지팡이를 손에 들고' 왕궁에 나아가면 웃음거리가 될 수밖에 없었습니다. 들판에서 양을 치는 데는 필요했을지 모르지만 왕궁에서는 아무 짝에도 쓸모없는 것이었습니다. 홍해를 가르신 전능하신 하나님이신데 인간들이 3,000년 후에나 만들어낼 지대공 미사일 같은 것 하나 정도 쥐어 보내실 수는 없었을까요?

아주 오래전 보병학교 훈련 시절, 대전차용 미사일인 토우 미사일에 대한 교육을 진종일 받은 적이 있습니다. 조준경을 통해 목표물을 바라보면서 발사 버튼을 누르기만 하면 바라보고 있는 목표물로 날아가 명중시키는 대단한 무기였습니다. 처음 대하는 신형무기를 보면서 놀라움을 금하지 못하고 있을 때 교관이 1981년 당시, 포탄 한 발에 1,000만 원 정도한다고 한 이야기를 들으면서 비싼 가격에 한 번 더 놀란 기억이 있습니다. 300여 명 장교 후보생들을 위해 지상에서도, 공중을 나는 헬기에서도 시범을 보이며 몇 발의 사격을 했습니다. 헬기의 경우 조종사의 헬멧에 조준경이 부착되어 있어 목표물을 바라보면서 발사하면 그대로 가서 목표물에 명중되는 신기한 무기였습니다.

하나님께서 정말 폼나게 그 정도 무기 하나 쥐어서 보내실 수는 없었을까요? 우리 하나님은 수천 년 후에 인간들이 만들어낼 토우 미사일 하나 정도는 모세의 손에 쥐어서 보낼 수 있을 만한 능력을 가지신 분이 아니신가요? "모세야, 잘 들어라. 이거 토우 미사일이라는 거다. 이게 조준경인데 부셔버리고 싶은 곳을 바라보면서 그냥 버튼을 누르기만 하면 된다. 아 참, 한 가지를 잊으면 안 된다. 이거 후폭풍이 조금 있거든. 그거 쏠 때는 아론이 그 뒤에 서있지 못하게 해라."

우리 하나님은 왜 그렇게 하지 않으셨을까요? 그래서 석상 몇 개 부수고 나면 바로가 바로 손을 들지 않았을까요? 그래도 그렇지, 양을 모는 막대기가 무엇입니까? 하나님의 종의 체면도 좀 생각해 주시지, 화려한 가운이라도 입혀서 보내셔야지 냄새나는 양치는 목동의 작업복을 입히시고 막대기 하나 들려서 화려한 이집트 왕궁에 외교 사절로 보낸다면 될 일도 안 될 것입니다.

그런데 놀라운 것은 지금껏 '지팡이'로 명명되다가 여기에서는 "하나님의 지팡이"로 표현되고 있다는 사실입니다. 모세 손에 들린 그 지팡이는 단순히 짐승을 모는 막대기가 아니었다는 말입니다. 모든 것은 그대로이고 달라진 것은 없지만 그것이 하나님의 손에 붙들리니 이제 민족을 구원하고 인도해 낼 하나님의 지팡이가 되고 있습니다. 모세는 마른 막대기와 같이 초라하게 늙어가는 그런 사람이었습니다. 그러나 하나님의 손에 붙들리니 민족을 살려내고, 교회를 살려내고, 영혼들을 세울 하나님의 사람으로 바뀝니다. 보잘것없는 막대기로되 하나님 손에 붙잡히니 하나님의 역사를 만들어낼 막대기가 되었습니다.

하나님의 지팡이, 여기에는 모세가 하나님의 손에 붙들린 사람이라는 의미가 담겨 있고, 하나님께서 모세와 함께 이집트로 가신다는 의미였습니다. 일터로 나갈 때 혼자 가는 사람이 있고 하나님과 함께 가는 사람이 있습니다. 아이들이 학교에 갈 때 혼자 가는 아이가 있고 하나님과 함께 가는 아이가 있습니다. 지금 모세는 사지와 같은 이집트로 가고 있는데 혼자 가는 것이 아니라 하나님과 함께 가고 있었습니다.

모세는 무엇 때문에 그곳으로 가고 있습니까? 하나님의 뜻과 말씀을 전하러 가는 길이었습니다. "여호와께서 모세에게 이르시되 …"로 시작되는 말씀은 이스라엘 백성들을 억누르고 있는 바로에게 가서 전할 말씀이 분명하게 제시됩니다. 그 말씀의 요지는 무엇이었습니까? "이스라엘은 내 아들이다. 내 아들, 내 장자이다. 내 아들을 내보내어 나를 섬기게 하라." 메시지가 얼마나 선명한지 모릅니다. 만약 네가 순종하지 않으면 네 장자가 죽임을 당할 것이라고 경고합니다. 여기에 하나님과 이스라엘 간의 관계를 표현하는 단어가 등장합니다. '장자, 내 아들'이라는 표현이 구약에서는 여기에서 처음 등장합니다. 특별히 출애굽 사건을 준비하시면서 이스라엘을 하나님의 장자로 명명하신 데에는 하나님께서는 결코 이스라엘을 포기하지 않으실 것이라는 강한 의지가 담겨 있습니다. '내 아들'과 '네 아들'이 비교되면서 이스라엘을 향한 하나님의 무조건적인 사랑이 표현됩니다(출 4:23).

초등학교 1학년 도덕 시험에 서술형으로 이런 문제가 나왔습니다. "부모님은 우리를 왜 사랑하실까?" 한 아이가 기발한 답을 썼습니다. "그러게나 말입니다." 하나님이 왜 이스라엘을 이렇게 사랑하셨을까요? 답은 간단합니다. "그러게나 말입니다." 이러한 사랑 앞에서 필립 얀시는 그의 책에서 반복해서 외칩니다.

Amazing grace, amazing grace … 나 같은 죄인 살리신 주 은혜 놀라워. 하나님은 우리를 사랑하시기로 마음을 정하셨다. 하나님이 우리를 사랑하시는 것은 우리의 모습 때문이 아니라 그분이 사랑 자체이기 때문이다. 세상은 은혜에 목말라 있다. 은혜가

임하면 온 세상은 잠잠해진다.[58]

그 땅에서 일어난 회복

무엇을 했기 때문이 아니고, 이것은 그냥 주어졌습니다. 그런 은혜를 받은 사람에게 요구되는 것은 오직 한 가지, '성결'이었습니다. 조금 이해되기 어려운 방식으로 모세도 그것을 요구 받습니다(출 4:24~26). 모세를 택하시고, 부르시고, 가까스로 설득하여 그를 보내시는 길목에서 그를 죽이려고 하셨다는 것은 납득하기 어렵습니다. 그러한 상황에서 그의 아내 십보라가 바로 아이들의 할례를 행하고 있습니다. 태어나면 8일 만에 할례를 행하라는 준엄한 명령이 있었지만(창 17:19) 무슨 연유였는지 모세의 가정은 그것을 아직 시행하지 않았던 것 같습니다. 할례는 하나님의 백성이 되는 언약의 표시였습니다. 정확한 이유는 언급되지 않지만 모세는 아이들에게 할례를 행하지 않은 상태였습니다. 돌발적인 사건을 통해 모세와 십보라는 깨닫습니다. "다른 사람을 세우기 전에 우리가 먼저 세워져야 하고, 다른 사람의 가정을 세우려고 하기 전에 우리가 먼저 하나님 앞에 바로 서야 한다."

모세를 죽이려는 듯 보이는 한 사건 앞에서 십보라가 '아차!' 하고 깨달으면서 즉각적으로 순종합니다. 아이들에게 할례를 행하는 피 흘림을 통한 순종이 그의 남편을 구했습니다. 그리고 그는 외칩니다. "당신은 내게 피 남편이로다." '피 남편'이라는 히브리어는 '하탄 다밈'인데, 문자적으로 '피의 남편'(bridegroom of blood)입니다. 아들의 피 흘림을 통한 순종으로 가까스로 남편을 구원하게 되었다는 감사와 안도의 말로 던진 것으로 보입니다.

이렇게 회복된 하나님의 사람이 나아가는 곳에서 이제 다른 사람이 회복되는 역사가 시작되게 됩니다. 그동안 잊고 살았던 형제를 만나고(출 4:27~31), 말씀을 향한 모임이 회복되고 있습니다. 그 땅에서 다시 예배가 회복되면서 놀라운 기적의 역사들이 일어납니다. 그러면서 이스라엘 백성들 가운데 두 가지 사실이 강조되듯 나타납니다. "백성이 믿으며 여호와께서 이스라엘 자손을 찾으시고 그들의 고난을 살피셨다 함을 듣고 머리 숙여 경배하였더라"(출 4:31). 그들이 하나님의 말씀을 듣고 하나님을 믿었으며, 머리 숙여 경배하였답니다. 여기에서 '경배하다'의 히브리어 원어는 '솨하'인데 본래 '몸을 구부리다, 납작 엎드리다, 존경하다' 등의 의미를 내포한 단어입니다. 이것은 예배에 대한 구약의 가장 대표적인 표현입니다. 잃어버렸던 예배가 거기에서 다시 시작되고 있었습니다.

어려운 일이지만 순종하는 그곳에서, 하나님의 뜻을 좇아 나아가는 그곳에서, 하나님을 신뢰하며 나아간 곳에서, 하나님의 말씀 앞에서 성결케 하여 나아간 그곳에서, 하나님의 사람이 '하나님의 지팡이'를 붙잡고 나아가는 그곳에서 하나님의 역사가 시작되고 있습니다.

애타는 가슴 하나 달랠 수 있다면

모두가 자기중심으로 사는 이기적 시대를 우리는 살고 있습니다. 소비자중심주의는 끊임없이 내가 주인이고, 내가 행복해야 하고, 내가 만족이 되어야 한다고 부추기고, 모든 것에서 자기중심적인 사고를 하게 만듭니다. 자기만 생각하는 사람들로 가득한 세상은 갈수록 각박해질 수밖에 없습니다. 갈등과 분쟁이 끝이 없이 일어나고 인간의 욕심에 의해 생태계는 신음하고 있습니다. 그러나 조금만 남을 더 배려할 수 있고, 조금만 더 여유있게, 조금만 더 따뜻한 마음을 가질 수 있다면 우리가 사는 세상은 훨씬 포근하고 살만한 세상이 되어갈 것입니다. 오늘 우리에게 필요한 것은 '조금'입니다. 조금의 미소, 조금의 배려, 조금의 여유, 그 '조금'이 필요합니다. 그래서 엘리자벳 노벨은 그의 시에서 이렇게 알려줍니다.

> 설탕을 조금 가지고도 음식이 달게 되네
> 비누를 조금 가지고도 내 몸이 깨끗이 되네
> 조금의 햇빛으로도 새싹이 자라네
> 조금 남은 몽당연필로도 책 한 권을 다 쓰네
> 조금 남은 양초 하늘 하늘 춤추는 불빛
> 아무리 작더라도 불빛은 귀하지[59]

세상은 누구나 "더 많이, 좀 더 많이!"를 갈망하며 더 움켜쥐려고 합니다. 현대 사회는 더 큰 것을 계속해서 탐내고, 더 많은 것의 소유를 성공으로 생각합니다. 그러나 그리스도인들은 '조금'의 미학을 아는 사람들입니다. 더 많이 소유하려고 하기보다는 조금의 것도 감사하며, 큰일에만 마음을 두는 것이 아니라 작은 일부터 충성스럽게, 큰 것만 부러워하지 않고 작은 것을 귀하게 여길 줄 아는 마음을 가진 사람들입니다.

미국의 은거 시인이었던 에밀리 디킨슨은 2천여 편의 시를 썼지만 생전에 발표된 것은 4편 정도였고 당시의 시와는 많이 달라서 생존에는 대중의 인정을 받지 못했습니다. 그의 천재성이 인정 받은 것은 사후에 동생이 시집을 펴내면서였습니다. 디킨슨은 이렇게 노래합니다.

내가 만약

누군가의 마음의 상처를 막을 수 있다면

헛되이 사는 것 아니리

내가 만약 한 생명의 고통을 덜고

기진맥진해서 떨어지는 울새 한 마리를

다시 둥지에 올려놓을 수 있다면

내 헛되이 사는 것 아니리[60]

　강권하심 때문에 어쩔 수 없이 마른 막대기 하나 들고 터벅터벅 걸어갔던 길었지만 둥지에서 떨어진 울새 새끼 한 마리 다시 둥지에 올려놓을 수 있다면, 한 생명의 고통을 덜어줄 수 있다면, 오늘도 말 한마디, 작은 손 내밈 한 번을 통해서 누군가의 아픔과 상처를 어루만질 수 있다면 헛되이 산 것은 아니라는 확신으로 모세도 걸어가고 있습니다. 너무 큰 것, 화려한 것만 좋아하지 말고, 너무 1등만 좋아하지 말랍니다. 다른 사람을 짓밟고서라도 내가 설 수 있어야 하고, 다른 사람 눈에서 피눈물이 쏟아지게 하더라도 내가 살아야 하고, 다른 사람 망하게 하더라도 내가 출세하고 성공하려고 혈안인 세상에서 조금 사람 냄새가 나는 그리스도인이 됩니다.

자본주의의 무한경쟁 세계에 내던져져서 우리는 어려서부터 남을 짓밟고서라도 내가 일어서는 법을 훈련 받아왔습니다. 그러나 그것은 세상이 우리에게 강요하는 의식이지 하나님 나라의 의식은 아닙니다. 월터 브루그만의 용어를 빌리면 세상의 지배의식(Royal consciousness), 허위의식(false consciousness)에 대해 저항하는 것이 그리스도인입니다. 민족을 가슴에 품는 법, 다른 사람을 배려하고 따뜻한 가슴으로 대할 줄아는 법, 다른 사람을 존중하고 배려하는 법을 배워야 합니다.

함께 길을 가다

영화 〈신과 함께 가라〉는 로마가톨릭교회로부터 파문당하고 단 2개의 수도원만 남아 겨우 명맥을 이어가고 있던 '칸토리안 교단'의 수도원의 하나인 독일 '아우스부르크 수도원'에서 살고 있는 각자 뚜렷한 개성으로 무장한 4명의 수도사의 이야기를 그리고 있습니다. 고지식하고 세상물정 모르는 원장 신부, 젊었을 때 놀아본 경력이 있으나 현재는 높은 학구열로 무장한 '벤노', 확고부동한 유머로 단단히 무장한 시골 농부 스타일 '타실로', 그리고 아기 때부터 수도원에서 자란 순수한 미소년 '아르보'가 그들이었습니다. 후원자가 후원을 거부하고, 원장 신부의 갑작스런 사망으로 평화롭던 수도원은 위기에 봉착하게 되고, 3명의 수도사들은 원장 신부의 유언에 따라 교단의 보물인 '규범집'을 들고 이탈리아 '칸토리안 수도원'을 향해 험난한 여정을 시작합니다.

오랫동안 속세와는 담을 쌓고 살아온 이 순진무구한 수도사들에게 세상 밖으로의 여행은 그리 만만한 것이 아니었습니다. 자신이 맡은 일만 열심히 하면 되는 평화롭던 수도사 생활에만 익숙해져 있는 그들에게는 쉬운 일이 하나도 없었습니다. 그러다가 한 사람은 나이 드신 어머니의 모습을 보고 마음이 흔들리고, 한 수도사는 동창이 신학교 교장이 되어 권력의 실세로 서있는 모습을 보면서 마음이 흔들립니다. 게다가 미소년인 '아르보'는 난생 처음 이성에 대한 사랑이라는 감정을 느끼며 혼란을 겪습니다. 그들은 모두 쓰러졌고, 전해야 할 소중한 규범을 담은 책은 이제 전해질 수 없게 되었습니다. 그때 무너지는 그들의 모습을 안타깝게 여긴 한 여인의 도움을 통해 찬양을 통해 다시 회복된 다음, 그들은 유혹을 떨치고 다시 일어나 길을 걸어갑니다. 혼자서는 갈 수 없는 길이었지만 함께였기 때문에 가능한 일이었습니다. 백무산 시인의 "장작불"이라는 시는 그것을 잘 알려줍니다.

우리는 장작불 같은 거야
먼저 불이 붙은 토막은 불씨가 되고
빨리 붙은 장작은 밑불이 되고
늦게 붙은 놈은 마른 놈 곁에
젖은 놈은 나중에 던져져
활활 타는 장작불 같은 거야

몸을 맞대어야 세게 타오르지
마른 놈은 단단한 놈을 도와야 해

단단한 놈일수록 늦게 붙으나

옮겨 붙기만 하면 불의 중심이 되어

탈 거야 그때는 젖은 놈도 타기 시작하지

우리는 장작불 같은 거야

몇 개 장작만으로는 불꽃을 만들지 못해

장작은 장작끼리 여러 몸을 맞대지 않으면

절대 불꽃을 피우지 못해

여러 놈이 엉겨 붙지 않으면

쓸모없는 그을음만 날 뿐이야

죽어서도 잿더미만 클 뿐이야

우리는 장작불 같은 거야[61]

　불꽃은 혼자 타오를 수 없고, 오래가지도 못합니다. 함께 있을 때 더 큰불을 일으킬 수 있습니다. 불이 일어나기 위해서는 먼저 불이 붙은 토막이 불씨가 되고 빨리 붙은 장작이 밑불이 되어야 합니다. 먼저 불씨가 되는 누군가가 있어야 된다는 시인의 외침이 가슴에 와 닿는 이유입니다. 그을음만 내는 하찮은 불이 아니라 강력한 불의 중심이 되기 위해서는 나를 버려야 활활 불꽃으로 피어날 수 있고, 그때 장작불은 차갑게 식어진 세상을 달굴 수 있습니다. 그런 사람이 필요하여 하나님께서는 모세를 부르셨습니다. 그런 사람이 필요하여 오늘 우리도 부르고 계십니다.

07

그 발길 닿는 곳에 꽃이 피어나다

예언자는 전달자 이상 가는 증인이다.
전달자로서 그가 하는 일은 말씀을 전하는 것이다.
증인으로서 그가 하는 일은
그 말씀이 하나님의 말씀임을 증거하는 것이다. …
예언자는 전달할 뿐만 아니라 숨어 있는 것을 드러내 보인다. …
말을 함으로써, 그는 하나님의 숨은 모습을 드러낸다. …
보이지 않는 하나님을 보이게 한다.

- 아브라함 J. 헤셸[62]

내려놓고 가는 여정

언젠가 호주 시드니의 한 교회의 집회와 목회자 세미나 인도를 위해 출타하려고 했을 때 마무리하고 가야 할 몇 가지 일 때문에 출발하는 날까지 분주하게 뛰어야 했던 적이 있습니다. 비행기에서 읽을 책 한 권을 사기 위해 학교 서점에 들렀을 때 분주한 며칠을 보냈기 때문인지 제일 먼저 눈에 들어온 책이 있었습니다. 조이스 럽(Joyce Rupp)의 『느긋하게 걸어라』라는 책이었습니다. 미국 아이오와 주에 거주하는 작가가 60세 생일을 며칠 앞둔 어느 날, 20년 지기 은퇴한 목사 친구에게 제안하여 스페인 접경의 프랑스 생장피드포르에서부터 시작하여 야고보의 유해가 묻혀 있다고 전해져 오는 산티아고까지 800km가 넘는 순례길을 가는 까미노(Camino)의 여정을 담은 책이었습니다. 9세기 이후로부터 삶의 의미를 묻는 사람들이 걷는 순례자의 길로 알려져 요즘에는 한국인들도 많이 찾는 곳입니다. 44일 동안 '별이 뜨는 들판'(콤포스텔라)을 걸어가면서 건져 올린 인생의 깨달음을 담은 책이었습니다. 호주행 비행기에 몸을 싣고 책을 펴자 이런 축복의 글이 마음을 사로잡았습니다.

> 그대 발길이 닿는 곳마다 꽃이 피어나기를
> 앞서간 발길들이 그대의 걸음걸음에 복이 되기를
> 그대 심령의 날씨가 정말 중요한 날씨가 되기를
> 그대의 모든 목적이 하나님의 마음속에 둥지를 틀기를
> 그대의 기도가 다른 순례자들을 위해 뒤덮인 꽃과 같기를
> 그대의 마음이 뜻밖의 사건들 속에서 의미를 찾기를
> 그대를 위해 기도하는 친구들이 내내 그대를 안고 가기를
> 그대를 위해 기도하는 친구들이 그대 마음속에 안겨 가기를
> 삶의 동심원이 길 가는 내내 그대를 에워싸기를
> 깨어진 세상이 그대의 어깨 위에 목말을 타기를
> 그대 영혼의 배낭에 그대의 기쁨과 슬픔을 지고 가기를
> 그대가 온 세상 모든 기도의 교리들을 기억하기를[63]

말씀을 전하러 가는 먼 여정이어선지 마음에 큰 울림 때문에 다음 쪽

으로 넘기지 못한 채 한참 그 페이지에 머물러 있었습니다. "그대 발길이 닿는 곳마다 꽃이 피어나기를, 그대의 모든 목적이 하나님의 마음속에 둥지를 틀기를." 한 걸음 한 걸음 천천히, 그리고 내가 지금 바른 방향으로 가고 있는지, 지금 잘 가고 있는 것인지를 깊이 음미하면서 걸었다는 산티아고로 가는 길(카미노 데 산티아고)에서 얻은 그의 생각들이 마음에 와 닿았습니다.

매일 걸어가야 할 순례길과 같은 인생길은 자신을 얽어매고 짓누르는 삶의 무게감에 눌려 허덕여야 하고, 늘 '자신과의 싸움의 연속'이라면서 저자는 그 힘든 것들과 화해를 시도합니다. 자신의 두 어깨를 내리누르는 배낭의 무게가 늘 힘들게 했지만 '소피시타'(작은 지혜)라고 이름을 붙여주며 그 문제와 친해지려고 노력했을 때 삶의 평안을 찾게 됩니다. 그 순례길에서 가장 중요한 것은 '내려놓음'이었다고 저자는 전합니다. 가능하면 복잡하고 무거운 것들은 내려놓고 갈 것, 내 아집과 경험을 내려놓고 표지판을 따라 묵묵히 걸을 것, 그리고 6개월 후 함께 걸었던 친구의 갑작스런 죽음을 전하면서 그는 순례의 길은 마지막에 내 몸까지도 내려놓고 가는 것이 인생 순례길이라고 알려줍니다.

좌절의 여정

그날 모세도 '별이 뜨는 들판'을 걸어가고 있었습니다. 40년 만에 이집트로 돌아가는 여정은 두려운 것이었지만 하나님의 말씀 때문에 걸어가고 있던 여정이었습니다. 아주 오래전 살았던 왕궁으로 찾아가, 자신이 신이라고 생각하는 황제에게 그 나라의 노예들이 섬기는 신 이야기를 전한다는 것은 아무래도 우스꽝스럽고 위험해 보이는 여정이었습니다. 어쩜 그건 생명을 건 모험이었을 것이지만 동네 슈퍼 들리듯 할 수 있는 왕궁이 아니고, 더욱이 왕을 알현하는 것은 그 자체가 불가능에 가까운 일이었습니다. 국가의 중요한 산업인력인 200만의 노예를 내놓으라고 절대 권력자에게 말한다는 것은 아무리 하나님의 명령이라지만 정말 무모한 일이었습니다. 그러나 하나님이 원하셨기 때문에 자신의 생각과 관점, 기대와 아집까지도 다 내려놓고 가야 했던 길이었습니다. 오직 그분의 말씀에만 전적으로 이끌려가고 있었습니다.

빚 받으러 온 사람도 아니고, 그것은 정말 순진하고 어이없는 요구였습니다. 바로가 즉각 대답합니다. "그 주가 누구인데, 나더러 그의 말을 듣고서 이스라엘을 보내라는 것이냐? 나는 주를 알지도 못하니 이스라엘을 보내지도 않겠다"(출 5:2, 새번역). 자신이 '주'라고 생각하는 사람에게는 이건 정말 가소롭고 웃기는 이야기였을 것이기에 이런 반응은 당연한 것이었습니다. '별 미친놈들 다 보겠네. 한 번만 그따위 소릴 지껄이면 주리를 틀어버려야지.' 왕을 대면할 수 있었던 것이나, 이런 말을 하고도 생명을 보존할 수 있었던 것은 아마도 왕궁에서 함께 자란 사이였기에 가능한 일이었을 것입니다.

다행히 만남은 이루어졌고, 두렵고 떨리는 마음으로 하나님께서 명령하신 말씀을 그대로 전했으나 결과는 예상대로였습니다. "모세와 아론은 들어라. 너희는 어찌하여 백성이 일을 하지 못하게 하느냐? 어서 물러가서 너희가 할 일이나 하여라"(출 5:4, 새번역). 옛정을 생각해서 살려두는데 너는 노예라는 말이고, 그런 이야기를 한 번만 더하면 너는 죽는다는 말입니다. 그런 거절과 경고는 당연한 것이었고 죽지 않고 살아 돌아온 것을 다행으로 생각해야 했습니다. 그렇게 해서 주어진 결과가 무엇이었습니까? 삶은 더욱 고달파졌고 일은 더 힘들어졌으며, 어떻게든 벗어나 보려고 발버둥쳤는데 벼랑 끝은 더 가까워졌습니다. 매일 일정량의 흙벽돌을 만들어내야 했던 이스라엘 백성들에게 필수물품인 짚을 주지 않고 직접 조달해서 똑같은 양을 만들어내라는 것이었습니다(출 5:7~9)

모세가 괜히 잘난 척했다가 할당량만 엄청나게 늘어났고 죽을 지경이 되었습니다. 할당량을 채우지 못한 날에는 매를 맞아야 했고 옛날처럼만 할 수 있게 해 달라고 애원을 해야 했습니다. 하나님의 말씀을 따라 나아갔으나 첫 번째 시도는 완벽한 실패였습니다. 당연히 원망은 모세에게 쏟아졌고, 그 참담한 상황에서 하나님 앞으로 나아간 모세는 탄식하듯 외칩니다. "주님, 어찌하여 주님께서는 이 백성에게 이렇게 괴로움을 겪게 하십니까? 정말 왜 저를 이곳에 보내셨습니까? 제가 바로에게 가서 주님의 이름으로 말한 뒤로는, 그가 이 백성을 더욱 괴롭히고 있습니다"(출 5:22~23, 새번역).

얼마나 참담했겠으며, 실망은 또 얼마였겠습니까? 그러한 표현은 백성들의 입에서도 쏟아져 나옵니다. 문제를 해결하러 갔으나 문제는 더욱 심각해지고 말았습니다. 그때 모세는 그 공동체 가운데서 "미운 물건"이 되었고, 그로 인해 많은 사람들이 고통을 겪게 되는 그 사회의 암적 존재와 같이 여김을 받았습니다. 그러나 모세가 그걸 예견이나 했겠습니까? 많은 어려움의 문제로 허덕여야 하는 우리 인생길에도 그런 어려움은 많이 있습니다. "스스로 부과한 부담감" 때문에 그리 되기도 하고, 사람과 환경 때문에 주어지는 어려움도 있습니다. 모세는 이 두 가지에 다 걸리게 됩니다.

땅끝의 아름다움

인생길에서 늘 전진만 할 수 있으면 좋겠지만 나아갈 수 없는 '땅끝'도 있습니다. 걸어가는 길이 한없이 펼쳐질 것 같아도 더 이상 나아갈 수 없는 땅끝도 있습니다. 해남 땅끝마을에 다녀와서 쓴 시에서 나희덕 시인은 그 땅끝에는 "위태로움 속에 아름다움이 스며 있다"고 노래합니다. 살면서 몇 번은 벼랑끝과 같은 땅끝에 서게 되고, "파도가 아가리를 쳐들고 달려드는 곳"에도 설 때가 있지만 그 아름다움에 취할 수 있다면 설 수 있다는 사실을 시인은 노래하고 있습니다.[64] 찾아 나선 것도 아닌데 땅의 끝에 서있었답니다. 시인은 우리도 살면서 몇 번은 땅끝에 서게 된다고 외칩니다. 살다보면 더 이상 나아갈 수 없는 땅끝에 설 때가 있습니다. 파도가 길을 막아 더 이상 나아갈 수도 없는 자리, "파도가 끊임없이 땅을 먹어 들어오는 막바지의 자리, 파도가 아가리를 쳐들고 달려드는" 자리가 있습니다. 그런데 시인은 "위태로움 속에 아름다움이 스며 있다"고 외칩니다. 그래서 시인은 그 아름다움을 보려고 저 땅끝마을 해남까지 달려갔답니다.

지금 모세도 말씀에 사로잡혀 나아왔으나 한 걸음도 앞으로 나아갈 수 없는 땅끝마을에 서있었습니다. 하나님 말씀에 붙들려 달려왔으나 이럴 수도 없고 저럴 수도 없는 곤경상황에 서있었습니다. 그러나 그는 그곳에서 땅끝에 조성해 놓으신 하나님의 아름다움을 보고 있었습니다. 그 인생의 땅끝, 넉넉히 좌절할 수 있던 곤경상황에 서있던 모세에게 하나님의 말씀이 다시 들려옵니다. "여호와께서 모세에게 이르시되 이제 내가 바로에게 하는 일을 네가 보리라. 강한 손을 더하므로 바로가 그들을 보내리라. 강한 손을 더하므로 바로가 그들을 그 땅에서 쫓아내리라. 하나님이 모세에게 말씀하여 가라사대 나는 여호와로라"(출 6:1~2, 개역한글). 이 말씀에는 하나님의 강한 의지가 담겨 있고 거기에는 어떤 중간지대도 없습니다. 여기에서 "강한 손으로 말미암아"라는 표현이 반복되고 있습니다. "강한 손"은 하나님의 권능과 절대 능력을 상징적으로 언급하는 표현입니다. 여기에 '더하시겠다'는 말이 반복적으로 사용되면서 그 정확성과 불변성을 강조합니다. 그것은 한 가지 사실에 의해서 더욱 강조되는 구조를 취합니다. "내가 행하는 일을 보게 되리라. 나는 여호와라." 그것이 이제 가시적으로 나타나게 될 텐데 모세도, 이스라엘 백성들도 모두 보게 될 것이랍니다. 아직 나타난 것은 아무것도 없으나 그것을 가능케 하실 분이 여호와이시라면서 인장이 찍힙니다.

방해물이 없었던 것은 아닙니다. 막강한 권력자는 하나님의 말씀에 아무런 반응을 하지 않았고, 하나님 자체를 인정하지 않습니다. 그런 권력자에게 하나님께서 무엇인가를 하실 것이며, 그는 결국 강한 손에 밀려서 그들을 내보내게 될 것입니다. '내보내다'는 말의 히브리어 '쉘라흐'는 '포기하다, 내던지다'라는 의미를 가진 말입니다. 어쩔 수 없는 상황에 이르게 되면 그는 포기하듯 내놓게 된다는 뜻입니다. 이것이 더 강조되는 단어가 '쫓아내리라'는 단어입니다. 히브리어 원어는 '가라쉬'인데 '축출하다, 추방하다'라는 말입니다. 이것은 자의보다는 어쩔 수 없어서 내어놓는다는 의미를 담고 있습니다. 여호와의 징벌로 인해 바로가 죽게 되어서 이스라엘 백성을 내놓는데 그들을 쫓아내듯 황급히 내보낼 것이라는 뜻입니다. 원통한 바로의 소리가 들리는 것 같습니다. "가라~ 씨!"

강한 의지와 어조를 담은 말씀이 출애굽기 12장에서 그대로 이루어지고 있습니다. "나는 여호와이니라"라는 표현을 통해 그곳에 인장을 찍고 있습니다. 하나님의 히브리어 이름인 '여호와'는 이중의 뜻을 내포하는데 "영원 전부터 영원까지 스스로 계시는 절대자"라는 뜻과 "선민들과 더불어 언약을 맺으시고 그 언약을 반드시 성취시키시는 구속주"라는 뜻을 담고 있습니다. 하나님의 언약과 성취라는 차원에서 반드시 이루어질 것임을 모세에게 분명히 주지시킵니다. "이제 애굽 사람이 종으로 삼은 이스라엘 자손의 신음 소리를 내가 듣고 나의 언약을 기억하노라. 그러므로 이스라엘 자손에게 말하기를 나는 여호와라. 내가 애굽 사람의 무거운 짐 밑에서 너희를 빼내며 그들의 노역에서 너희를 건지며 … 너희를 내 백성으로 삼고 나는 너희의 하나님이 되리니 나는 애굽 사람의 무거운 짐 밑에서 너희를 빼낸 너희의 하나님 여호와인 줄 너희가 알지라"(출 6:5~7). "영원부터 영원까지 다스리시는 하나님의 구속 역사"임이 강조되며, 그 말씀에는 늘 인장이 쳐집니다. "나는 여호와라." 그래서 모세는 다시 일어나 그 말씀을 전하지만 이스라엘 백성들의 반응은 냉담했습니다. "모세가 이와 같이 이스라엘 자손에게 전하나 그들이 마음의 상함과 가혹한 노역으로 말미암아 모세의 말을 듣지 아니하였더라"(출 6:9). 이미 자신의 생각에 노예가 되어버린 사람들에게는 하나님의 말씀이 잘 들리지 않았습니다. 그러나 그들이 기억해야 할 것이 있었습니다. 지금 비록 땅끝에 서있으나 하나님께서 그들을 잊으신 것이 아니었고, 길이 보이지 않으나 버려두신 것은 아니었습니다.

조병화 시인은 그것을 "너는 내 생각 속에 있다"고 외칩니다.[65] 비록 지금 문이 닫혀 있어도 앞길이 보이지 않게 가리워져 있어도, 아니 너의 생각 밖에 내가 서있어도 너는 내 생각 속에 있다고 외치는 분이 거기에도 서계셨습니다. 이스라엘 백성들이 지금 땅끝에 서있다 해도 잊힌 것은 아니었습니다. "너는 내 생각 속에 있다." 이스라엘 백성들은 하나님의 생각 밖으로 벗어난 적이 없습니다. 그들의 생각 속에 하나님을 지워 버리고 살고 있는 그 순간에도 하나님은 그들 생각을 지워 버리신 것이 아니었습니다. 그런 사실을 알려주어도 그들은 받아들이지 않았다는 것이 문제였지만 더 큰 문제는 모세도 그런 상황에서 흔들리고 있었다는 점입니다. 그는 스스로 깊은 낙망과 우울함에 사로잡힙니다.

별을 바라보며 가는 길

앞서 언급한 시드니에서의 집회를 마치고 돌아와 바로 그 다음날 이른 아침에 말씀을 전해야 하는 일이 있었습니다. 아무래도 저녁 늦게 도착해서 말씀 준비가 어려울 것 같아 귀국길 비행기에서 노트북을 꺼내 한참 설교를 준비하면서 오는데 한두 시간이 채 지나지 않은 것 같은데 배터리가 다 되어 컴퓨터가 꺼져 버렸습니다. 오래된 컴퓨터여서 배터리 수명이 짧아진 것을 예측은 했지만 그리 되고 나니 막막했습니다. 그러나 설교에 대한 영감은 계속해서 쏟아지고 있었고, 컴퓨터가 꺼진다고 다 꺼진 것은 아니었습니다. 책을 읽어도 그랬고, 묵상을 할 때도 더욱 선명하게 들려와 계속 메모하면서 왔습니다. 여행 중 읽으려고 가져간 책에는 이런 이야기가 있었습니다.

어제 오후 어느 대학병원 방사선 치료실 앞에 앉아 있어야 할 일이 있었다. 치료를 받으러 온 암 환자들이 차례를 기다리면서 서로 각자가 겪는 고통을 호소하고 있었다. 그때 치료를 받기 위해 병실에서 내려온 입원환자인 듯, 환자복을 입은 예닐곱 살 난 남자 아이가 엄마와 함께 내 쪽으로 왔다. 아이 엄마와 다른 환자들이 나누는 대화를 들어보니, 아이는 소뇌암이고 항암치료를 무척 고통스러워하는 모양이었다. 유난히 흰 얼굴에 파리하게 깎은 머리가 안쓰러워 보이는 아이는 내 옆 빈자리에 앉았다. 그리고는 한동안 나와 내 목발을 번갈아 보더니 물었다. "아줌마, 이 목발들을 짚어야 걸을 수 있어요?" "그렇다"고 끄덕이자 아이는 "그럼 어깨가 너무 아프겠어요"라고 말하는 것이었다. 그러더니 몇 년 전 프랑스에 다녀온 학생이 선물로 준 작은 어린 왕자 플라스틱 인형이 달린 내 열쇠고리를 한참 만지작거렸다. "그런데 아줌마, 이 어린 왕자는 눈이 없어요." 너무 낡아 눈이 지워졌기 때문이다. "아줌마가 다시 눈을 그려줬으면 좋겠어요. 그래야 어린 왕자가 다시 볼 수 있잖아요."[66]

어린 아이의 순수함과 상상력이 빛이 나는 글이었습니다. 1943년 출간된 생텍쥐페리의 『어린 왕자』에는 실제로 이런 글귀가 나옵니다.

"내게 넌 아직 다른 아이들과 다를 바 없는 한 아이에 불과해. 하지만 네가 날 길들인다면 우리는 서로를 필요로 하게 되지. 내겐 네가 이 세상에서 오직 하나밖에 없는 존재가 될 거야. 만일 네가 날 길들인다면, 마치 태양이 떠오르듯 내 세상은 환해질 거야. 나는 다른 발자국 소리를 알게 될 거구. 저길 봐! 밀밭이 보이지? 난 빵을 먹지 않으니까 밀밭은 내게 아무 의미가 없어. 그건 슬픈 일이지. 그러나 넌 금빛 머리칼을 가졌어. 그러니까 네가 날 길들인다면 밀은 금빛이니까 너를 생각하게 할 거야. 그러면 난 밀밭을 지나가는 바람소리도 사랑하게 되겠지. 만약 네가 오후 네 시에 온다면, 난 세 시부터 행복해지기 시작할 거야. 그리고 시간이 지날수록 더욱더 행복해질 거야." 작별 인사를 할 때, 여우는 선물로 비밀을 하나 가르쳐 줍니다. "내 비밀이란 이런 거야. 제대로 보려면 마음으로 봐야 해. 가장 중요한 것은 눈에는 보이지 않거든." 어린 왕자는 마음을 쏟아 '길들인' 장미의 소중함을 기억하고 다시 자기 별로 돌아갑니다.[67]

"제대로 보려면 마음으로 보아야 한다"는 어린 왕자의 권고는 여행 종착지인 지구에는 많은 모순을 안고 있고 부끄러움을 잃어버린 어른들로 가득하기에 더 마음으로 보는 훈련이 필요하다는 말입니다.

그 소년을 만나고 집으로 돌아온 후 작가는 열쇠고리의 색 바랜 어린 왕자의 얼굴에 사인펜으로 눈을 그려 넣었다고 합니다. 눈이 있어도 보지 못하는 세계가 있지만 눈이 없으면 볼 수 없기에 볼 수 있는 눈을 만들어주고 싶은 마음 때문이었을 것입니다. 하나님의 말씀을 이해하고 그 세계를 보기 위해서도 눈이 필요합니다. 모세도 지금 하나님을 향해 눈을 떠야 했습니다. 홍해 앞에 선 모세, 그가 큰 난관인 홍해를 바라보지 않고 하나님의 말씀에 붙들려 그 문제 앞에서 두 손을 높이 들었을 때 정말 상상할 수도 없는 일들을 보지 않았던가요? 눈을 뜨고도 우리는 참 많은 것을 놓치고 살지만 마음의 눈이 열리면 보지 못했던 많은 것을 볼 수 있게 됩니다.

탈무드에 나오는 랍비 아키바는 2세기의 인물로 유대 민족의 영웅으로 존경 받는 인물입니다. 어릴 적 집안이 어려워 학교에도 가지 못하고 한 부잣집 양치기로 일하고 있었는데 그 집의 딸과 사랑하는 사이가 되었습니다. 여자 측 부모의 심한 반대에도 두 사람은 결혼을 했고, 결국 집에서 쫓겨나게 됩니다. 부인의 권유로 그는 나이가 들어서 공부에 전념하여 탈무드를 편집할 만큼 당대의 이름난 학자가 되었습니다. 의학과 천문학에도 조예가 깊었고 외국어에도 능통하여 유대인의 정신적 지도자로 역할을 했습니다. 탈무드에는 불행한 사건도 눈이 열리면 정말 다행한 사건으로 바뀌게 된다는 사실을 잘 알려주는 그에 대한 이야기가 있습니다.

랍비 아키바가 혼자서 여행을 하고 있었다. 아키바는 나귀 한 마리와 개 한 마리, 그리고 토라와 책을 읽을 때 필요한 작은 램프 하나를 가지고 있었다. 길을 가다가 밤이 되자 그는 가까운 마을에 들어가 한 집의 문을 두드리며 하룻밤 머물기를 청했다. 집주인은 나귀에 개까지 데리고 다니는 사람이 머물 만한 공간은 없다며 거절했다. 다른 집들도 같은 이유를 대며 매정하게 거절했다. 아키바는 '하나님이 좋은 것을 주시려나 보나'라고 생각하며 감사하는 마음으로 마을 어귀에 있는 빈 헛간에서 하룻밤을 지내기로 했다. 나귀와 개를 헛간 앞에 매어 둔 아키바는 헛간 안에 잠자리를 마련하였다. 아키바는 그 헛간에서 밤늦게까지 책을 읽을 생각이었다. 그런데 갑자기 불어온 바람 때문에 램프 불이 꺼지고 말았다. "하필이면 바람이 불을 꺼버릴게 뭐람!" 아키바는 이렇게 투덜거리며, 할 수 없이 그냥 잠을 자기로 했다. 그런데 그날 밤 여우가 와서 헛간 앞에 매여 있는 아키바의 개를 물어 죽이고, 사자가 와서 당나귀를 물어가 버렸다. 그는 빈털터리가 되고 말았다. 이튿날 날이 밝자 아키바는 램프 하나만을 들고 쓸쓸히 길을 떠났다. "하나님도 무심하시지, 나에게 재산이라고는 램프밖에 안 남겨 주시다니."

아키바는 이렇게 생각하면서 마을 안으로 들어갔다. 그런데 이상하게도 그 마을에서는 남자들의 모습을 볼 수 없었다. 잠시 후 아키바는 슬피 우는 한 여자를 발견하고 그 까닭을 물었다. "세상에 이런 일이 어디 있겠습니까? 어젯밤에 갑자기 흉악한 도적떼가 쳐들어와서 마을 사람들의 재산이란 재산은 모두 빼

앗아 가고, 거기에다 남자란 남자는 모두 죽였습니다." 아키바는
그 말을 듣고 조용히 생각해 보았다. '만약 어젯밤에 램프가 꺼지
지 않았다면 나는 밤늦게까지 책을 읽었을 것이고, 그렇다면 틀
림없이 도적떼에게 발각되었겠지. 그리고 만약 어젯밤에 여우가
개를 죽이지 않고, 또 사자가 나귀를 죽이지 않았다면 도적떼가
쳐들어왔을 때 개가 짖고 나귀 역시 소란을 피웠을 것이다. 그렇
다면 나는 틀림없이 도적떼에게 발견되어서 죽임을 당했겠지.'
아키바는 그제야 자기가 모든 것을 잃은 덕분에 도적떼에게 발
견되지 않았음을 알았다. 아키바는 마을을 떠나며 이렇게 중얼
거렸다. "최악의 경우에도 희망을 잃어서는 안 된다. 나쁜 일은
좋은 일로, 좋은 일은 나쁜 일로 바뀔 수 있는 가능성이 얼마든
지 있는 것이므로."

인생길에 사막은 늘 펼쳐집니다. 그러나 그곳에도 하늘의 별을 보며 걸
어가는 사람이 서있을 때 언젠가 꽃은 피어나게 되고, 봄 동산은 열리
게 되어 있습니다.

동고비 정신

우리나라 텃새인 동고비에 대한 칼럼을 읽은 적이 있습니다. 동고비
는 몸길이가 참새와 크기가 비슷한 14cm 정도인 약간 늘씬한 편인 새
입니다. 몸은 윗면이 회색빛을 띠는 청색이고, 배는 노란색을 띠며, 부
리로부터 눈 부위 쪽은 검은 선이 그어진 모습을 하고 있어 참새와 확

연하게 구분되는 새입니다. 봄이 되면 동고비의 뚜렷한 노랫소리를 듣게 되는데, 기본 단위는 '삣'이지만 여러 가지로 조합하여 다양한 소리로 노래하는 새입니다. 동고비는 나무타기의 최고 선수인데 자유자재로 위아래를 오르내리는 새입니다. 딱따구리가 살았던 나무 둥지를 차지하여 서식을 하는데 다른 새들이 번식에 아직 관심을 두지 않는 겨울 끝자락에 알맞은 딱따구리의 둥지를 찾은 다음에 누구도 들어오지 못하게 입구에 진흙을 발라 자기 몸에 맞게 좁히는 아주 특별한 재주를 가진 새입니다.

동고비는 딱따구리의 집을 빼앗을 힘이 없지만 딱따구리는 집을 여러 채 가지고 있고 그 중에는 사용하지 않는 것도 있어 그것을 열심히 찾아다닙니다. 그렇게 찾은 집에 들어가 둥지 바닥에 있는 쓰레기는 모두 버리고 콩알 크기로 진흙을 동그랗게 뭉쳐 그것으로 입구를 좁히는 작업을 합니다. 또 너무 깊은 딱따구리의 둥지에 나뭇가지를 물어다가 바닥을 높인 후에 나무껍질을 날라 알을 낳을 침대를 만듭니다. 그 일정이 끝나면 자기 몸을 비벼 겨우 들어갈 정도로 입구를 좁힙니다. 그렇게 재건축을 하는 데 약 3주간이 소요되며, 일주일 정도 단단히 진흙을 굳히는 시간이 필요합니다. 그 둥지를 재건축하는 작업은 오직 암컷이 수행하고 수컷은 경계를 섭니다. 암컷이 둥지를 완성할 때가 되면 뾰족했던 부리가 닳아 뭉뚝해질 정도로 힘든 공정을 거치는데 진흙 하나를 뭉쳐와 벽에 발라 곱게 펴기까지는 255번이나 부리로 다지는 과정을 거치기 때문입니다. 동고비는 크기도 작고 딱따구리처럼 강인한 부리를 가지고 있지 않아 나무에 구멍을 낼 수 없는 약한 새이지만 부지런함으로 자신의 약점을 극복해 갑니다.

그런데 동고비의 집 장만이 이 정도의 애씀으로 끝나지 않을 때가 있답니다. 딱따구리가 여전히 사용하고 있는 둥지를 고를 경우가 있기 때문입니다. 이른 아침 둥지를 나섰다가 날이 어두워질 때에야 다시 둥지로 돌아와 잠을 자는 딱따구리의 습성 때문에 비어 있는 둥지로 오해를한 경우입니다. 동고비는 빈 둥지인 것으로 알고 진종일 열심히 진흙을발라 좁히는 공사를 했는데, 돌아온 딱따구리가 삽시간에 진흙을 허물어 버립니다. 동고비는 그 다음날 아침부터 다시 진흙을 붙이는 작업을시작하는데 하루 10시간을 넘게 해 놓은 작업이 딱따구리가 돌아오면1분도 안 되어 물거품이 되고 맙니다. 하지만 동고비는 그 다음날에 다시 그 작업을 시작합니다. 관찰한 생물학자들에 의하면 그런 일을 106일이나 반복하다가 결국 포기한 동고비를 본 적이 있다고 합니다. 차지하려는 그 둥지에 딱따구리가 알을 낳고 한순간도 비우지 않기 때문에포기한 것입니다.[68]

이 작은 새의 부지런함과 가능성을 붙잡고 달려가는 이 도전 정신,즉 '동고비 정신'은 종족 보전의 원동력이 되고 있습니다. 사막 길을 걸어가야 하는 사람에게 가장 필요한 것은 바로 이런 도전 정신과 끈기입니다. 끝없이 펼쳐지는 사막 길에서 도전하는 그 정신을 통해 그곳에는꽃이 피어나게 될 것입니다. 누구나 안정 본능을 간직하고 살지만 어차피 인생은 끝없이 펼쳐지는 사막 길을 가는 것과 같기에 필요한 것은도전과 모험 정신입니다. 전인격의학으로 유명한 스위스의 의사인 폴투르니에는 인생은 "하나님이 지휘하시는 모험, 하나님의 인도를 받는 모험"이라고 규정하면서 다음과 같이 말합니다.

> 하나님은 우리가 확신을 갖지 못하고 분명히 인식하지 못하더
> 라도, 심지어 실패나 실수를 통해서도 우리를 인도하신다. 하나
> 님은 종종 우리를 왼쪽으로 내보내셨다가도 결국 오른쪽으로
> 데려오신다. 그렇지 않으면 긴 우회로를 거쳐 오른쪽으로 데려
> 오시는데 그것은 우리가 하나님에게 순종한답시고 처음에 잘못
> 하여 왼쪽으로 갔기 때문이다. 하나님은 우리를 한 걸음 한 걸음,
> 사건에서 사건으로 인도하신다. 우리는 나중에야 지금까지 걸어
> 온 길을 되돌아보며 인생의 중요했던 어떤 순간을 그 뒤에 일어
> 났던 모든 일에 비추어 생각해 보거나 아니면 인생의 모든 과정
> 을 살펴보면서 비로소 우리가 알지 못하던 가운데 인도를 받고
> 있었다는 것을, 하나님이 신비하게 인도해 주셨다는 것을 느끼
> 게 된다.[69]

지금 하나님께서 신비하게 인도하고 계신다는 확신, 그것은 우리로 하
여금 어려움 가운데서 일어서게 만들고, 끝없이 달려가게 만듭니다. 모
험 가운데서 필요한 것은 자기 계발이며 성숙입니다. "모험적인 삶은
두려움이 없는 삶이 아니라 오히려 각종 어려움을 충분히 인지하는 가
운데 영위되는 삶"이며 하나님이 직접 지휘하시는 모험이기에 우리에
게 필요한 것도 바로 그 동고비 정신입니다.

3부

그 땅에서 울려 퍼진 노래

인생은 꼭 길 없는 숲 같아서

거미줄에 얼굴이 스쳐

간지럽고 따갑고

한 눈은 가지에 부딪혀

눈물이 나기도 한다

그러면 잠시 지상을 떠났다가

돌아와 다시 새 출발을 하고 싶다

세상은 사랑하기 딱 좋은 곳

여기보다 좋은 곳이 또 어디 있을까…

- 로버트 L. 프로스트, "자작나무" (장영희 번역)

08

우린 일어서서 다시 시작한다

사막을 끝까지 가면
물동이를 들고 당신이 계시리라는 확신 …
어쩌다 마주치는 사막의 풀처럼
흔적을 드물게 남기며
그러나 뜨겁게 살아야겠다.

– 이해인[70]

무엇엔가 취하여 산다

코알라는 호주에만 서식하는 초식성 동물인데 몸길이는 60~80cm 정도이고 몸무게는 4~15kg 정도입니다. 성질은 순하고 동작도 아주 느립니다. 수명은 15~20년 정도인데 캥거루처럼 육아낭이 있어 새끼를 그곳에 넣어서 몇 달 동안 기르고 그 후 6개월 정도는 또 업어서 키웁니다. 5개의 발가락이 있어서 나무를 잘 타며 가지 위에서 먹고 자고 생활합니다. 그래서 코알라는 굴이나 보금자리를 만들지 않고 나뭇가지가 두 갈래로 벌려진 곳에서 희한하게 중심을 잡고 잠을 잡니다. 코알라가 호주에만 서식하는 이유는 호주에만 있는 유칼립스라는 나무 때문인데 그 잎사귀만 먹고 삽니다. 호주의 수목 중에는 약 80%가 이 나무인데 못을 박을 수 없을 정도로 재질이 단단하며 생명력이 강한 나무로 알려져 있습니다. 코알라는 동작도 아주 느리고 먹는 시간을 제외하고는 대부분을 잠을 자면서 보냅니다. 그렇게 잠을 많이 자는 이유는 유칼립스 잎사귀에는 강한 수면제 성분이 함유되어 있어서라고 합니다. 그냥 자는 게 아니라 수면제에 취하여 잠을 잔다는 이야기입니다.

사람들도 무엇엔가 취하여 살기도 하고, 무엇에 붙잡혀 살아가기도 합니다. 호렙산에서 하나님의 부르심을 받고 모세는 말씀에 취하여 이집트까지 달려왔습니다. 사실 그것은 생명을 걸지 않으면 도무지 갈 수 없는 길이었습니다. 예상했던 대로 그것은 바로에게 씨알도 먹히지 않을 요구였습니다. 독일의 어린이 동화 작가이자 시인인 에리히 케스트네는 인생의 문제들에 대한 항목별 처방을 제시하면서 의미심장한 교훈으로 가득한 그의 시집에서 "요람과 무덤 사이에는 고통이 있었다"[71]고 외칩니다. 사람들은 피곤에 지쳐 있고, 사랑에 주린 눈을 가지고 적막으로 가득한 도시를 헤매고 있으며 "황폐한 모래더미 위에는 녹슨 철골들이 흩어져" 있고 "서로서로 핏발 선 눈들"을 하고 있습니다.

모세가 가서 하나님의 말씀을 전했더니 바로가 바로 회개하고 순종하여 이스라엘 백성들을 내주었다고 해서 오만할 일도 아니고, 바로가 하나님의 말씀을 거절했다고 해서 절망할 일도 아니었습니다. 길이 활짝 열렸다고 자만할 일도 아니고 길이 막혀 있다고 절망할 일도 아니었습니다. 하나님의 말씀을 전하였지만 바로도 듣지 않고, 그 일로 인해 더욱 곤경에 처하게 된 이스라엘 백성들도 말씀을 받아들이지 않습니다. "모세가 이와 같이 이스라엘 자손에게 전하나 그들이 마음의 상함과 가혹한 노역으로 말미암아 모세의 말을 듣지 아니하였더라"(출 6:9).

그때 모세의 마음이 얼마나 상했을까요? 그러한 그에게 하나님께서는 계속해서 말씀을 주시지만 모세의 마음이 개운해지지 않았습니다. 그래서 반복적으로 나타나는 표현이 있습니다. "모세가 여호와 앞에 아뢰어 이르되 이스라엘 자손도 내 말을 듣지 아니하였거든 바로가 어찌 들으리이까. 나는 입이 둔한 자니이다"(출 6:12). 그것은 그 다음에도 이어지고 있습니다(출 6:30). 그런데 이런 상황에서 계속 강조되는 한 표현이 나옵니다. "여호와께서 모세에게 말씀하여 이르시되 …." 이것은 출애굽기 6장 1절에서도, 2절에서도, 10절에서도, 13절에서도, 29절에서도 계속해서 반복됩니다. 그 말씀을 하시는 분이 하나님이심을 강조합니다. 하나님의 말씀이 반복되고 있고, 모세의 실망한 이야기도 지금 반복되고 있습니다. 그만큼 난감했고, 상황이 어려웠고, 거대한 제국 앞에서 홀로 서있기가 외로웠다는 말이겠지요.

추운 도시 깊은 외로움

폴 틸리히는 "외로움이란 혼자 있는 고통을 표현하기 위한 말이고, 고독이란 혼자 있는 즐거움을 표현하기 위한 말"이라고 했습니다. 그때 모세는 절대 권력자 앞에 섰을 때 무척 외로웠을 것입니다. 그의 가슴을 적셨던 하나님의 말씀을 전하였지만 거절하는 사람들을 바라보면서도 그는 몹시 외로웠을 것이고, 그의 마음도, 하나님의 마음도 몰라주는 사람들로 인해서 외로웠을 것입니다. 살다보면 턱밑 목울대까지 슬픔이 차오르는 그런 날도 있고, 마음 줄 곳 없어 외로운 날도 있습니다. 아무것도 할 수 없고, 아무도 만나고 싶지 않은 텅 빈 마음일 때가 있습니다.

일전에 장마가 계속 되던 때 물방울 머금은 연꽃을 보고 싶어서 수생식물을 이용한 자연정화공원인 양평 세미원을 다녀온 적이 있습니다. 상류에서 떠내려 온 쓰레기 때문에 수질이 악화되는 것을 보면서 토양 정화능력이 탁월한 연꽃을 심어 정원으로 조성하기 시작한 것이 2004년이라고 했습니다. 연꽃 연못을 통과한 물을 다시 강으로 흘려보내 수질 정화에 기여하고자 만들었는데 6만여 평에 조성된 정원은 이제 많은 사람이 찾는 곳이 되었습니다. 사람과 자연은 둘이 아니라 하나라는 자연철학 사상이 담긴 불이문(不二門)을 지나 "물을 보며 마음을 씻고, 꽃을 보면서 마음을 아름답게 하라"(觀水洗心 觀花美心)는 뜻을 담은 세미원은 이름만큼이나 아름다웠습니다.

혹 외로움이 나를 덮어 버린 날이면 주저앉아 있지 말고, 연꽃이 피어나는 그런 곳에 들러 진흙구덩이에 박혀서 힘껏 꽃대를 세우고 아름다운 꽃을 피워내고, 비가 오면 온몸으로 비를 맞아 내리고, 햇볕 따가울 때는 푸름을 더하면서, 그리고 날씨가 추워지고 눈이 오면 뿌리로 호흡하면서 삶을 감내하는 외로운 영웅이 거기에 우뚝 서있음을 보십시오. 외로움 가득한 자리에서 아름다운 꽃을 피워내며, 잎사귀를 두들기는 빗방울을 또르르 말아 굴리는 소릴 듣노라면 울고 있지만 외로움에 무너지지도, 지배당하지도 않는 작은 영웅을 만날 수 있습니다.

모세도 지금 외로운 도시, 죽음의 공포가 엄습해 오는 도시에 홀로 서있습니다. 그래서 하나님께서는 쉼 없이 하나님의 말씀을 들려주십니다. 권력자 앞에서 두려움과 공포로 가득했을 그 자리에서 제국의 권력과 오만한 그곳의 문화를 바라보지 말고 하나님만 바라보도록 말씀을 주고 있습니다. 도종환 시인은 어릴 적 아버지가 있는 원주를 찾아가던 때의 외로운 기억을 이렇게 기록합니다.

> 청주에서 완행버스를 타고 원주까지 가는 길은 참 멀었습니다. 지금은 승용차로 두 시간 반 정도면 가는 길이지만 옛날에는 대여섯 시간 이상 걸렸습니다. 버스의 창틈이나 환풍구로 들어오는 겨울바람에 발은 꽁꽁 얼어붙곤 했습니다. 증평, 음성, 충주를 지나 소태재를 넘으면 양안치라는 고개가 있습니다. 그 고개를 넘어야 원주로 갈 수 있었습니다. 방학이 되면 그 고개를 넘어 아버지가 있는 원주로 갔다가 그 고개를 넘어 다시 청주로 오곤 했는데 겨울에 양안치 고개를 넘던 기억이 강한 이미지로 남아 지워지지 않습니다. [72]

털털거리는 낡은 버스를 타고 원주에서 일하시는 아빠를 만나러 가는 소년 도종환의 모습이 그려지는 글입니다. 온 산하가 겨울바람에 꽁꽁 얼어붙어 있습니다. 얼어붙은 것은 산하만이 아니었습니다. 그의 몸과 마음도 꽁꽁 얼어붙어 있습니다. 그 언 몸으로 양안치 고개를 넘어갈 때를 기점으로 "온몸을 조여 오는 바람"에 덜덜 떨리는 추위는 어쩔 수가 없었습니다. 버스가 떨리며 가듯 그의 몸이 덜커덕덜커덕 소리를 내며 떨렸다고 그 추위를 실감나게 표현해 줍니다. "돌멩이를 만지고 있는 듯 딱딱하게 얼어가는 발"을 녹여 보려고 안간힘을 쓰는데 갑작스러운 서러움에 눈물이 났답니다. 그 추운 겨울, 양안치 고개를 눈물로 넘을 때의 그 서러움은 이제 시인의 노래가 되어 들려옵니다.

> 양안치는 적수공권으로 고향 떠난 아버지 찾아 열 몇 살 어린 나이에 내가 혼자 강원도 땅으로 들어서며 처음 만난 고개였다. 백마령 넘고 목행과 목계 지날 때까지도 겨울 들녘과 나루터 감싸 안고 돌아 흐르는 강물이 아름다워 참을 만했는데 소태재 넘으면서 온몸을 조여 오는 바람에 몸이 덜커덕덜커덕 소리를 내며 떨렸다. 돌멩이를 만지고 있는 듯 딱딱하게 얼어 가는 발이 시려 발가락 꼼지락거릴 때마다 눈물이 맺혔다. … 양안치를 넘은 것이 내 인생에 거센 바람 몰아치는 많은 고개가 있을 것임을 미리 알려주는 첫 여행이란 걸 그땐 몰랐다. 어렵게 고개를 넘고 나면 또 고개를 만나고 그 고개 다 넘어서 만나는 것 또한 낯설고 차가운 풍경, 경계의 눈초리 늦추지 않는 시선, 새로 만나는 쓸쓸함과 눈발처럼 날아와 언 몸을 때리는 가난, 그리고 끝없는 바람, 그런 것들이 될 것임을 그땐 몰랐다. 내 생의 남은 날들이 그럴 것임을 그땐 몰랐다.[73]

춥고 배가 고파서 눈물이 나던 원주 가는 길에 어렵게 고개를 넘고 나면 또 다른 고개를 만나게 되더랍니다. "그 고개를 다 넘어서 만나는 것 또한 낯설고 차가운 풍경"이었답니다. 경계를 늦추지 않고 "새로 만나는 쓸쓸함"과 그 추위에 작은 몸뚱이 하나 가리지 못하는 가난에 몸을 떨면서도 인생길에도 수많은 양안치가 있다는 사실을 그땐 몰랐답니다. 어리기도 했고 온몸이 얼어서도 그랬을 것이며, 그런 아픔이 또 반복되리라고 누가 기대하면서 살 것인가요? 그의 글은 계속해서 이렇게 이어지고 있습니다.

눈 쌓인 산길 바로 아래는 낭떠러지가 이어지고 있었고, 고갯길 옆 산 쪽으로는 밤새 쌓인 눈의 무게를 견디지 못한 소나무들이 가지를 부러뜨린 채 기울어져 있었습니다. 우두둑 하고 가지가 꺾이는 소리를 들을 때도 있었습니다. 그런 고개를 버스는 거의 기다시피 해서 넘곤 했습니다. 그 고개를 겨우 넘고 나면 몇 개의 검문소가 기다리고 있었는데 총을 든 군인들이 버스 안으로 들어와 승객들을 검문하곤 했습니다. 이런 낯설고 으스스한 풍경을 지나야 원주로 들어갈 수 있었습니다.

어려서 경험한 이 겨울여행은 앞으로 내 인생에 이보다 더 험한 수많은 고개가 기다리고 있을 것임을 미리 알려주려는 신탁 같은 것은 아니었나 하는 생각을 할 때가 있습니다. 지금도 "고개 앞에 서면 언제나 큰 싸움을 앞에 둔 사람처럼 주먹이 쥐어지"고 "결연한 자세로 돌아서고 몸이 먼저 긴장하는 이유는 무엇일까" 하는 생각을 합니다. "낯선 곳을 떠도는 눈발처럼 허망하고 시리고 쓸쓸한 것들도 저희끼리 모여 단단해지며 나뭇가지를 꺾던 기억이 떠오르고 낯선 곳에도 언제나 낯선 곳에서 다시 시작하는 길이 있다는 걸 기억하"게 됩니다.

그렇게 고개를 넘어 다니다 아버지 어머니가 있는 곳에서 함께 지내고 싶은 생각에 저는 원주에서 고등학교를 다니기로 하였습니다. 그 당시 원주는 장일순 선생과 지학순 주교가 계시던 곳이었습니다. 반유신 민주화운동의 메카였던 곳이었습니다. … 1974년에 민청학련 사건으로 사형선고를 받은 김지하 시인도 원주 캠프의 일원이었습니다. 김지하 시인의 뒤에는 장일순 선생이 계셨습니다. 아니 박경리 선생도 외롭게 소설을 쓰고 계셨습니다. 그러나 고등학생이던 제게 원주는 추운 도시로 각인되어 있었습니다.[74]

"원주는 추운 곳이었습니다." 어린 시인에게 원주는 겨울이 아닌 때도 추웠고, "어깨 부빌 거리도 없고 기대어 볼 만한 언덕도 없었던" 그 도시는 추운 곳이었습니다. 한참의 시간이 지난 다음에 시인은 스스로에게 묻고 있습니다. "그 추운 곳에서 박 선생님은 어떻게 소설에만 매달렸을까요?" 아버지 찾아가는 그 먼 길 끝자락에는 총 든 군인들이 앞길을 가로막고 있었고 눈 덮인 산하는 춥고, 배고프고, 서럽기만 한 아픔으로 다가오고 있었습니다. 그렇게 원주에서 부모님과 함께 살면서 고등학교를 다니게 되었지만 소년 도종환에게는 '원주는 추운 곳'으로 각인되어 있었습니다. 추운 사람을 받아주는 성당의 종소리도 듣지 못하고 살았고, 수많은 민주투사들이 이 땅의 얼어붙은 민주주의를 위해서 싸우고 있는 민주화 운동의 메카와 같은 곳이었지만 기대어 볼 만한 언덕도 없는 그냥 추운 곳이었습니다. 그러나 그 추위와 가난이 시인을 만들었고, 그 가슴 시린 추위는 이제 시인의 노래가 되고 있습니다.

시인에게 원주는 차가운 도시였듯이 지금 모세에게도 이집트의 나일 강변의 그 도시는 몹시 추웠고, 그는 거기에서 떨고 있었습니다. 그 아픔의 고개를 넘고 넘다가 결국 온몸이 얼어붙어 버린 인생의 '양안치 고개'를 넘고 있었습니다. 어쩜 대대로 이어져 온 거대한 권력자의 서슬 퍼런 위협이 두려웠고, 그의 삶을 둘러 진 치듯이 둘러싼 절벽 앞에서 너무 추워서 떨고 있었을 것입니다. 총 든 군인들이 길을 가로막듯이 권세자의 위협이 그를 가로막고 있었습니다. 그 끝없이 이어지고 있는 인생의 '양안치 고개'에서 모세는 떨고 있었습니다.

그 고갯길에서 들려온 말씀

그런데 출애굽기는 그 인생의 '양안치 고개'에서 하나님의 말씀이 얼마나 선명하게 들려오고 있는지를 보여줍니다. 강력하게 들려오는 하늘의 말씀으로 인해 그 외로운 도시, 춥고 배고픈 그 언덕길에 하늘의 따뜻한 햇살이 비치고 있음을 알려줍니다. 출애굽기 7장 1절은 그 광경을 이렇게 들려줍니다. "볼지어다. 내가 너를 바로에게 신같이 되게 하였은즉 네 형 아론은 네 대언자가 되리니 …." 여기에서 '신'이라는 말로 번역된 단어의 히브리어는 '엘로힘'입니다. 하나님처럼 되려는 것 자체를 성경은 죄악으로 규정하는데 여기에서는 '하나님같이'라는 표현을 사용합니다. 신상을 만들고 스스로를 신으로 규정하고 신처럼 행동하는 이집트의 왕과 그의 제국의 이데올로기를 허무시려는 자리에서 하나님께서는 모세를 하나님처럼 되게 하시겠다고 말씀하십니다. 절대 권력자 바로에 대한 모세의 우월성을 한마디로 압축해서 보여주는 단어입니다. 그래서 표준새번역은 이렇게 들려줍니다. "보아라, 나는 네가 바로에게 하나님처럼 되게 하고 …."

비록 땅에서 바로의 권세는 하늘을 찌를 것 같아도 하나님께서 함께 하시는 모세는 더 강할 것임을 약속으로 주십니다. 인생의 '양안치 언덕'에서 떨고 서있는 모세에게 주시는 하나님의 위로였습니다. 이제 이후로 그러한 약속의 말씀이 어떻게 이루어지고, 걸어가는 길목에서 어떻게 나타나는지 모세는 보게 될 것입니다. 모세의 뒤를 조용히 따라가다 보면 그 사막 길 언저리에서 우리도 역시 보게 될 것입니다. 지금은 캄캄하고 춥기만 하는 길이지만 말씀을 붙잡고 걸어가다 보면 그의 앞에 선명하게 연꽃이 피어나게 될 것입니다.

그 사막 길에서 이제부터 모세는 하늘의 능력을 친히 나타내는 존재로 일어서게 됩니다. 영적 황무지였던 이집트 땅에 그가 서있음으로 이제 그 땅 사람들이 하나님의 영광을 보게 될 것입니다. 나중 조금의 흔들림이 없었던 것은 아니지만 모세는 그 외로운 언덕에서 주시는 말씀에 다시 사로잡히게 되자 일어서게 됩니다. 그가 일어서는 바로 거기에서 하나님의 역사가 시작됩니다. 출애굽기 7장 6절 말씀은 얼마나 우리의 가슴을 훈훈하게 합니까? "모세와 아론이 여호와께서 자기들에게 명령하신 대로 행하였더라." 말씀하신 대로, 그렇게 말씀에 붙들려 나아갔을 때 그곳에서 하나님의 역사가 펼쳐집니다. 민족을 살리는 구원의 역사가 거기에서 구체적으로 시작됩니다. 그 외로운 자리, 그 추운 자리, 그 암담한 자리에서 하나님의 말씀에 사로잡히자 벌떡 일어설 수 있었고, 생명의 역사는 그때 시작되고 있습니다.

어떤 사람이 마 시장에 자신의 말을 팔러 나왔습니다. 말을 사러 나온 사람이 그 멋진 말을 보고 그에게 물었습니다. "이 말은 잘 달립니까?" "아닙니다." "그럼, 이 말은 마차를 잘 끕니까?" "아닙니다." "그럼, 이 말은 짐을 많이 실을 수 있습니까?" "아닙니다." "그럼 이 말은 무엇을 잘합니까?" "보십시오. 폼이 좋지 않습니까?" 그 마 시장에서 그 폼 나는 말은 여전히 팔리지 않았고 폼만 잡고 있다고 합니다.

겉모양이 그럴 듯하고 폼을 잡고 있다고 명마가 아니듯, 그리스도인도 겉모양만 그럴 듯하다고 좋은 그리스도인은 아닙니다. 모양만 말씀을 받은 사람이 아니라 말씀을 들었다면 이제 그것을 삶으로 나타내야 합니다. 약속의 말씀을 받고도 절망만 하고 있을 것이 아니라 벌떡 일어서는 것이고, 걸어가는 것입니다. 그렇게 나아가는 곳에서는 역사들이 나타납니다. 이제 모세가 나아가는 곳에 표징과 이적들이 시작되는데 이것을 출애굽기는 "내 표징"(출 7:3)이라고 말합니다. 이것을 전하면서 성경은 그때 모세의 나이가 80세였음을 끼워 넣듯 강조합니다. 나이 80세면 이젠 모험을 할 나이는 아니고, 희미한 가능성을 붙잡고 자신을 던져 넣을 나이도 아닙니다. 그러나 하나님 말씀에 자신의 모든 것을 걸고 달려가고 있을 때 하나님의 역사가 시작되었습니다.

이조 중종 때 대학자였던 정암 조광조(1482~1520)는 성리학적 도학정치 이념을 구현하려고 하다가 반대파(훈구파)의 모함으로 전남 화순으로 유배되어 한 달 만에 사약을 받고 37살의 젊은 나이로 세상을 떠납니다. 6살 아래였던 학포 양팽손(1488~1545)은 평생 뜻을 같이 한 사이였고, 함께 화순으로 유배되었습니다. 조광조가 중종 14년, 음력 1519년 12월 20일(양력으로는 1520년 1월 10일)에 사약을 받고 37살의 나이로 전남 화순 능주에서 죽었을 때 그의 시신을 수습하였습니다. 어명으로 사약이 내려져 죽은 역적의 시신을 수습하는 일은 그 자체가 불법이었고 반역 행위였던 시대에 그는 조광조의 시신을 마을 골짜기에 파묻어 가묘(假墓)를 삼았고, 나중 용인의 묘소로 이장하게 되었습니다.

조광조는 중종이 사약을 내릴 것이라고는 생각지도 않고 다시 불러들일 날을 기다리고 있었습니다. 하루 종일 북쪽을 바라보며 나라 걱정을 하고 있었는데 사약이 내린 것입니다.[75] 조광조는 학문과 개혁적 사상에 같은 뜻을 품고 길을 간 양팽손의 사람됨을 가리켜 평가하기를, "그와 더불어 이야기하면 지초(芝草)나 난초의 향기가 사람에게서 풍기는 것 같고, 기상은 비 개인 후의 가을 하늘이요, 얕은 구름이 막 걷힌 뒤의 밝은 달과 같아 인욕(人慾)을 초월한 사람"[76]이라고 극찬을 합니다.

조선의 수많은 젊은이들이 사색당파 싸움의 희생물로 사라지던 시대에 태어나 그 자신도 희생자가 되기도 하고 가해자가 되기도 했던 혼탁한 세상을 살면서 "난초의 향기가 풍기는 사람, 비 개인 후의 가을 하늘 같은 사람, 구름이 막 걷힌 뒤의 밝은 달 같은 사람 …" 가까운 사람으로부터 그런 평가를 받았고, 그 이후에도 변질되지 않고 그 걸음으로 인생길을 걸어갔다면 참 잘 산 사람이 아니겠습니까? 사막과 같은 길을 걸어가고 있고, 끝없이 문제가 부딪혀 오는 상황에서도 흔들리지 않고 걸어갈 수 있다면 그는 지금 잘 가고 있다는 말입니다.

다음 칸이 있습니다

한 아저씨가 큰 가방을 들고 1호선 인천행 지하철에 올라탑니다. 이 아저씨는 가방을 바닥에 놓고 두 손으로 손잡이를 잡고 헛기침을 몇 번 한 뒤 일장 연설을 시작했습니다. "자 여러분, 안녕하십니까? 제가 여러분 앞에 나선 이유는 가시는 걸음에 좋은 물건 하나 소개시켜 드리고자 이렇게 나섰습니다. 직접 물건을 보여드리겠습니다. 자, 플라스틱 머리에 솔이 달려 있습니다. 대체 이것이 무엇이겠습니까? 예, 칫솔입니다. 이걸 왜 가지고 나왔겠습니까? 물론 팔려고 나왔습니다. 한 개에 200원씩, 다섯 개 묶여 있습니다. 얼마이겠습니까? 1,000원입니다. 뒷면을 돌려 보겠습니다. 영어가 적혀 있습니다. 메이드 인 코리아, 이게 무슨 뜻이겠습니까? 수출했다는 말입니다. 수출이 잘 됐겠습니까? 폭삭 망했습니다. 그래서 들고 나왔습니다. 자, 그럼 여러분에게 한 묶음씩 돌려 보겠습니다. 필요한 분 말씀해 주세요."

그리고 아저씨는 칫솔 한 묶음씩을 승객들에게 돌렸습니다. 그러나 사람들의 반응이 신통치 않았고 실망할 수 있는 상황이었습니다. "자 여러분, 여기서 제가 몇 묶음이나 팔았겠습니까? 여러분도 궁금하십니까? 저는 더 궁금합니다. 잠시 후에 결과를 알려드리겠습니다. … 자 여러분, 칫솔 네 묶음 팔았습니다. 총 매상이 얼마이겠습니까? 예, 칫솔 5개짜리 네 묶음 팔아 겨우 4,000원입니다. 제가 실망했겠습니까?

안 했겠습니까? 물론 실망했습니다. 그렇다고 제가 여기에서 포기하겠습니까? 예, 절대로 포기하지 않습니다. 저는 다음 칸으로 갑니다."

전철 칸에까지 나와 물건을 팔고 있는 것을 보면 어쩜 삶이 무척 어려워서였을 것이고, 목이 아플 정도로 외치고 다녀도 사람들의 반응이 신통치 않아 몇 개 팔지도 못해 실망도 되었을 것이며, 그에게 돌아오는 돈은 그리 많지 않았을 것입니다. 그러나 그 당당함이 정말 좋습니다. 인생길에는 실망스럽고 답답한 일이 많이 있고, 때론 절망할 일들이 많이 있습니다. 그러나 '다음 칸'이 있음을 안다면, 그리고 그것 때문에 당당하게 걸어갈 수 있으면 그 어려움은 반드시 이길 수 있습니다. 그때 모세도 외로움과 절망으로 가득한 자리에 서있었지만 하나님께서 알려주신 '다음 칸'에 주목합니다. 그리고 주저앉지 않았습니다. 왜 그랬을까요? 그의 인생길에서 역사하시는 하나님이 계시기 때문입니다.

"사람이 마음에 드는 사람을 만나게 되면 도파민과 같은 호르몬이 뇌의 중심에 영향을 줌으로써 마약을 먹었을 때와 비슷한 황홀감을 맛보게 됩니다." 헨리 피셔라는 인류학자가 한 이야기입니다. 그래서 연인들이 함께 만나면 서로에게 몰입하게 되고 밥을 안 먹어도 배고픈 줄 모르고, 잠을 자지 않아도 피곤한 줄도 모르는 이유가 바로 그 때문입니다. 모세는 지금 사막과 같은 인생길에 함께 계시는 하나님을 만나고 그 말씀에 온전히 취하였습니다. 말씀에 사로잡히는 황홀감에 취하면서 그 말씀에 붙들리니 바로의 권세도 두렵지 않고, 그 말씀에 이끌려 나아가니 바로의 군대도 두렵지 않았습니다. 오늘 나의 삶의 자리가 비록 어렵고 사막과 같은 길을 걸어가고 있다 할지라도 하나님의 말씀에 사로잡히는 그 황홀감에 사로잡힐 수 있다면 우리도 승리하게 될 것입니다.

언젠가 우연히 한 노랫말을 읽은 적이 있습니다. 검색을 해 보니 "도로 남"이라는 노래였습니다.

> 남이라는 글자에 점 하나를 지우고
> 님이 되어 만난 사람도
> 님이라는 글자에 점 하나만 찍으면
> 도로 남이 되는 장난 같은 인생사
> 가슴 아픈 사연에 울고 있는 사람도
> 복에 겨워 웃는 사람도
> 점 하나에 울고 웃는다 …[77]

우연히 듣고 점 하나로 '님'이 되기도 하고 '남'이 되기도 한다는 절묘한 묘사를 통해 인생의 희로애락을 잘 그린 노래라는 생각이 들었습니다. 점 하나가 도대체 무엇이기에 이렇게 놀라운 차이를 만들까요? 사막과 같은 인생길에도 아주 작은 것이 큰 차이를 만들어냅니다. 절망할 수 있는 상황에서 모세는 일어나 힘차게 외치고 있습니다. '다 끝났다!'가 아니었습니다. "우린 하나님과 함께 다시 시작한다!"

09

거기에서도 그분은 일하고 계셨습니다

우리는 보화를 찾았다
하나님의 사랑의 보화이다
우리는 그것이 어디 있는지 이미 알고 있다
그러나 아직 그것을 온전히 소유할 준비는 되어 있지 않다
- 헨리 나우웬[78]

나는 괜찮지 않아요

미국 정신과 의사인 토마스 해리스(Thomas A. Harris)가 복잡하고 난해한 인간의 정신 영역을 "I'm OK-You're OK"라는 구도로 쉽게 설명해서 같은 이름의 책이 한때 최고의 베스트셀러가 된 적이 있습니다. 지금도 인간관계, 협상, 삶의 자세와 현상 등을 설명하거나 이해할 때 좋은 도움을 주고 있는 이론입니다. 해리스는 인간을 네 가지로 분류합니다.[79] 이것을 성격적 특성으로 설명하면 I'm OK-You're OK 형은 아주 성숙한 형입니다. 그는 겸손하며, 온화하고, 다른 사람들의 의견을 존중하며, 의견이 다른 사람들에 대해서는 설득을 하거나 타협하면서 평화스럽게 지내려고 노력하면서 극단적인 사고나 행동은 하지 않는 유

형입니다. I'm OK-You're not OK형 사람은 문제가 생겼을 때 언제나 원인을 다른 사람에게서 찾는 유형입니다. 그들은 나는 옳은데 다른 사람이 틀렸기 때문에 문제가 일어난 것으로 인식합니다. 이 부류는 항상 다른 사람을 비난하고 문제에 대해 남을 탓하고 분노하는 유형입니다. 다음으로는 I'm not OK-You're OK형입니다. 이 부류는 모든 문제는 나의 잘못과 부족함 때문이라고 생각합니다. 자학적이거나 우울증에 빠지기 쉬운 부류이며, 심하면 자해나 자살을 시도하기도 합니다. 마지막으로 I'm not OK-You're not OK형입니다. 이러한 유형은 자신과 타인에 대해, 그리고 세상에 대해 언제나 부정적이며 염세적입니다. 다른 사람에 대해서는 분노가 있고, 자신도 신뢰하지 않는 유형이며, 사기범이나 범죄자에게서 발견되는 유형입니다.

모세가 서있는 환경을 보면 모세 자신을 보아도 괜찮지 않고(not OK), 환경을 보아도 그렇고, 이집트에서 이스라엘 백성들을 해방시킨다는 임무 자체를 보아도 괜찮지가 않았습니다. 오직 하나님만 괜찮아 보이는 상황이었습니다. 지금의 심정을 말하라고 하면 모세는 아마도 이렇게 대답했을 것입니다. "솔직히 난 지금 죽을 지경이에요." '한국인이 가장 많이 하는 말'을 누군가 조사했는데 가장 상위 여섯 가지는 이런 말이었습니다. "진짜, 솔직히, 인간적으로, 까놓고 말해서, 막말로, 너 이러는 거 아니다."

모세가 만약 한국인이었다면 지금 그도 그런 단어들을 사용하여 이렇게 말했을 것입니다. "솔직히 인간적으로 까놓고 말해서, 아니 막말로 하면, 진짜 하나님 이러시는 것 아닙니다." 사실 그 환경에서 절로 터져 나오는 말이 그것이 아니었을까요? '하나님 진짜 이렇게 사람 바보 만드실 겁니까? 나이 들어 조용히 살고 싶은 사람 꼬드겨서 이런 황당무계한 일을 하라고 하셨으면 그래도 좀 도와주셔야 하는 것 아닙니까?' 예상했던 대로 모세의 여정은 처음부터 난항에 부딪혔고, 충분히 따질 수 있는 그런 편치 않은 상황이었습니다.

바로 그때 주신 것

이에 대한 최고의 해법이 무엇일까요? 그런 상황에서 아이들 장난하듯 하지 마시고 바로를 꼼짝 못하게 만든다든지, 깜짝 놀랄 만한 방법을 사용하시면 됩니다. 그런데 하나님께서 전혀 그렇게 하지 않으셨습니다. 상황은 그대로 두시고 마음이 편치 않는 모세에게 계속해서 주시는 것은 말씀이었습니다. 출애굽기는 그것을 이렇게 계속해서 강조하듯 전하고 있습니다. "여호와께서 모세에게 이르시되 …"(출 7:1, 8, 14, 19, 8:1, 8 …). 상황은 그대로 두시고 하나님께서는 모세에게 계속해서 말씀만 주십니다. '아무리 말씀이 좋다고 하지만 말씀만 하신다고 뭐가 해결이 되는가요?' 이렇게 따질 수 있는 상황이었습니다. 그런데도 불구하고 출애굽기 7장부터 시작하여 14장까지 한 동작이 끝나고, 한 단계가 마무리되고 나면 반복해서 계속 이것이 나타납니다. "여호와께서 모세에게 이르시되 …."

바로가 이적을 보여 달라고 하면 지팡이를 던지라고 말씀하십니다. 이거 아이들 장난도 아니고 조금 우습지 않습니까? 막대기를 던져서 뱀을 만드는 것이 뭐 그리 중요한 일이라고 왕궁에서 막대기를 던지라고 하시는 것인가요? 하나님의 말씀대로 행했더니 뱀이 되었습니다. 그것으로 뭐 하자는 말인가요? 마술사로 등극하라는 것도 아니고 지팡이로 뱀을 만들어서 무엇을 할 것인가요? 그것을 보고 그 나라 사람들이 깜짝 놀랐습니까? 전혀 그렇지 않았습니다. 대신 바로 왕은 이집트의 현인들과 마술사를 불렀고, 그들도 지팡이를 던져서 뱀이 되게 하는 마술을 부렸습니다. 지팡이가 뱀이 된 사건을 필두로 하여 재앙이 계속되는 광경이 출애굽기 7장부터 12장까지 나타나는데 10가지나 되는 재앙이 계속되지만 바로의 반응은 한결같았습니다. 때론 타협안을 제시하기도 하고, 뉘우치기도 하지만 마찬가지였습니다. 아무래도 이스라엘 백성들을 그곳에서 끌고 나오는 것은 어림도 없어 보였습니다.

그러나 그 불편한 상황에서 아름다운 모습이 나옵니다. 10가지 재앙을 기록하고 있는 말씀에서 가장 아름다운 말씀은 무엇일까요? "지팡이를 던졌더니 뱀이 되었더라." 뱀이 아름다운가요? "나일강을 지팡이로 치니 핏빛이 되었더라." 핏빛이 아름다운가요? 개구리가 올라오고, 이가 올라오고, 파리가 올라오고, 악질이 생기고, 독종이 번지고, 우박이 내리고, 메뚜기 재앙과 흑암이 일어나는 것이 아름다운가요? 그렇지 않습니다. 여기에서 가장 아름다운 표현은 모세가 말씀을 받고, 자기 입맛대로 판단하고 자기 기분대로 행동한 것이 아니라 '그대로 순종하고 행하였다'는 사실입니다.

하나님께서 말씀하시니 그 말씀에 순종하며 나아가는 곳에 그분이 일하고 계시는 역사가 나타납니다. 하나님의 백성을 살려내야 하겠다는 긍휼의 마음을 가지고 달려가 말씀대로 행하니 웃음거리가 됩니다.

계속 웃음거리가 되어도 상관하지 않고 달려간 그곳에서 하나님이 일으키시는 기적이 나타납니다. 순종하며 나아간 곳에, 그리고 하나님의 백성들을 구원하려는 긍휼의 마음을 가지고 나아간 곳에 이스라엘 공동체는 회복되고 영혼들은 살아나고 하나님의 교회는 세워집니다. "주님 말씀하시면 내가 나아가리다. 주님 뜻이 아니면 내가 멈춰서리다." 우리가 고백하는 대로 그것이 우리의 삶이 될 수만 있다면 그런 역사는 우리 삶 속에서도 계속될 것입니다.

그 마음을 배우길 기다리셨다

하나님께서는 이스라엘 백성들의 신음과 고통 소리를 지금 듣고 계십니다. 그리고 하나님께서는 당신 자신을 "히브리 사람의 하나님 여호와"로 규정합니다. 신음하고 있는 그들을 향해 '내 백성'이라고 칭하십니다. 반복해서 "내 백성을 보내라"고 외치시는 말씀에서 하나님의 가슴 저리는 사랑이 느껴집니다. 모세가 달려갈 수 있었던 것은 바로 하나님의 이 마음을 알았기 때문입니다. 여기에서 모세가 순종할 수 있었던 것은 하나님의 이 마음을 알았기 때문입니다. 언젠가 "사랑밭 편지"에서 한 분의 편지를 읽은 적이 있습니다.

1년 전, 초등학생인 두 딸과 저는 각각 아버지와 남편을 잃고 지독한 외로움과 생활고에 시달려야 했습니다. 그러던 지난겨울, 병원 가는 것이 부담스러웠던 저는 한파와 함께 찾아온 극심한 감기에 그만 실신을 했지요. 어린 딸의 신속한 119구조요청으로 대학병원에 입원할 수는 있었지만 정밀검사 결과는 폐암이었습니다. "수술하면 낫는 거지?"

"엄마 없이 우리끼리 어떻게 살아?" 거친 호흡으로 침대에 누워 있는 저를 보고는 딸아이는 참았던 눈물을 터트리고야 말았습니다. "엄마는 안 죽어." "사랑하는 너희를 두고 엄마가 어디를 가겠어." 이윽고 수술하는 당일 아침 천방지축인 아이로만 알았던 우리 막내딸이 이른 새벽부터 가제 수건에 물을 묻혀 제 몸을 닦아주고 본인도 추운데 샤워를 합니다. 이유를 물었더니 비밀이라며 빙그레 웃기만 했습니다. 그렇게 저는 가족의 보살핌 속에서 왼쪽 폐를 완전히 절제하는 대수술을 했습니다. 늦은 오후, 비옷 같은 가운을 입은 막내딸이 순찰아저씨를 졸라 면회실로 들어와서는 이렇게 말했습니다. "엄마 … 사실 나 … 엄마가 폐 못쓰게 되면 내꺼 주려고 아침에 씻은 거야. 하루 종일 수술실 앞에서 꼼짝도 않고 기다렸어." "엄마한테 주면 넌 어떻게 살아?" "언니하고 엄마가 행복하게 산다면 나는 죽어도 괜찮아. 나 엄마 많이 속상하게 했잖아. 엄마 미안해." 어느새 훌쩍 커버린 막내 앞에서 기쁨인지 슬픔인지 모를 하염없는 눈물이 흘렀습니다.[80]

　엄마를 위해 자신을 기꺼이 내놓을 수 있는 아이의 맑은 마음이 곱게 느껴집니다. 어쩜 이런 마음은 엄마의 따뜻한 사랑을 받았기에 가능했을 것이고, 이런 긍휼의 마음도 엄마의 무조건적인 사랑을 받으며 자랐기에 가능한 일이었을 것입니다. 불쌍히 여기는 마음, 즉 긍휼은 가장 인간다운 것입니다. 만약 그 마음이 없다면 그는 이미 인간의 모습을 상실해 버린 것입니다. 그래서 헨리 나우웬은 '인간답다'는 것과 '긍휼이 많다'는 것을 동일시하면서 긍휼을 "함께 고통을 받는다"는 의미로 설명합니다.

긍휼은 우리로 하여금 "상처가 있는 곳으로 가라고 하며, 고통이 있는 곳으로 들어가라고, 깨어진 아픔과 두려움, 혼돈과 고뇌를 함께 나누라"고 촉구합니다. "우리에게 비참한 상태에 있는 사람들과 함께 울부짖고, 외로운 사람들과 함께 슬퍼하며, 눈물 흘리는 자들과 함께 울라"고 도전을 줍니다. 긍휼은 "연약한 사람들과 함께 연약해지고, 상처입기 쉬운 자들과 함께 상처입기 쉬운 자가 되며, 힘없는 자들과 함께 힘없는 자가 될 것"을 요구합니다. 그래서 그는 긍휼을 "인간됨의 상황 속에 푹 잠기는 것"으로 규정합니다.[81] 긍휼은 "우리에게 없는 것을 얻어내려는 투쟁적인 노력으로 획득하는 것이 아니라 낙엽 쌓인 길을 쓸어내듯이 우리 안에 은혜로 거하시는 그리스도의 형상을 드러내면 되는 것"으로 설명합니다.[82]

하나님께서는 모세가 그런 긍휼의 마음을 갖기를 원하셨습니다. 이스라엘 백성들이 바로 풀려나는 것이 중요하지 않았고, 그들이 순종하는 백성으로 사는 것이 중요했고, 지도자 모세가 하나님을 전적으로 신뢰하는 사람과 하나님의 백성들을 향한 이런 긍휼의 마음, 즉 하나님의 마음을 갖기를 원하셨습니다. 그래서 하나님께서는 이런 이적을 행하시며 기다리신 것입니다. 다소 지루하게 느껴지는 열 가지의 재앙을 일으키신 이유입니다.

키는 160cm, 몸무게 55kg, 50년 이상 영국 전역을 누비며 하나님의 말씀을 설교했던 사람, 말을 타고 평생 40만km 이상을 달렸고 42,000번의 설교를 했으며 200권이 넘는 저술을 남겼던 사람, 자기 유언대로 마지막에는 거친 수의에 쌓여 값싼 관 속에 놓였으며 가난한 사람들에 의해 운구 되었던 사람, 18세기 영국과 미국 땅을 오가면서 사람들의 영혼을 흔들어 놓았던 위대한 하나님의 설교자, 존 웨슬리가 1791년 3월 2일, 87년 8개월을 이 땅에서 살다가 하늘나라로 옮겨가는 마지막 순간, 그는 반복하여 이렇게 외쳤습니다. "가장 좋은 것은 하나님이 우리와 함께 하신다는 사실이다"(The best of all is God is with us). 말할 기운마저 사라졌을 때 그는 마지막 호흡을 거칠게 내뿜으며 아이작 왓츠(Isaac Watts)가 쓴 찬송가를 나직이 읊조렸습니다.

나는 찬양하리라 나의 창조주 하나님을
내가 숨 쉬는 동안에.

그러나 그 찬양 가사마저도 다 부를 힘이 없었을 때 그가 마지막에 겨우 두 단어만 반복했습니다. "I'll praise…"(나는 찬양하리라).

이게 아닌데, 이게 아닌데

하나님께서 나와 함께 하심을 아는 사람, 그것을 가장 중요하게 생각하는 사람이 할 수 있는 일이 무엇이었을까요? 순종하는 일밖에, 동행하는 일밖에, 찬양하는 일밖에, 신뢰하는 일밖에 없었을 것입니다. 모세가 그 어려운 환경 속에서, 어려운 삶 가운데서 하나님의 말씀을 들으며, 하나님이 거기에 함께 계심을 알았을 때 그가 할 수 있었던 일도 바로 그것이었습니다. 바로의 마음은 하나님의 말씀을 거역하며 여전히 강퍅하고 갈수록 완악해집니다. 그러나 모세는 더욱더 하나님의 말씀에 사로잡혀 부드러운 심령으로 나아갑니다. 하나님이 긍휼히 여기시는 것을 더욱 긍휼히 여기며, 하나님의 마음을 가지고 달려갈 때 거기에서 하나님의 역사가 시작됩니다. 하나님을 앞서지 않고 말씀에 붙들려 나아가는 인생이라면 거기에는 반드시 하나님의 역사가 준비되어 있습니다.

언젠가 아는 분으로부터 한 작가의 책 한 권을 선물 받았습니다. 작가의 외모만큼이나 재미있는 책 제목을 가진 책이었는데 이런 재미있는 구절이 나왔습니다.

> 꽃이 피었을 때는 꽃을 즐길 줄 알고 열매가 열렸을 때는 열매를
> 즐길 줄 알아야 합니다. 그러나 어떤 인간들은 꽃이 피었을 때는
> 열매가 열리지 않았다고 知랄을 하고 열매가 열렸을 때는 꽃이
> 피지 않았다고 知랄을 합니다. 그래서 知랄을 할 때마다 써먹으
> 라고 '철모르는 놈'이라는 말이 생겼습니다.[83]

모세는 지금 자기 원하는 대로 인생이 풀리지 않는다고 '知랄'을 하지 않았고, 철모르는 사람처럼 날뛰지도 않았습니다. 조용히 하나님의 때를 기다리고 있었습니다. 그만큼 믿음과 영성이 깊어진 것입니다. 문이 빨리 열리지 않는다고 투덜대지 말고 하나님의 말씀에 붙들려 살아야 할 시간임을 알았습니다. 그것을 알지 못하면 '知랄'하게 되어 있고, 순종하는 삶은 나오지 않습니다. 그렇게 인생을 끝내서는 안 된다는 사실을 깨우쳐 주면서 김용택 시인은 "이게 아닌데, 사는 게 이게 아닌

데, 이렇게 사는 게 아닌데 …" 후회하는 이야기로 가득 채우고, 마음뿐 발은 움직여지지 않는 그런 이야기로 인생을 가득 채워서는 안 된다고 일러줍니다.[84] 구상 시인 역시 팔순 나이를 지나가면서 "이제사 나는 눈을 뜬다 마음의 눈을 뜬다"고 외치면서 눈을 뜨고 나니 만물이 저마다 총총한 별처럼 빛난다고 고백합니다.[85]

눈을 뜨고 보니 모든 것이 저마다 총총한 별처럼 살아나고 빛이 나고, 새롭고 신기하고 오묘하기 그지없습니다. 모든 것 속에 하나님이 역사하고 계시고, 다스리고 계심을 알았기에 모세는 그 암울한 시간에 말씀 부여잡고 달려갑니다. 이제 10가지 재앙이 시작되어 계속될 때마다 패배감에 젖는 것이 아니라 "저마다 별처럼 빛나서 새롭고 신기하고 오묘한" 사건으로, 하나님의 사랑이 일으키는 가슴 벅찬 사건으로 받아들이게 됩니다. 우리 모두는 하나님의 신비 앞에 서있습니다. 신앙 생활은 무엇이며 사역은 무엇인가요? 예배는 무엇인가요? 깊은 감사의 마음을 가지고 하나님의 신비의 가장자리에서 감격하여 춤추는 것(dancing the edge of God's mystery with a deep gratitude)입니다.

별은 아름답다

자칫 모세는 노동자 선동죄, 사회 소란죄, 상수원 독극물 살포죄, 전염병 유포죄로 체포될 수도 있고, 즉결처형이 될 수도 있는 상황이었습니다. 과거 군부독재 시절 긴급조치법이나 사회정화법에 의하면 이건 쥐도 새도 모르게 붙잡혀 갈 극악무도한 범죄자입니다. 그런데 모세가 철저히 하나님께 붙들리고, 말씀에 사로잡혀 나아가니 절대 왕권이 어찌하지 못합니다. 제국의 근본을 흔들고 민생과 왕권을 흔드는 일이 그를 통해서 일어납니다. 말씀만 있을 뿐 결과를 예측하고 가늠할 수 있는 어떤 것도 없었으며, 무지개는커녕 먼지와 안개로 뒤덮여 있는 상황이었습니다.

20세기 미국의 문학가인 랭스턴 휴즈(Langston Hughes, 1902~1967)는 흑인의 자부심을 가지고 글을 썼던 시인이었습니다. 인종차별에 대한 저항과 흑인의 자부심을 깊이 노래했고 차별의 늪에서 허덕이고 있던 동포를 향해 이렇게 격려의 노래를 들려줍니다.

밤은 아름답다
그래서 내 동포의 얼굴도 아름답다
별은 아름답다
그래서 내 동포의 눈동자도 아름답다
또한 아름다운 것은 태양
또한 아름다운 것은 내 동포의 '소울'(soul)[86]

다른 시에서는 간곡하게 권면하듯 휴즈는 이렇게 시를 통해 외칩니다.

꿈을 잡아라
꿈이 사그라지면
삶은 날개 부러져
날지 못하는 새이니

꿈을 잡아라
꿈이 사라지면
삶은 눈으로 얼어붙은
황량한 들판이니[87]

꿈을 잃어버리면 "날지 못하는 새"가 되고, "얼어붙은 황량한 들판"이 되기에 꿈을 잡아야 한다고 외치는 시인의 마음이 깊이 와 닿습니다. "경구"(Epigram)라는 다른 시에서는 마치 그의 신앙고백을 듣는 것 같습니다.

오 먼지와 무지개의 하나님
먼지가 없으면 무지개도 없음을
깨닫도록 도와주옵소서!

온 하늘이 먼지로 가득하듯 삶에는 수많은 문제들로 가득합니다. 그러나 그 작은 알갱이에 비가 뿌려지고 하늘의 빛이 비춰지면 영롱한 무지개가 피어납니다. 무지개가 보이지 않는 날에도 하나님이 계심을, 그 하나님이 빛을 비추시면 먼지들 위에 영롱한 하늘의 꽃들이 피어날 수 있음을 그는 고백하고 있습니다. 말씀을 붙잡았다면 아직 아무것도 안 보이는 때에도 하나님이 다스리심을 믿는 것이 신앙입니다. 그 어려움의 시간이 없으면 아름다운 무지개가 주어져도 결코 그것을 무지개로 누릴 수 없다는 사실을 아는 길이 지혜입니다. 그러므로 신앙은 구호나

이론으로 끝나지 않는 반드시 살아내야 할 삶입니다. 모세는 하나님의 말씀을 받았고, 그것을 실제로 삶으로 살아내고 있습니다. 한 이적을 통해 아무런 일도 일어나지 않을 때 우직하게 말씀 붙잡고 또 일어섭니다.

그 반석 위에 굳게 서리라

『안네의 일기』는 열세 살 난 유대인 소녀, 안네 프랑크가 2년 동안 쓴 일기를 그의 사후에 묶은 것입니다. 2차 세계대전이 한창이던 1942년 6월 14일부터 체포되어 글을 쓸 수 없게 된 때까지 2년여에 걸쳐 쓴 일기입니다. 감수성이 강한 10대 소녀가 그린 전쟁의 비극, 나치 정권으로 대표되는 인간의 비극을 감동적이면서도 솔직한 필치로 써내려갔기 때문에 여전히 많은 사람에게 회자되고 있는 책입니다. 히틀러의 유태인 말살 정책으로 어려움을 겪게 된 안네의 가족은 은신처에서 숨어 지냅니다. 고통의 시간들 속에서 안네는 자신의 꿈을 이렇게 밝힙니다. "만일 하나님의 은총으로 이 세상에 살아남는 일이 허락된다면, 나는 꼭 이 세상을 위해, 인류를 위해 일하겠다." 그러나 작가가 되어 "주변의 모든 사람들에게 도움이 되고 기쁨을 주는 존재"가 되고 싶어 하던 안네의 소망은 이루어지지 않았습니다. "마음대로 자전거를 타고 자유롭게 춤을 추고 휘파람을 불고 세상을 바라보며, 젊음을 느끼며 자유를 누리는 삶"을 살고 싶어 하던 꿈도 이루어지지 않았습니다. 그의 일기는 어느 날 갑자기 끝이 납니다. 일기의 마지막 부분에서 그는 이렇게 밝힙니다.

가끔씩 나는 생각합니다. 어쩌면 이곳으로 숨어들어 오지 말고 차라리 죽어 버리는 게 더 낫지 않았을까 하고 말입니다. 그러면 이 비참한 고통을 겪지 않고 우리를 보호해 주는 사람을 위험에 처하게 하는 일도 없겠지요. 하지만 곧 이런 생각을 거두게 됩니다. 우리는 여전히 삶을 사랑하기 때문입니다. 우리는 아직도 자연의 목소리를 잊지 않았고, 여전히 모든 일에 희망을 버리지 않고 있습니다. … 내가 이상을 포기하지 않는 이유는 인간은 결국 선하다는 것을 믿고 있기 때문입니다. 혼란과 불행과 죽음 위에 내 희망을 쌓아 올릴 수는 없습니다. 나는 세계가 차츰 황폐해 가는 것을 보고 수백만의 고통을 직접 느낄 수 있습니다. 그렇지만 하늘을 보면 언젠가는 모든 일이 다 잘 되고 이 잔악함도 결말이 나고, 또 다시 평화와 고요가 돌아오리라고 믿습니다. 그때까지는 어떻게든 이상을 잃지 말아야 하겠습니다. 어쩌면 정말 그것들을 실현할 수 있는 날이 올지도 모르니까요.[88]

그러나 안네에게 그날은 오지 않았습니다. 안네의 가족은 1944년 8월 4일 체포되었고, 이듬해 3월, 연합군이 수용소를 해방하기 불과 며칠 전 안네는 베르겐 수용소에서 죽음을 맞았습니다. 사람의 이상과 꿈은 무너질 수 있습니다. 그러나 모세는 지금 자신의 꿈을 믿고 달려간 것이 아니었습니다. 자신의 지식도, 경험도, 무예도, 리더십도, 이룬 업적도, 철학도, 이상도 … 그것 위에 세우지 않았습니다. 영원히 흔들림이 없으신 반석 되신 하나님께 모든 것을 걸었습니다.

필자는 488장 찬송, "이 몸의 소망 무언가"를 어렸을 적 교회학교에서 배웠습니다. "세상에 믿던 모든 것 끊어질 그날 되어도 구주의 언약 믿사와 내 소망 더욱 크리라 …." 당시에는 정확히 그 뜻을 몰랐지만 그 곡조가 그냥 좋았습니다. 후렴 부분을 부를 때는 더욱 힘이 들어가곤 했습니다. "주 나의 반석이시니 그 위에 내가 서리라 그 위에 내가 서리라." 그때 의미도 모른 채 불렀지만 인생의 거친 모퉁이를 지나오면서 이제는 나의 고백이 된 찬양입니다. 특히 영어 가사로 부르면 가슴에 전율이 일어날 정도로 좋습니다.

My hope is built on nothing less
Than Jesus' blood and righteousness.
I dare not trust the sweetest frame,
But wholly lean(trust) in Jesus' name.
On Christ the solid Rock I stand,
All other ground is sinking sand;
All other ground is sinking sand.

나의 소망은 예수님의 보혈과 의로우심 위에 세워졌네
그것 말고 다른 것 위에 결코 세우지 않았다네
세상적으로 정말 아름다운 틀을 신뢰하지 않고
온 마음으로 예수님의 이름만 신뢰하네
견고한 반석 되시는 예수님 위에 나는 서리라

다른 모든 기초는 무너질 모래성이라네
다른 모든 기초는 무너질 모래성이라네

이것이 우리의 진정한 고백이 될 수만 있다면 사막과 같은 인생길에서도 우리는 하나님의 은혜를 누릴 수 있을 것입니다. 모세는 거기에서 눈으로 보이는 현상과 내가 원하는 것에 인생을 걸지 않았습니다. 하나님의 말씀에 모든 것을 걸고 달려 나갑니다. 그때 하나님의 역사는 서서히 나타나게 되고 그 우상숭배로 가득한 땅에 하나님의 영광이 나타나기 시작합니다.

우리 사랑이 부족하거든

적의 군대가 한 마을을 포위했습니다. 적군의 장수는 마을을 향하여 소리쳤습니다.

"남자들은 모조리 우리의 노예로 삼을 것이다. 그러나 여자들은 특별히 풀어줄 것이니 이 마을을 속히 떠나되 인정을 베풀어 그대들이 가장 소중히 여기는 보물 한 개씩만 가지고 나가도록 허락한다."

그래서 그 마을의 여자들은 모두가 금반지며, 목걸이며, 은수저 등을 들고 나섰습니다. 그런데 한 여인이 커다란 보따리 하나를 질질 끌고 나가는 것이었습니다. 검문하던 자가 수상히 여겨 보따리를 헤쳐 보니 거기에는 한 남자가 들어있었습니다.

"이건 누군가?"
여인은 대답했습니다.

"제 남편입니다."

"왜 그대는 명령을 어기는가? 둘 다 죽고 싶은가?"

적군의 장수가 위협을 가하자 여인은 간절하게 대답했습니다.

"장군께서는 가장 소중한 보물 하나는 가지고 나가도록 허락하셨습니다. 제게 가장 소중한 보물은 제 남편입니다. 명령대로 내게 가장 소중한 이 보물 하나만 가지고 있을 뿐 그 어느 것도 가지지 않았으니 제발 이 보물을 들고 나갈 수 있게 허락해 주십시오."

적군의 장수는 그 여인의 간절한 마음과 지혜와 사랑에 감동하여 남편을 데리고 나가도록 허락했습니다. 탈무드에 나오는 한 지혜로운 여인의 이야기입니다. 우리가 가장 소중하게 여기는 것은 무엇인가요? 언젠가 청계산 자락에 새롭게 세워지는 건물의 기공식에서 말씀을 전한 적이 있습니다. 스포츠웨어 업계(한국)에서 최고 매출을 자랑하던 '스프리스'를 창업하여 굴지의 대기업으로 키운 존경하는 한 장로님 부부가 사재를 털어 청계산 자락에 세우는 건물이었습니다. '하나님은 사랑이시라'(God Is Love). 예수님이 길이요, 진리요, 생명이심을 증거하는 센터로 세워지는 그 건물은 이름이 '길(GIL) 센터'로 명명되었습니다. 약학박사인 부인 권사님은 벌써 신학 공부를 마치셨고, 뒤를 이어 그 장로님도 신학을 시작하여 신대원 재학 중에 건축을 시작하였습니다. 좋은 장로님으로, 좋은 기업가로 남아 섬김의 사역을 계속하시는 것도 좋겠다고 생각되어 신학 공부를 만류했던 적도 있었습니다. 그러나 남은 생애는 영혼 살리는 일을 위해, 더 영원한 것을 위해서 살고 싶다고 시작하신 걸음이었습니다.

그때 당시 한 선교회를 조직하여 소외되고 어려운 분들을 찾아가 물질, 시간, 몸으로 봉사하는 섬김 사역을 힘차게 감당하고 있었습니다. 매주일 정기모임을 가지고 그 사역을 힘차게 감당해 가시면서 좀 더 조직적으로, 안정되게 사역을 감당하시려는 마음으로 신학을 시작하시고, 또 센터를 건립하시게 되었습니다. 연구학기로 미국에 갔다가 학교 학위수여식 순서 맡은 일 때문에 귀국했을 때 회원들 다 모여서 청계산 자락에서 기도회를 가졌고 거기에서 말씀을 전하였습니다. 미국에 있던 저를 기다리면서 기공식 자체를 연기하다가 주일 저녁 기공식을 갖게 된 것입니다.

　　영혼 구하는 일, 영혼 세우는 일을 위해 남은 생애를 올인하며 달려가는 그 장로님 부부의 아름다운 모습이 정말로 귀했습니다. 청계산을 오르는 사람들, 특별히 상처 진 영혼, 가정, 인생을 안고 그 산을 오르는 사람들을 만나는 접촉점을 삼기 위해서 그곳에 카페도 열고, 상담소도 열고, 예배당과 소그룹 모임 장소도 만들고, 자연치유 상담 공간도 마련한다고 했습니다. 더 영원한 것을 붙잡고 세상의 명예도, 자리도, 물질도, 사람들의 박수도 모두 내려놓고 힘차게 달리는 모습이 참으로 귀했습니다. 모두들 편히 살려고 노력하는 때, 노후에는 좀 더 평안하고 윤택한 삶을 살려고 노력하는 때에 인생의 남은 시간을 하나님 기뻐하시는 일에 쏟으며 달려가는 분들이 귀했습니다.

　　기공식 순서에서 삽을 뜨기 바로 직전, 함께 고개 숙이고 기도했던 기도문이 많은 시간이 지난 지금도 가슴에 깊이 남아 있습니다. 아마 그 장로님께서 직접 쓰신 기도문 같았습니다.

하나님 아버지, GIL(God Is Love) 센터의 첫 삽을 뜹니다. 이 공사의 감독자가 되어서 시종을 순적하게 인도하여 주옵소서. 지금부터 이곳에 우리의 사랑이 부족하거든, 우리의 기도가 부족하거든, 우리의 찬양과 감사가 부족하거든 이 삽을 쉬게 하시고 벽돌 쌓음을 중단케 하옵소서. 그리고 하늘을 바라보게 하옵소서. 하여 완공되는 그날에는 주님의 성령께서 춤추시는 시공간이 되게 하셔서 하나님은 사랑이시라고, 예수님은 길이시라고 애써 증거하는 저희들의 교회가 되게 하옵소서 ….

그 장로님 부부를 뵈면 늘 목사인 나의 모습이 작고 많이 부끄럽다는 생각이 들 때가 많았습니다. 대기업 CEO로 평생을 달려오던 분이 이제는 부부가 목사 안수를 받고 한 영혼을 가슴에 품고 달리고 있습니다. 영혼 구원을 위해서 중국의 깊고 깊은 내지로 달려가면서 내지선교회를 결성하고 평생 중국인들의 영혼 살리는 일을 위해 달렸던 허드슨 테일러의 이야기가 떠올랐습니다. "작은 일은 작은 일이다. 작은 일에 신실한 것은 큰일이다."

10
그 보혈로 세상을 덮으라

모든 곳이 다 정원임에도
당신은 그곳을 발견하지 못하리
모든 것을 다 다녀보고
사막 아닌 곳은 아무 데도 없음을
알게 되기 전까지는
모든 일이 다 기적임에도
당신은 이를 알아보지 못하리
모든 일을 다 연구해 보고
아무것도 설명 못할 일은 없음을
알게 되기 전까지는 …

- W. H. Auden, "Advent"

나는 무너지지 않는다

어떤 신부님이 교구의 교인이 임종이 가까웠다는 말을 듣고 병원에 찾아갔습니다. 마지막으로 고해성사를 위해 가족들은 모두 밖으로 나가게 하고 신부님과 환자만 남았습니다. "마지막으로 하실 말씀은 없습니까?" 신부님이 묻자 환자는 괴로운 표정으로 힘을 다해 손을 허우적거렸습니다. 신부님은 "말하기가 힘들다면 글로 써보세요" 하면서 종이와 연필을 주었습니다. 환자는 아주 고통스럽게 버둥거리며 몇 자 힘들게 적다가 결국 숨을 거두었습니다. 신부님은 그 종이를 가지고 병실 밖으로 나와 슬퍼하는 가족들에게 이렇게 말했습니다. "우리의 의로운 형제는 바로 전 주님 곁으로 편안히 가셨습니다. 이제 고인이 남긴 마지막 유언을 제가 읽어 드리겠습니다." 신부님은 종이를 펴서 소리를 내어 읽기 시작했습니다. "발 치워. 너 지금 호흡기 줄을 밟았어."

사람을 살리려고 그곳으로 달려갔는데 결과는 죽게 만들었습니다. 모세는 하나님께서 주신 사명을 가슴에 안고 생명을 살리기 위해서 애굽으로 달려갔습니다. 하나님 말씀대로 가서 전했고 수차례 하늘로부터 재앙이 내리는 기적도 행했습니다. 그런데 그 결과가 무엇이었습니까? 결과는 사람들을 더 힘들게 만들었습니다. 이스라엘 백성들도, 이집트의 백성들도 모두 죽겠다고 아우성이었습니다. 사실 모세도 이스라엘 백성들을 바로의 학정에서 해방시킨다는 것이 결코 쉬운 일이 아니라는 사실을 잘 알고 있었지만 그래도 그 엄청난 재앙 몇 가지만 당하면 손을 들 줄 알았습니다. 온 나라와 삶의 질서를 다 흔들어 놓는 재앙이 9가지나 계속되었는데 바로는 여전히 완악했고, 문제는 여전히 그대로 있었습니다. 백성들은 죽겠다고 아우성인데도 바로는 끄덕도 하지 않았습니다. 살리려고 달려간 사람도, 이스라엘 백성들도 힘이 들었습니다. 모세 한 사람으로 인해 모두가 힘든 시간을 보내고 있었습니다.

그래도 모세는 무너지지 않았습니다. 그는 이제 하나님의 말씀에 붙들린 사람이고, 사명을 가진 사람이었기 때문입니다. 우리 믿음의 선진들의 삶도 힘들고 어려울 때 하나님과 그분의 말씀에 더 집중했습니다. 오늘 우리의 인생길도 내 힘과 능력만으로 되지 않는 일이 더 많고, 내 계획이나 원하는 대로 되지 않는 일이 참 많습니다. 그래서 순간순간 무릎을 꿇을 수밖에 없습니다. 주의 영에 사로잡혀 나아가는 사람 앞에서는 열리게 되어 있습니다.

험한 길을 걸어가는 사람들에게는 특별한 힘이 필요합니다. 그 힘은 내 안에서 분출되기도 하지만 사막 길을 가는 사람들에게는 위로부터 오는 힘이 필요합니다. 사막 길을 달려갈 수 있게 하는 힘은 여호와를 바라보는 사람에게만 주어집니다. 그 힘을 공급 받은 모세가 변화되자 모래 바람 이는 사막의 상황이 급속하게 바뀌기 시작합니다. 결코 무너질 수 없어서 하늘을 바라보는 사람에게 힘이 공급된 것입니다.

누구나의 삶에든 쓸쓸한 뒤안길은 있기 마련이고 엉켜버린 실타래와 같은 시간들도 있습니다. 맑은 날도 있고 흐린 날도 있습니다. 푸른 초원을 걷는 시간도 있지만 사막을 지나가는 것과 같은 시간도 있습니다. 쓰러질 듯 휘청거릴 때도 있지만 우리 앞에 높이 서계시는 분 때문에 우리는 다시 일어서게 됩니다. 발걸음 휘청거리고 엉킨 실타래처럼 삶의 문제는 풀릴 기미가 보이지 않아도 살아갈 이유는 있습니다. "하늘이 무너지지 않는 한 나도 무너지지 않는다."[89] 나에게도 그런 결심이 필요합니다.

인생은 계획대로 안 될 수도 있습니다. 뒤죽박죽이 되고, 부조리한 현실 앞에서 분노가 일어날 수도 있습니다. 아침 안개가 덮이는 날도 있고, 먹구름에 덮이는 날도 있을 수 있습니다. 언젠가 필자도 깊은 먹

구름에 덮여 마음에 분노를 안고 살았던 적이 있었습니다. 그 분노는 시간이 가도 삭혀지지 않았습니다. 어느 영성수련회에 참석했다가 찬송 가운데 찾아오신 주님께서 찬양을 통해서 제 마음을 어루만지시는데 그 찬송을 부르면서 한없이 울었습니다. 영성수련회를 마치고 내려올 때 제 마음의 상처와 분노는 다 치유되었습니다. 그때 가장 많이 울게 했던 찬양은 이것이었습니다.

> 아침안개 눈앞 가리듯 나의 약한 믿음 의심 쌓일 때
> 부드럽게 다가온 주의 음성 아무것도 염려하지 마라
> 빗줄기에 바위 패이듯 나의 작은 소망 사라져 갈 때
> 고요하게 들리는 주의 음성 내가 너를 사랑하노라 …[90]

힘든 일들, 부조리한 일들은 늘 있습니다. 문제는 우리가 무너지지만 않으면 되는데 그게 내 힘으로는 잘 안 된다는 것이 고민입니다. 스스로 일어날 힘은커녕 손가락 하나, 마음 한 자락도 움직이기가 어려운 때가 있습니다.

그날 모세도 무너졌을까요? 이스라엘 백성들도 그대로 자포자기했을까요? 아니었습니다. 지금 삶의 상황은 바뀐 것이라고는 아무것도 없었고, 더 어려워졌지만 결코 무너져 내리지 않았습니다. 그들은 거기에서 하나님의 역사하심을 보고 있었기 때문입니다. 아직 하늘은 무너져 내리지 않았기에 사람들은 원망하지만 그 어려움의 시간에 모세는 하나님께 집중하면서 그분의 말씀에 귀를 기울이며 달려갑니다. 어려

움도 있었지만 하나님의 말씀에 온전히 사로잡혀 나아갑니다. 어떻게 그렇게 할 수 있었을까요? 그곳에서 계속해서 하나님의 말씀이 들려왔기 때문입니다. 아무것도 변한 것이 없지만 소망이 있었던 것은 하나님께서 계속해서 말씀하신다는 데 있었습니다.

우린 지금 함께 가고 있다

애굽은 이스라엘을 볼모로 잡고 있는 땅이었고, 하나님의 백성들의 생명을 죽이는 땅이었습니다. 도무지 강퍅하여 하나님의 말씀에 귀를 기울이지 않는 땅입니다. 하나님의 백성을 얽어매는 자리입니다. 고통과 아픔 가운데서 기쁨을 누리지 못하게 만드는 그런 자리입니다. 그런데 그곳에서 하나님의 말씀이 들려오고 있습니다. 하나님이 잊지 않으셨다는 말씀입니다. 하나님이 결코 내버려 두신 것이 아니라는 말씀입니다. 고통 받는 자리에, 아프고 가슴이 시린 자리에 하나님이 함께 계셨습니다. 모세가 혼자라는 생각이 들 때마다 하나님은 "아니다, 우리는 지금 함께 가고 있다." 그것을 자꾸 확인시켜 주셨습니다.

'함께'라는 말이 참 아름답지 않습니까? 그것을 잘 설명해 주는 말이 '우리'라는 말입니다. 오늘의 시대는 '우리'는 약해지고 자꾸 '나'만 커지는 시대입니다. 현대 사회의 특징은 공동체는 무너지고 개인주의만 성행하게 만드는 곳입니다. 장영희 교수는 그의 책에서 불우한 청소년기를 보낸 한 학생 이야기를 적고 있습니다.

몇 년 전 내가 지도하는 학생이던 상호는 집안 사정이 어려워 장학금 수혜 문제로 나와 자주 상담을 하고는 했다. 결손 가정에서 자라 불우한 청소년기를 보냈다는 상호가 한 번은 내게 말했다. "저는 비행 청소년이었거든요. 세상이 싫었고 사람들이 싫었어요. 그래서 무조건 반항했죠. 그렇지만 속으로는 너무 외로웠어요. 중학교 3학년 때 담임선생님이 무척 잘해주셨는데도 저는 계속 말썽만 피웠어요. 근데 한 번은 방과 후 패싸움을 하고 머리가 터져왔는데, 그 선생님이 붕대를 감아주며 말씀하셨어요. '우리 상호 피를 많이 흘리네. 어떡하지?' 그냥 상호가 아니라 '우리' 상호라고 하셨어요. 그 말, '우리'라는 말이 제 가슴을 때렸어요. 그리고 정신 차렸죠." 상호의 삶을 바꿔놓은 말 '우리.' 정확하게 말하면 소유격 '나의 my'라는 말은 새삼 생각하면 참 요술 같은 말이다. '나와 그 사람'의 평면적 관계가 '나의 그 사람'이 되면 갑자기 아주 친근한 관계, 내가 작아지고 그 사람이 커지는 소중한 관계가 된다.[91]

하나님께서도 그날 '우리,' 더 정확히 말해 '나의' 백성들이라고 계속해서 말씀을 들려주고 계셨습니다. 그것은 하나님께서 지금 그들과 함께 계신다는 사실을 상기시켜 주신 것입니다. 너하고 나는 하나다, 우리는 함께 가고 있다는 말씀이었습니다. 모세는 지금 실망하고 좌절할 자리에서 그 메시지를 듣고 있습니다. 출애굽기를 주목해 보면 이런 말씀으로 이스라엘 백성들과 모세를 일으켜 세우시는 독특한 구조로 되어 있음을 알 수 있습니다. 출애굽의 역사, 즉 생명이 살아나고 구원의 역사가 있기까지 언제나 말씀이 먼저 주어집니다. 그리고 그 말씀대로 행했을 때 하나님의 역사가 일어나는 구조로 되어 있습니다.

아름다운 위반

그렇게 하나님의 말씀이 들려옵니다. 하나님이 함께 계시고 사랑하신다는 가장 확실한 말씀이 들려옵니다. 그것을 모세에게 들려주시고, 그것을 듣지 못하고 있는 이스라엘 백성들에게 가서 전하라고 하십니다. "너희는 이스라엘 온 회중에게 말하여 이르라. 이 달 열흘에 너희 각자가 어린 양을 잡을지니 각 가족대로 그 식구를 위하여 어린 양을 … 잡고 그 피를 … 좌우 문설주와 인방에 바르고 …"(출 12:3, 6, 7). 이스라엘 백성들에게 주신 말씀의 핵심은 양을 잡고 그 피를 집 문설주에 바르라는 명령이었습니다. 그 심판의 날 저녁에 하나님의 메시지는 선명했으며 중간지대는 없었습니다. "어린 양의 피가 있는 집은 살고, 없는 집은 죽으리라." "내가 애굽 땅을 칠 때에 그 피가 너희가 사는 집에 있어서 너희를 위하여 표적이 될지라. 내가 피를 볼 때에 너희를 넘어가리니 재앙이 너희에게 내려 멸하지 아니하리라"(출 12:13).

"어린 양의 피, 어린 양의 피, 그 피를 볼 때에 내가 넘어가리라." 그 날 그들이 생명을 건지기 위해서 다른 조건은 없었습니다. 많이 배웠는가, 어느 학교를 나왔고 어떤 학위를 가지고 있는가, 어느 가문 출신인가, 어느 지방에서 태어났는가, 어느 교회를 출석하는가, 얼마나 재산을 많이 가지고 있는가, 몸매는 어떻고 외모는 어떠한가, 인간성은 어떠한가, 이 모든 것은 생명을 구원하는 데 필요조건이 아니었습니다.

오직 한 가지만 필요했습니다. 어린 양의 피 …. 어린 양의 피가 있는 집은 살았고, 없는 집은 죽었습니다. 아니, 이것이 웬 동화 같은 이야기인가요? 아이들 장난도 아니고 피가 묻어 있는 집은 살고, 그렇지 않은 집은 죽는다는 것이 말이나 되는 이야기인가요? 어쩜 그때 이스라엘 사람들의 집마다 피 냄새로 진동하고, 쇠파리들로 가득했을 것이며, 그건 모두를 불편하게 하고 역겹게 만드는 방법이었습니다. 어린 양의 피 하나로 모든 것이 결정된다는 것이 도대체 말이 되는 것인가요? 그러나 그것은 하나님의 구원의 방법이었습니다. 생명을 얻기 위해서는 누군가가 죽어야 했고, 어린 양이 대신 죽은 그곳에서만 생명이 살아난다는 복음의 비밀을 여기에 담고 있습니다.

사람 피도 아니고, 수송아지의 피도 아니었습니다. 오직 어린 양의 피, 하나님이 지명하신 어린 양의 피가, 그것도 나를 위해 죽은 나만을 위한 어린 양의 피가 있어야만 했습니다. 이렇게 동화 같은 말씀에 순종하여 어린 양의 피가 집 문설주에 발라진 사람들은 살았고 구원을 받았습니다. 그것이 바로 이스라엘의 유월절이었습니다. 죄 값을 물어 심판하셔야 하나 너를 위해 대신 죽은 어린 양이 있으니 지나가셨다는 말씀입니다. 의로우신 공의의 하나님은 반드시 죄인을 벌하셔야 하고, 용납할 수 없는 분입니다. 그런데 유월절 어린 양 사건은 하나님께서 스스로 규칙을 깨뜨리시고, '아름다운 위반'을 하신 것입니다. 여기에서 문득 떠오르는 재미있는 시가 있습니다.

기사 양반! 저짝으로 조깐 돌아서 갑시다

어찛게 그란다요 버스가 머 택신지 아요?

아따 늙은이가 물꽉이 애링께 그라제

쓰잘데기 읎는 소리 하지 마시오

저번참에 기사는 돌아가듬마는 …

그 기사가 미쳤능갑소

노인네가 갈수록 눈이 어둡당께

저번참에도 내가 모셔다 드렸는디[92]

이 시를 쓴 이대흠 시인은 귀에 착착 달라붙는 정겨운 전라도 사투리에 담은 시어와 시골풍경이 가득 담긴 내러티브를 통해 가슴이 따뜻해지게 만듭니다. "늙은이가 물꽉이 애링께 그라재"라는 시구에서는 어느 새 고향집에 달려가 나이 드신 어머니의 손을 붙잡고 서있게 만듭니다. 다른 사람들의 이목도 있어서 겉으로는 면박을 주지만 눈이 어두워 자신을 알아보지 못하는 노인을 바라보면서 가슴에는 깊은 안타까움을 담고 있습니다. 기사가 정해진 버스 노선을 바꾸어서 저 아랫마을까지 내려가는 것은 위반입니다. 그런데 무릎 아파 걷지 못하여 간청하는 노인네를 위해 저번에도 그랬고, 다른 승객들 때문에 안 된다고 말하면서도 이번에도 노선을 바꾸어 운행하는 위반을 합니다. 가슴이 따뜻한 '아름다운 위반'입니다. 그 위반이 한없이 아름답게만 느껴지는 것은 연민과 긍휼의 마음입니다.

그날 하나님도 자신의 속성과 맞지 않은 '아름다운 위반'을 하고 계셨습니다. 그 위반이 없었다면 우리는 결코 영원한 생명을 얻지 못했을 것이며, 하나님의 자녀가 될 수 없었을 것입니다. 이스라엘을 묶임에서 해방하시기 위해 반드시 유월절이 필요했습니다. 그것은 우리 인생에도, 가정에도 그 유월절이 있어야 한다는 사실을 함께 담고 있습니다. 어떤 가정의 아이는 그 깊은 의미를 알지 못한 채 잠이 들었습니다. 그 밤 무슨 일이 일어났는지 몰랐으나 하나님이 지시하신 방법을 따라 어린 양의 피를 문설주에 바르고 잠들었을 때 죽음으로 심판하시던 그 밤, 어린 양의 피가 묻어 있을 때 그 아이도 살았습니다. 어린 양의 피를 바르기 위해 깨어 있는 사람이 있는 그곳에서 함께 살아난 것입니다.

너에게도 그게 필요하다

우리에게도 영적인 유월절이 있었다는 사실을 아십니까? 아주 오랜 전 하나님의 유월절 어린양이 우리를 위해 십자가에 달려 돌아가셨고, 그 보혈의 강수는 지금도 흐르고 있습니다. 모르는 사람이 아무도 없도록 우리 동네 가운데로도, 내 앞에서도 지금 도도하게 흘러가고 있는 유월절 어린양의 피가 마음의 심비에 묻어 있는 사람은 새 생명을 얻게 됩니다. 우리가 아직 죄인 되었을 때에, 그 깊은 영적 의미를 알지 못하고 잠들어 있을 때에, 하나님의 어린양 예수 그리스도께서 달려 돌아가심으로 우리에게 생명이 주어졌습니다. 그 놀라운 은혜를 깨달은 후에 사도 바울은 이렇게 고백합니다. "우리의 유월절 양, 곧 그리스도께서 희생되셨느니라"(고전 5:7).

십자가에 허락하신 그 놀라운 구원의 역사를 위해, 그 예표로서 오래 전 하나님께서는 이스라엘 백성들에게 유월절을 지키게 하셨습니다.

한 마리의 어린 양이 준비되고, 그 머리 위에 안수한 다음 그 어린 양은 죽임을 당하였습니다. 그때 이스라엘의 모든 죄가 그 위에 전가되고 죽임을 당한 그 어린 양 때문에 그들은 사함을 얻고 용서를 받게 되었습니다. 그것은 먼 훗날, 갈보리산 위에서 일어나게 될 한 사건을 예표하는 사건이었습니다. 거기에서는 하늘 아버지께서 친히 하나님의 어린 양을 취하십니다. 그의 머리에 손을 얹는 순간 우리의 모든 죄가 그에게 씌워집니다. 그 어린양의 피가 강수를 이루고 흐릅니다. 그 피를 내 영혼의 심비(心碑)에 묻히고 나를 위해 돌아가신 예수 그리스도를 받아들이는 순간 내 모든 죄는 사함 받고 용서 받고 하나님의 자녀로 거듭나게 됩니다. 이 놀라운 은혜를 받은 하늘과 땅의 모든 심령은 구원의 감격을 가지고 찬양합니다. "큰 음성으로 이르되 죽임을 당하신 어린 양은 능력과 부와 지혜와 힘과 존귀와 영광과 찬송을 받으시기에 합당하도다 하더라"(계 5:12). 구원받은 하나님의 자녀 된 백성들의 찬양도 계속됩니다. 그 유월절은 놀라운 하늘 은혜가 쏟아지고, 그 안에서 감격하는 사람들의 감사의 고백과 찬양으로 가득합니다.

이 유월절은 하나님의 계획이었습니다. 하나님이 친히 기획하셨고, 명령하신 것이었습니다. 어린 양을 통해 이스라엘을 구원하시고, 하나님의 유월절 어린양을 통해 우리를 구원하시려는 계획은 하나님이 친히 마련하신 하나님의 아이디어였습니다. 하늘의 참모들이 내놓은 것도 아니었습니다. Master's Plan! 십자가 외에는, 어린양의 보혈을 마음의 심비에 묻히는 것 외에는 구원의 길이 없습니다. 어린양의 보혈이 아니면 생명을 얻을 자가 없습니다. 십자가 사건 이후 성경은 우리에게도 증언합니다. "다른 이로써는 구원을 받을 수 없나니 천하 사람 중에 구원을 받을 만한 다른 이름을 우리에게 주신 일이 없음이라 하였더라"(행 4:12).

왜 예수님만이며, 유월절 어린양의 피만인가요? 성경은 그것이 하나님의 방법이기 때문이라고 말씀합니다. 그날 이스라엘 백성의 위대함은 하나님의 말씀을 받았을 때 그것으로 논쟁하지 않았습니다. 그냥 순종했고, 믿었습니다. 왜 어린 양이어야 하며, 그 방법이어야만 하는가요? 이것이 정말 믿을 수 있고 실효가 있는 방법인지 아닌지를 따지지 않았습니다. 왜 그 길이 하나밖에 없는지, 그것을 따지고 논쟁하는 것이 중요하지 않습니다. 살 길이 주어졌다면 그것을 택하면 됩니다.

유월절 어린 양의 피를 집 문설주에 발랐던 사람들은 유월절 음식을 먹었습니다. 피를 흘리고 죽은 어린 양의 고기를 함께 먹었습니다. 그리고 이제 하나님이 예비하신 그 길을 걸어갑니다. 그곳이 비록 광야를 통과해야 하는 길이었지만 그 길을 걷기 위해서 일어납니다. 매주일의 예배는 본래 이런 영적 의미를 담고 있습니다. 주일은 주님이 우리의 구원을 완성하시고 부활하신 날에 그 놀라운 은혜를 찬양하며, 그분이 주시는 은혜로 우리의 삶을 다시 채우기 위해 함께 모였습니다. 그리고 하나님이 지명하신 새로운 그 길을 걸어가기 위해서 일어나는 날입니다. 새로운 삶을 시작하기 위해서 일어나는 날이고, 새로운 삶을 향해 나아가는 시간입니다. 유월절 어린양의 사건은 아는 것만으로는 부족합니다. 어린양의 피가 있으면 산다는 것을 아는 것만으로는 결코 구원의 역사는 일어나지 않습니다. 나를 위해서 피를 흘린 어린양의 보혈을 내 마음의 심비에 묻힐 때만 구원의 역사는 일어납니다. 과연 내 마음의 심비에는 어린양의 보혈이 묻어 있습니까?

데스페라도

현대 그리스 문학을 대표하는 작가이자 20세기 문학의 구도자로 불리는 니코스 카잔차키스가 내전 당시 스페인을 방문하면서 겪은 경험과 이후 10여 년이 지난 뒤 다시 스페인을 방문했을 때의 경험을 담고 있는 책, 『스페인 기행』은 1930년대에 출간되었습니다. 1936년 스페인 내전이 벌어졌을 때 전쟁의 참상을 직접 목격하고, 그것을 그대로 기록하겠다는 생각을 가지고 스페인으로 건너갔습니다. 그곳에서 20세기 최고의 스페인 사상가인 미구엘 데 우나무노를 만나 "오늘날 영적인 인간의 의무는 무엇인가요?"라는 대화를 나누는 가운데 그에게서 들은 이야기를 적고 있습니다. "스페인 사람들이 이런 저런 깃발을 들고 싸우고 서로를 죽이고 교회를 불태우는 모습이 절망스럽다. 그런 혼란의 원인은 스페인 사람들이 아무것도 믿지 않는 데 있다." "붙잡고 있을 만한 것이 아무것도 없는 사람"을 '데스페라도'(Desperado)라고 부릅니다. 그는 아무것도 믿지 않기에 정신은 와해되고 거친 분노에 사로잡혀 살아갑니다.[93] 붙잡고 있을 만한 것이 아무것도 없는 사람 데스페라도, 생명을 걸 만한 것을 찾지 못한 사람 데스페라도, 그는 불행한 사람입니다.

어린 양의 피로 구원받은 하나님의 사람들은 이제 무엇을 붙잡고 인생길을 걸어가야 할까요? 오랜 얽매임으로부터 풀려날 수 있는 구원의 방법을 이스라엘 백성은 전달 받았습니다. 하나님의 구원의 방법은 어린 양의 피였습니다. 이스라엘 백성들은 하나님의 방법을 받아들이며 나아가 즉시 순종하였고, 하나님께서는 구원 받은 하나님의 백성이 된 사람들이 영원히 흔들 깃발이 무엇이어야 하는지를 선명하게 보여주십니다.

오늘날도 세상을 이끌어 가는 가치관과 의식은 그리스도인들의 눈을 가리고 있고, 바른 것이 무엇인지에 대한 판단력을 흐리게 합니다. 월터 브루그만은 이것을 가리켜 '세상의 지배 의식'(royal consciousness)이라고 칭합니다. 이집트에 서있던 이스라엘 백성들에게도 그런 지배의식이 그들의 신앙을 흔들고 있었습니다. 이집트의 거대한 신상, 화려하고 웅장한 왕궁, 막대한 권력이 그들을 세워주고 행복하게 만들 것이라고 세뇌를 했습니다. 이러한 의식은 이방신을 섬기는 이집트에만 있던 것이 아니라 이스라엘 왕조에서도 찾게 됩니다. 예를 들어 솔로몬 시대의 화려한 왕궁, 삶의 부요, 거대한 군사력과 재화, 부요를 얻는 것이 성공이며, 인생의 목적인 듯 왜곡하는 일종의 왕권 의식이 그것입니다. 그것이 생명과 평화, 진정한 행복을 가져다 줄 것이라고 외치지만 그것은 가짜 의식(false consciousness)이었습니다. 그리스도인은 이러한 거짓된 의식과 가치관에 대해 저항하며 대안의식을 형성해 가는 사람입니다.[94]

하나님께서는 이스라엘 백성들을 출애굽시키는 위대한 역사에서 하나님의 사람 모세를 세우셔서 놀라운 역사를 펼치지만 그가 '데스페라도의 늪'에서 허우적거리지 않도록 철저하게 차단하십니다. 하나님의 백성들의 공동체는 그렇게 세워지지 않기 때문입니다. 그래서 모세에게 쥐어 주신 것도 양 치던 막대기 하나였습니다. 얼마나 어울리지 않는 도구인가요? 네가 하는 것이 아니라 하나님이 하신다는 의미였고, 그것을 온 가슴으로 고백하도록 하기 위함이었습니다.

우리는 현대 사회와 문화가 하나님을 등지고, 지배의식에 사로잡혀 하나님을 대적할 때, 그 어두움 가운데 하나님의 백성들이 묶여 있을 때 우리는 무엇으로 그들을 깨울 것인가요? 무엇으로 이 세상을 변화시킬 것인가요? 어린양의 피, 현대 사회 속에서 하나님의 교회를 세울 수 있는 것도 어린양의 피, 타락한 현대 감각문화를 소생시킬 수 있는 것도 어린양의 피, 생명을 건지고 살리는 일도 어린양의 피, 이것이 복음의 원형이며, 이것만이 세상에 생명을 주는 소망의 복음이기 때문입니다. 그렇게 모세가 나아갔을 때 광야교회가 세워집니다. 생명을 위협하고 들어오는 광야, 생명을 유지하기도 어렵고 생명체를 찾아보기도 어려운 광야에 교회가 세워지지요.

예배공동체가 세워지다

그렇게 어린양의 피로 씻어진 백성들은 이제 예배공동체가 됩니다. 어린양의 피로 씻음 받은 백성들이 함께 모여 예배하는 것은 요한계시록이 보여주신 비전입니다. 나아가는 곳에 예배가 회복되고 예배공동체가 세워집니다. 어린양의 피를 문설주에 바른 날, 아직 모든 것은 그대로였습니다. 얽매여 있던 상태 그대로였습니다. 그런데 애굽의 종살이로부터 벗어나기 전에 그 땅에서부터 무엇을 시작하라고 명령하셨습니까? 아니 풀려난 다음에도, 가나안 땅에서도 계속하도록 명령하신 것이 있었습니다. 그것은 예배였습니다. 바로 예배 절기, 바로 유월절과 무교절을 지키라는 명령이 주어집니다. 유월절과 무교절, 예배의 절기를 정해 주시고, 그것을 한 해의 시작으로 삼으라고 하셨습니다.

예배 절기를 지키라는 명령에서 가장 핵심적인 내용은 그 절기를 지키는 동안 집안에서 누룩을 제거하는 것이고, 누룩을 넣지 않고 만든 무교병을 먹으라는 것과 아무 일도 하지 말고 성회, 거룩한 모임을 열라는 것이었습니다. 누룩은 이스라엘 백성들이 빵을 구울 때 사용했던 일종의 이스트였는데, 포도액이나 물로 밀기울이나 보리 가루를 반죽하여 발효할 때까지 놓아 만든 것으로 빵이나 술을 만들 때 발효제로 사용했습니다. 무교병은 누룩, 즉 이스트를 넣지 않고 만든 떡입니다. 무미건조한 딱딱한 빵을 만들어 먹으라는 것인데, 이것은 순수함을 상징했습니다. 즉, 죄와 옛 생활로부터 깨끗해진 새 생명을 상징했습니다. 유월절과 무교절 기간 동안에는 누룩을 넣지 않은 무교병을 먹도록 했는데(출 23:15, 마 26:17), 이는 구원받은 백성들이 거룩함을 보존해야 한다는 의미였습니다. 집에서 누룩을 제거하라는 명령은 이 은혜를 받기 위해, 받은 사람들은 다시 그 감격을 새롭게 하여 하나님을 섬길 것을 명하는 명령이었습니다.

중요한 것은 그런 빵을 먹는 데 중심 목적이 있는 것이 아니라 그것을 먹으면서 은혜를 생각하라는 것이고, 그러면서 거룩한 모임, 예배를 위한 성회를 가지라는 명령이었습니다. 이것은 어떤 빵을 먹느냐가 초점이 아니라 어떤 마음 자세를 가지고 살아야 할지와 예배하는 삶을 명령하신 것이었습니다. 구원받은 백성들이 그 감격을 가지고 그곳에서 베풀어 주신 은혜를 생각하며 자신을 정결하게 하여 감사의 제단을 쌓는 것에 주안점이 주어졌습니다. 이것은 오랜 시간이 지나 그리스도의 십자가 사건과 연결되고 있고, 기독교의 예배 신앙과 연결되고 있습니다. 예수님은 유월절, 무교절기에 붙잡히셔서 십자가에 달려 돌아가심으로 우리의 구원을 완성하셨습니다. 그 은혜를 받은 무리가 주님이 부활하신 날에 함께 모여 거룩한 성회를 가진 것이 기독교 예배의 시작이었습니다.

이것은 구원 받은 백성이 붙들고 나아가야 할 것임을 알려주시는 말씀입니다. 구원의 은혜를 허락하신 다음에 명령하신 것은 그 은혜를 기억하고 다시금 되새기는 일이었습니다. 그것이 거룩한 모임, 그것을 갖는 절기, 즉 예배의 절기로 연결되고 있습니다. 그것은 여전히 묶여 있었던 자리였지만 하나님의 말씀을 따라 거룩한 절기를 지키라는 명령이 주어집니다. 아직 이루어진 것은 아무것도 없습니다. 그러나 그들은 하나님의 구원을 믿고 예배할 것을 명령받았고, 그들은 지금 예배하고 있습니다.

그러한 예배 명령을 받은 후에 모세는 바로 나아가 이스라엘의 모든 지도자들을 불러 이 예배 절기에 대한 명령을 전달합니다(출 12:21~25). 이 절기를 왜 지키느냐고 물을 때 이렇게 대답하라고 이릅니다. "이는 여호와의 유월절 제사라. 여호와께서 애굽 사람에게 재앙을 내리실 때에 애굽에 있는 이스라엘 자손의 집을 넘으사 우리의 집을 구원하셨느니라 하라"(출 12:27). 이것은 예배 명령이었고, 그 명령을 받은 후 백성들은 머리 숙여 경배했습니다. 여전히 이방 땅에 서있고, 묶임도 그대로이지만 그곳에서 경배(예배)가 먼저 시작됩니다. 그리고 그들은 큰 기쁨으로 나아가 말씀 그대로, 명령 그대로 행하였다고 기록합니다. "이스라엘 자손이 물러가서 그대로 행하되 여호와께서 모세와 아론에게 명령하신 대로 행하니라"(출 12:28). 예배가 회복되고 있는 이 모습은 얼마나 아름다운가요? 이스라엘 백성들은 아직 애굽에 묶여 있었지만 그들은 하나님의 구원의 약속을 믿고 그곳에서 찬양하며 예배를 시작하고 있습니다. 그 밤 그렇게 예배하기 시작했을 때 노예로 묶여 있던 땅은 거룩한 예배당이 되었습니다.

이 땅에 처음 예수 그리스도의 피 묻은 십자가의 복음이 전해졌을 때에도 곧바로 예배가 시작되었습니다. 1885년 부활절에 언더우드와 아펜젤러가 이 땅에 처음으로 상륙한 이후 이 땅에 복음이 전해지고 본격적으로 예배가 시작되게 되었습니다. 처음에는 갑신정변 이후 불안한 정국에서 이 땅에 온 선교사들이 은밀하게 함께 모여 예배를 드리기 시작했습니다. 그렇게 시작된 예배는 2년이 지난 후에 한국인과 함께 하는 예배가 시작되었고, 예배당도 세워졌습니다.

처음 예배당은 1887년 9월에는 정동에 작은 집 한 채를 구입하여 '베델채플'(현 정동제일감리교회)이라 명명한 곳이었습니다. 그리고 예배공동체가 태동되어 그로부터 며칠 뒤인 1887년 9월 27일에는 조직교회로 첫 예배를 드리면서 교회가 세워졌는데, 오늘의 정동교회(현 새문안교회)입니다. 정동의 베델채플에서는 1887년 10월 9일에 최초의 감리교 예배가 드려집니다. 이날 예배에는 만주에서 온 권서인 최씨와 강씨, 배재학당 학생이었던 한용경과 박중상, 최씨의 부인, 두 명의 일본인 하야가야와 스기바시 등 7명이 참석했습니다. 그렇게 이 땅에서는 처음으로 비밀스럽게 예배가 시작되었습니다. 선교사들이 와서 먼저 한 것은 예배당을 세운 것이었고, 그렇게 시작된 교회는 예배하는 일에 가장 열심을 내었습니다.

묶여 있는 자리에서도, 풀려난 자리에서도, 광야에서도, 하나님이 예비하신 가나안 땅에서도 그들이 먼저 해야 했던 일은 예배였습니다. 그 땅에서는 아직 아무것도 이루어지지 않았고, 다만 약속과 예배 명령만 주어졌습니다. 예배를 통해서 그들은 하나님의 약속을 기억하고 있습니다. 우리는 예배를 통해 하나님의 일, 즉 이스라엘의 역사와 예언자들과 사도들을 기억하고 특별히 예수 그리스도의 삶을 기억합니다. 예배 가운데서 우리는 과거를 기억함으로써 미래의 약속을 기대합니다. 예배는 전적으로 미래를 향해 있으며 하나님의 약속을 기대하는 것입니다. 아직 이스라엘 백성들은 묶여 있었고, 아무 일도 일어나지 않았지만 하나님의 말씀을 따라 어린 양의 피를 집 문설주에 바르고, 하나님의 구원의 약속을 믿고 그곳에서 예배하기 시작하였을 때, 노예로 묶여 있던 땅은 거룩한 예배당이 되었고 하나님은 그곳에서 구원의 역사를 시작하셨습니다.

얼어붙은 정월과 푸른 유월

1913년부터 1930년까지 17년 동안 영국 시단의 대표로 왕실에서 임명하는 계관시인(the poet laureate)으로 있었던 로버트 브리지스(Robert

Bridges)가 아름다운 시를 우리에게 들려줍니다.

> 6월이 오면, 나는 온종일
> 사랑하는 이와 향긋한 건초 속에 앉아
> 미풍 부는 하늘 높은 곳 흰 구름이 지은
> 햇빛 찬란한 궁전들을 바라보리라 …
> 그녀는 노래하고, 난 그녀 위해 노래 만들고
> 하루 종일 아름다운 시 읽는다네
> 건초더미 우리 집에 남몰래 누워 있으면
> 아, 인생은 아름다워라 6월이 오면[95]

장영희는 이 시를 "한 폭의 밝고 투명한 수채화같이 6월의 전원 풍경을 깔끔하게 묘사한 시"라고 평가합니다. 여기에는 많은 감각적 이미지가 동원되는데 시각, 후각, 청각을 다 동원하여 "청명한 하늘에 떠 있는 구름 궁전, 햇빛 쏟아지는 언덕, 그리고 풋풋한 건초더미 속에 호젓하게 앉아 있는 연인들의 모습"을 선명하게 그려주고 있습니다. 문학평론가들은 이것을 "시적 기교를 피하고 단순한 언어를 사용하여 화자가 느끼는 삶의 환희를 솔직한 어조로 전달하고 있는 시"로 평가합니다. 이 시는 1연에서는 "풍경을 묘사하는 큰 그림을 그리다가, 마치 카메라가 점차 피사체를 좁혀가듯 2연에서는 화자와 연인을 클로즈업" 합니다. 시 전체에 아름다운 언어 기법이 사용됩니다. 완벽한 각운(rhyme)을 사용하여 "자연의 질서와 삶의 환희에 대한 찬미"하는 소리와 그 분위기를 맞추고 있습니다. 모든 계절이 아름답지만 6월은 유난히 눈부신 계절입니다. 초록 잎사귀들과 흐드러지게 피어나는 꽃들, 가장 싱싱한 자의 생명력이 느껴지는 때입니다. 시인은 이 풋풋한 젊음의 계절, 6월을 청춘의 시기와 연결시킵니다. "온몸으로 발산하는 생동감, 삶에 대한 도전과 자신감"은 부러울 정도로 아름답습니다.[96]

오늘 한국교회의 영적 기상도를 보면 생동감으로 넘쳐나는 6월 같은 시간을 살고 있지 않은 것 같습니다. 인간적인 관점과 현상적인 측면에서만 본다면 지금 한국교회의 상황은 겨울 초입에 들어선 것 같은 느낌을 가질 때가 있습니다. 개인적으로도 삶의 상황이 어려워 그런 생각을 갖는 분들도 많이 있을 것입니다. 지금 쓸쓸한 가을날을 보내는 분도 있을 수 있고, 꽁꽁 얼어붙은 한겨울과 같은 시간을 보내고 있는 분도 있을 수 있습니다. 젊은 날에 대한 아련한 추억을 안고 찬바람 몰아치는 한겨울이 시작된 시간을 살고 있을 수도 있을 것입니다. 이스라엘 백성들도 여전히 얼어붙어 있는 한겨울과 같은 시간을 살고 있었습니다. 사역자로 부름 받아 그 땅에 세움 받은 모세가 펼치고 있는 그 땅에서의 사역도 6월이라기보다는 꽁꽁 얼어붙은 한겨울인 1월에 더 가까웠습니다. 그런데 하나님의 명령을 따라 어린 양의 피를 앞세우며 나아갔을 때 놀라운 구원의 역사가 일어났고, 그 은혜 앞에서 경배와 찬양이 시작되었습니다. 한겨울에 푸른 6월이 활짝 열리고 있었습니다.

레오 라빈(Leo Robin)이 작사하고, 랄프 레인저(Ralph Rainger)가 곡을 쓴 "June in January"라는 노래가 있습니다. 〈Here Is My Heart〉라는 영화의 삽입곡으로 세상에 처음 소개되었고 빙 크로스비(Bing Crosby)

가 부른 노래가 처음 1934년에 녹음되어 나와 수많은 사람에 의해서 불린 대중적인 노래입니다. 거기에는 이런 가사가 나옵니다. "It's June in January because I'm in love!"(지금 사랑하고 있어서 1월 속의 6월이네!)[97] 어린양의 보혈의 복음과 죽어가는 생명에 대한 사랑 때문에 모세도 지금 한겨울에 푸른 유월을 만들어 가고 있었습니다. 지금 꽁꽁 얼어붙어 있는 자리에 서있다 할지라도 하나님의 은혜에 대한 감각이 무디어지지 않았고 흔들리지 않는 믿음이 있으면, 가슴 벅찬 예배가 있고, 하나님을 향한 사랑으로 불타고 있다면 우리 인생길에도 비록 지금 1월을 살고 있어도 '푸른 6월'이 활짝 펼쳐질 것입니다.

11

아 다시 세워지고 있었다

그대, 하나님께서 좋아하실 수밖에!
죄악 소굴에 들락거리길 하나
망할 길에 얼씬거리길 하나
배웠다고 입만 살았길 하나
오직 하나님 말씀에 사로잡혀
밤낮 성경말씀 곱씹는 그대!
– 시편 1:1~2(메시지 성경) [98]

무엇에 붙들려 살 것인가

아들과의 문제로 한 상담자를 찾아온 중년의 내담자가 그 마음을 털어놓았습니다. 대학생이 되면서 집을 떠나 학교 근처에서 생활하는 아들은 평소에는 전화도 전혀 하지 않고, 집에도 잘 오지 않는다고 했습니다. 전화가 올 때는 돈이 떨어지거나 아빠의 도움을 필요로 하는 문제가 생길 때만 연락을 한답니다. 어쩔 수 없어 돈을 주면서도 괘씸한 마음이 드는 것을 어떻게 할 수가 없고, 잘못 살았다는 생각부터 섭섭한 마음을 견디기 어렵다는 고백이었습니다. "아이들을 잘 키우기 위해서 먹고 싶은 것, 하고 싶은 것 하지 않고 살았거든요. 그렇게 뒷바라지를 해 주면 아이들이 커서는 부모 마음도 알아주고 고생한 것도 고마워할 줄 알았어요. 그런데 안 그러네요. 때로는 이런 자식을 도와주면 뭐하나 싶고 다 소용없는 짓 같아서 우울해집니다. 내가 인생을 잘못 살았나 싶어요." 중년의 남성들의 심리를 연구한 책에 나오는 이야기입니다.[99]

자녀를 위해서 무엇이든 희생하며 사는 부모 세대는 이런 경우 누구나 섭섭함에 사로잡히게 됩니다. 자녀 세대를 도와주되 보상을 바라지 않아야만 그런 감정에서부터 자유로울 수 있다고 전문가들은 조언을 합니다. 그러나 부모가 보상을 바라며 자녀들에게 무엇을 해 주는 경우는 흔치 않습니다. 다만 부모에 대한 고마운 마음을 조금이라도 가져주길 바라거나 부모의 마음을 조금만이라도 알아주길 바라는 마음, 자식을 키우는 보람을 찾을 수 없을 때 갖게 되는 감정입니다. 자녀를 위해서 무엇이든 희생하며 사는 부모 세대는 이런 경우 누구나 섭섭함에 사로잡히게 됩니다.

혹자는 섭섭증을 "남이 원하는 것보다 내가 더해 주었을 때 생기는 화병"으로 규정하기도 합니다. 더욱 문제는 그런 감정을 드러내지 않고 스스로 억압된 감정으로 남을 경우 문제는 더 심각해질 수 있습니다. 그래서 권국명 시인은 그의 시에서 이렇게 노래합니다.

아침마다 창을 닦는 것은
그렇지, 정결한 마음

나이가 들수록 정결한 그것으로

조금 섭섭하지만

섭섭한 대로 비워 두고

빈자리 여백에

정결한 마음을 채우고

가슴에 내리는 서리

창에 서린 성에를 닦아내고

나이가 들수록

너그럽게 정결한 것으로

마음을 채우고

섭섭하지만

섭섭한 대로 남겨 두고

아침마다 창을 닦아

마음을 정결하게 하고[100]

인생을 살다보면 섭섭한 일도 있고, 가슴에 서리가 내릴 때도 있고, 잔득 성에가 끼는 날도 있습니다. 그래서 아침마다 창문을 닦아 마음을 정결하게 하겠답니다. 나이가 들수록 너그러움과 정결함으로 채우지 않고, 순간순간 새롭게 하지 않으면 녹이 슬고 무디어지기 때문입니다.

그건 믿음생활하는 사람들에게는 더욱 필요한 일입니다. "내가 의지하는 것은 무엇이며, 내가 추구하는 것은 무엇인가? 나는 무엇에 삶의 가장 소중한 가치를 두고 살아가는가?" 자신을 점검하여 그것을 바로 하지 않으면 언제든지 무디어지고 어두워질 수 있기 때문입니다. 구원 받은 다음에, 은혜 받은 다음에 어떻게 살아야 할지를 늘 새롭게 점검 해야 합니다. 1960년대 하버드대학의 개혁을 주도했던 24대 총장 나단 M. 퍼시(Nathan M. Pusey)는 어느 해 입학식에서 이렇게 말했습니다.

> 이 대학에 너무 많은 것을 기대하지 마십시오. 가장 값싼 옷으로 최대의 사치를 하고, 가장 화가 났을 때 가장 낮은 목소리로 조용히 말할 수 있고, 집안 정원에 장미를 심을 것인가 백합을 심을 것인가 하는 문제에 대해서는 부부가 큰 소리로 다툴지라도 단돈 1달러의 용처에 대해서는 조용조용 의논할 수 있는 그런 사람들을 키워내는 곳이 대학입니다 …. 오늘날 젊은이들에게 는 반드시 필요한 것 몇 가지가 있습니다. 마음껏 흔들 수 있는 깃발, 목 놓아 함께 부를 수 있는 노래, 목숨을 바칠 수 있는 변치 않는 신념, 목숨을 걸고 따를 수 있는 지도자가 그것입니다.[101]

마침내 바다를 선물하였다

하나님의 특별한 은혜로 구원 받은 사람들은 영원히 붙잡고 마음껏 흔들 수 있는 깃발이 무엇인지를 알아야 합니다. 앞서 언급한 대로 애굽 땅 종살이에서 벗어나기 전 그 땅에서부터, 그리고 이후 가나안 땅에 이를 때에도 계속해서 행하도록 명령하신 것은 예배였습니다. 즉,

영원히 붙잡고 흔들 깃발로 예배를 주셨습니다. 예배 절기를 정해 주시고 구체적으로 어떻게 예배할 것인지를 알려주셨습니다. "유월절, 여호와의 절기를 지켜라. 그 구원의 시간을 한 해의 시작으로 정하고, 그 놀라운 구원이 일어난 저녁, 아빕월 14일 저녁을 예배의 시작점으로 삼아라. 그날로부터 시작하여 7일 동안은 은혜의 시간들을 생각하는 예배의 절기, 무교절을 지켜라. 너는 이 예배를 드리면서 이렇게 고백하여라." "이 예식은 내가 애굽에서 나올 때에 여호와께서 나를 위하여 행하신 일로 말미암음이라"(출 13:8).

아직 일어난 일은 아무것도 없습니다. 그러나 거기에서 하나님을 신뢰하는 믿음을 가지고 하나님을 높이고 있습니다. 이스라엘 백성들의 삶은 지금까지도 그랬고 지금도 어둡기만 했습니다. 그 어두운 밤에 믿음은 별이 되어서 반짝이고, 그 믿음으로 드리는 예배가 그 어두운 밤을 환히 밝히고 있습니다. 아직 보이는 것은 없어도 믿음이 있으면 일어설 수 있습니다. 지금 그들은 믿음의 깃발을 흔들고 있습니다. 이집트 사람들이 그들의 신전에서 드린 화려한 의식과 비교해 볼 때 그들의 깃발은 작고 초라해 보였지만 그들은 벅찬 감격으로 예배하기 시작했습니다.

어느 물줄기이든 처음 시작된 발원지가 있습니다. 예컨대 강원도 태백의 1,418m의 금대봉 자락 800m 고지에 검룡소(儉龍沼)는 제당굼샘, 고목나무샘, 예터굼 등에서 솟아난 물이 지하로 스며들었다가 다시 솟아나는 곳이라지요. 이 샘에서 솟아난 물이 494km를 흘러내려 골지천을 이루고 남한강을 이루며, 북녘 땅에 위치한 강원도 금강군의 금강산

옥밭봉에서 흘러내린 물이 317km를 달려 북한강을 이루는데 양평 두물머리에서 두 물이 합해져 한강을 이룹니다.

　그날 구원 받은 하나님의 사람들이 드리기 시작한 예배는 오늘도 계속되고 있고, 주님 다시 오시는 그날까지 계속될 거대한 예배 물줄기의 시원(始原)이 되었습니다. 작은 물방울이 모여 거대한 바다를 이루는 원리를 이수인 시인은 그의 시 가운데서 이렇게 노래합니다.

태초에 너는 한 방울의 빗물

높은 산 너럭바위 등줄기 타고 흘러

골짜기 이루기까지 얼마나 멀고

험한 고행 길이었던가

골짜기를 벗어나

구비 구비 도랑을 일구며

눈물겨운 도랑을 일구며

눈물겨운 행군은 냇물이 되었다

운명이나 행운을 말하지 말아라

쉬지 않고 흐르는 성실함으로

차고 넘치는 강물이 되었고

낮고 낮은 곳으로 흐르는 겸손함은

다시 바다를 꿈꾸었다

오, 한 방울의 집념

성실함이 만든 위대함이여!

신은 마침내 바다를 선물하였다[102]

작은 물방울 하나가 높은 산 등줄기 타고 성실하게 흘러 골짜기를 지나고 눈물로 도랑을 일구며 흘러내려 강을 이루었답니다. 험한 고행 길을 성실함으로 쉬지 않고 달려 차고 넘치는 강물이 되었고, 낮고 낮은 곳으로 흐르는 겸손함으로 바다를 꿈꾸었는데 마침내 바다를 선물해 주셨답니다. 작은 물 한 방울의 집념과 성실함이 결국은 큰 바다를 이루는 광경이 눈물겹도록 아름답습니다.

이제 그들은 예배의 깃발을 들고 별빛 쏟아지는 사막을 지나가야 할 것입니다. '눈물겨운 행군'을 계속할 것이지만 구원 받은 감격, 은혜에 대한 감격을 가지고 이 깃발을 흔들며 달릴 때 하나님께서 예비하신 가나안에 이르게 될 것입니다. 그들은 하나님의 은혜로 하나님의 백성이 되고, 구원을 받아 이집트에서 나오면서 성경은 그들이 예배의 깃발을 흔들고 있음을 출애굽기 12장과 13장에서 상세하게 그려주고 있습니다. 작은 물방울로 시작하여 열심히 노력하면 큰 바다로 성장할 수도 있지만 그렇지 않은 경우가 더 많이 있습니다. 비록 굽이굽이 도랑 길을 지나고 험한 고행 길에 힘들고 눈물 젖은 시간을 보냈다 할지라도, 쉬지 않고 흐르는 성실함을 가졌다 할지라도 반드시 큰 바다를 이루지는 못합니다. 노력해서 될 일도 있지만 그렇게 풀리지 않는 문제도 있습니다. 결국 그것은 하늘의 선물임을 시인은 알려줍니다. "신은 마침내 바다를 선물하였다."

표 안 나게 슬그머니

430년의 묶임, 얼마나 긴 시간인가요? 이스라엘 백성들이 이집트의 노예살이에서 풀려난다는 것은 완전히 불가능한 일이었습니다. 만약 그것이 가능했다면 어찌 430년이라는 긴 시간이 걸렸겠습니까? 이집트의 궂은일을 다 담당하던 사람들, 나라 살림에 있어서 중요한 역할을 하던 이스라엘 사람들을 풀어주고 나면 국가 경제가 마비될 수 있는데 어찌 그런 사람들을 풀어주려고 했겠습니까? 그 엄청난 재앙을 당하고, 사람이 죽고 사회적, 경제적 위기를 당하면서도 쉽게 내놓지 않은 이유가 바로 그 때문이었습니다. 자기들이 아무리 꿈을 꾸고 노래를 한다고 할지라도 이스라엘의 해방은 저절로 이루어질 수 없는 일이었습니다.

그러나 하나님이 역사하시니 긴 고통 후에, 긴 아픔 후에 이스라엘 백성들은 드디어 놀라운 해방을 맛보게 됩니다. 말이 430년이지 얼마나 긴 시간입니까? 신앙 위에 굳게 서있었던 이스라엘 백성들이니까 가능한 일이지 그 긴 시간이 지났다면 민족의 혼도 송두리째 사라지기에 넉넉한 시간입니다. 하나님의 심판이 온 이집트에 임하였을 때 그들은 스스로 내놓고 있습니다. 이 광경을 출애굽기 12장 31~32절은 다급해진 바로의 행동을 이렇게 그리고 있습니다. "밤에 바로가 모세와 아론을 불러서 이르되 너희와 이스라엘 자손은 일어나 내 백성 가운데에서 떠나 너희의 말대로 가서 여호와를 섬기며 너희가 말한 대로 너희 양과 너희 소도 몰아가고 나를 위하여 축복하라." 하나님의 역사가 아니라면 어떻게 이런 일들이 일어날 수 있겠습니까? '너희 말대로 가서 여호와를 섬기라'고 말하기도 하고, 하나님께 '나를 위하여 축복하라'고까지 부탁하고 있습니다. 함께 교회를 섬기다 떠나는 사람에게 기도를 부탁한 내용이 아닙니다. 자신이 신이라고 말하는 이집트 제국의 황제가 노예들에게 이런 부탁을 하고 있습니다. 이 광경을 묘사하면서 출애굽기는 그들이 황급히 이집트를 떠나는 장면을 이렇게 묘사하고 있습니다. "그 백성을 재촉하여 그 땅에서 속히 내보내려고 하므로"(출 12:33). 430년을 묶어두고 노예로 부렸던 사람들을, 그 모진 재앙에도 내놓지 않던 사람들을 황급히 쫓아내듯이 그렇게 내보내고 있었습니다.

필자는 장발문화가 한창이던 1970년대에 대학을 다녔고 바로 신대원에 진학하여 2학년 1학기를 마친 후, 1981년 6월 29일 광주 보병학교에 학사장교 1기로 입교하였습니다. 한때 군부독재에 항거하는 의미로 삭발을 한 적은 있었지만 4년 동안 신주단지 다루듯 했던 긴 머리를 군입대 때문에 정말 어쩔 수 없어서 삭발을 해야 했습니다. 서울에서는 고향에 내려가서 이발을 해야겠다고 생각을 했다가, 고향에서는 광주에 가서 하지라고 생각하고 고향을 떠났습니다. 부모님의 걱정하는 소리가 없었던 것이 아니지만 광주에 도착해서는 보병학교에 들어가면 머리야 깎아 주겠지 하는 배짱으로 그 더벅머리를 하고서 토요일 오후 5시, 입교 시한에 맞추어서 보병학교에 들어갔습니다. 간이 부은 사람(?)은 나 말고도 여럿이 있어서 마음에 안도감을 가질 수 있었습니다.

저녁 식사를 한 후에 지급된 군복으로 갈아입었습니다. 구대장이 연병장에 모두 집합시키더니 이발을 하고 온 친구들과 그렇지 않은 친구들을 따로 세웠습니다. 이발을 하고 온 친구들은 바로 내무반으로 들어가 휴식을 취하도록 했고, 바로 그 시간부터 밤 2시까지 선착순과 얼차려를 부여했습니다. 그 다음날도 주일이었는데 새벽부터 시작해서 하루 종일 얼차려를 받았습니다. 더운 날씨에 그렇게 얼차려를 받다보니 얼마나 덥던지 신주단지 모시듯 했던 그 긴 머리가 그렇게 거추장스러울 수가 없었습니다. 빨리 머리를 깎아버리고 싶어서 이발소로 데려가 줄 때를 기다리게 되었습니다. 그렇게 하루 종일 얼차려를 받다가 밤 9시경에 이발소로 가서 이발병이 바리캉으로 앞에서부터 고속도로를 내놓는데 그렇게 후련할 수가 없었습니다. 그게 뭐 그리 대단한 보물이라고 군입대하면서 배짱 좋게 머리도 안 깎고 들어갔는지 지금도 그때 일을 생각하면 웃음이 나옵니다. 그 당시에는 장발 단속 때문에 경찰이 잡으러 오면 골목으로 신나게 도망을 하기도 했고, 붙잡히면 파출소에 끌려가 앞머리가 가위로 싹뚝 잘리는 바람에 어쩔 수 없이 머리를 짧게 깎기도 했습니다. 그렇게 소중하기만 했던 장발머리도 하루 얼차려를 받고 났더니 애물단지처럼 느껴졌습니다.

하나님의 말씀이 들려와도, 엄청난 재앙이 내려서 수많은 사람이 고통을 당하고 있었지만 안 내놓으려고 발버둥치던 바로가 이제는 빨리 가라고, 가서 너희 하나님 섬기라고 내쫓듯이 보내고 있습니다. 하나님께서 역사하셨기 때문이고, 그분의 은혜였습니다. 말씀은 "430년이 끝나는 그날에 …"(출 12:41)라고 전하면서 그 시점을 강조합니다. 요셉의 초청을 받아 야곱 일가가 이집트에 들어갔는데 그날로부터 정확히 430년이 되던 날에 그들이 그곳에서 나가게 하셨다는 말씀입니다.

하나님께서 시간을 카운트하고 계셨다는 말씀입니다. 그 긴 시간 노예로 고통당하고 있을 때 하나님이 잊지 않으셨다는 말씀입니다. 그 긴 아픔의 시간, 하나님께서 외면하신 것 같았어도 그분은 이스라엘 백성들을 외면하시지 않았다는 말씀입니다. 아들이 힘들어할 때 부모는 더 힘들어하는 것처럼 노역 가운데 신음하며 울부짖고 있을 때 하나님께서는 더 아파하셨다는 말씀입니다. 고통 중에 계시는 하나님께서 역사하시니 그곳에서 풀려나는 역사가 일어납니다. 그렇게 이스라엘이 긴 고통 가운데서 풀려난 것은 노력하여 이룬 것도 아니고 싸워서 쟁취한 것도 아니었습니다. 거저주시는 하나님의 은혜로 된 일이었습니다.

성경은 출애굽한 인원이 60만 가량이었다고 전합니다(출 12:37). 출애굽 후 시내산에서 백성을 계수하였을 때 레위 지파를 제외한 20세 이상의 장정이 603,550명이었다는 나중 기록을 참고할 때(민 1:46~47) 여자들과 아이들까지 합해 족히 200만 명은 넘었을 것입니다. 야곱의 일가 70명이 애굽으로 이주하여 430년 동안 큰 민족을 이룬 것입니다. 그 어려운 여건 속에서 이스라엘 백성들이 이렇게 번창했다는 것에 대해 의아해하는 학자들도 있습니다. 그러나 하나님의 은혜로 된 일임을 고백할 수만 있다면 그 점은 간단히 풀립니다.

살아온 날들을 돌아보십시오. 은혜가 아니었으면 어떻게 세워질 수 있었겠습니까? 날마다 내리시는 하늘 은혜를 힘입고 이날까지 살아오지 않았던가요? 몇 년 전 세상을 떠난 성찬경 시인은 그의 노년에 이렇게 고백합니다.

은총을 내려주시는구나.

야속하다 싶을 만큼 묘하게
표 안 나게 내려 주시는구나.

슬쩍 떠보시고 얼마 있다가
이슬을 주실 때도 있고
만나를 주실 때도 있고

밤중에
한밤중에 잠 못 이루게 한 다음

귀한 구절 하나를 한 가닥 빛처럼
내려보내 주실 때도 있다.[103]

길고 아픔 가득한 시절이었지만 은총의 베틀에서 차곡차곡 고운 명
주가 만들어지듯 그렇게 빚어진 은총의 시간들이었습니다. 대학교수
와 문필가로 평생을 살아온 시인이 그의 노년에 돌이켜보니 은혜 아닌
것이 없음을 새롭게 발견한 것입니다. 그래서 한밤중 잠 못 이루는 힘
든 시간들이 펼쳐져도 놀라운 믿음의 원리를 발견하면서 고백합니다.
"벌거벗고 빌면 그만이다."

그 사막 길이 아무리 험해도
이렇게 급격하게 해방된 이스라엘 백성들이 광야 길을 걸어가고 있

는 광경이 출애굽기 13장 후반부부터 기록됩니다. 쫓기듯이 그렇게 급하게 애굽에서 나올 때 그들은 예배 명령을 가슴에 새기고 평생 흔들 깃발을 앞세우면서 요셉의 유골을 가지고 나왔다는 사실을 강조합니다(출 13:19). 요셉 때 이집트에 들어와 결국 노예로 전락하여 힘든 시간을 보내면서 요셉의 믿음을 가슴에 공유하고 나온 것임을 보여줍니다. 요셉은 아브라함에게 주셨던 약속(창 15:13~16)을 믿었고, 언젠가 이 민족을 다시 나가게 하실 때, 하나님의 구속 역사를 민족과 함께 누리기를 기대하며 유골을 들고 나갈 것을 유언으로 남겼습니다(창 50:25). 하나님의 구원의 역사를 바라보며 그는 벌써 350년 전에 그 약속을 굳게 믿고 그의 후손들에게 유언으로 남겼으며, 믿음으로 그는 가나안을 바라보았음을 히브리서 기자도 증언합니다(히 11:22).

350여 년 전의 한 선조의 유골을 들고 출애굽을 한 이스라엘 백성들도 그 아름다운 믿음을 잃어버리지 않고 자녀들에게 그것을 전수하였기에 가능한 일이었습니다. 하나님의 구원의 역사에 대한 믿음을 온 가슴에 품고 살았고, 그러다 죽어가게 되면 자녀들에게 그 믿음을 남겼다는 말입니다. 바로 그날, 그들은 믿음의 선배의 유골을 들고 나오면서 그 믿음을 가슴에 담았다는 말입니다. 하나님께서 주신 땅 가나안에 들어가 세겜 땅에 장사할 때까지(수 24:32) 그 사막 길에서 유골을 들고 갔다는 말입니다. 감격스러운 믿음의 행진이 아닌가요?

그 감격스러운 장면과 예배의 깃발을 흔들고 나가는 이스라엘 백성들에 대한 장엄한 그림을 보여주다가 성경은 갑자기 참 이해하기 어려운 사실을 삽입하듯 끼워놓고 있습니다. "바로가 백성을 보낸 후에 블레셋 사람의 땅의 길은 가까울지라도 하나님이 그들을 그 길로 인도하지 아니하셨으니 …"(출 13:17). 당시 이집트에서 가나안에 이르는 가장 빠른 길은 블레셋의 도시였던 가사를 통해서 가는 지중해안 길이었습니다. 그곳은 빠른 길이었고, 당시 이집트에서 가장 널리 사용하였던 도로였습니다. 그래서 거의 1주일이면 이를 수 있는 가까운 도로를 이용하지 않고 긴 시간이 요구되는 길로 그들을 인도하셨답니다. 천천히 걸어가도 열흘이면 갈 수 있는 길을 40년이 걸려서 걸어가게 하신 이유가 무엇이었을까요? 그 길에는 철기문화를 기반으로 강력한 군사력을 가진 블레셋 지역을 통과해야 했습니다. 당시 이스라엘 백성들은 체계적인 조직이 이루어지지 않은 상태였습니다. 전쟁을 치를 군사적 준비뿐 아니라 마음의 준비가 전혀 되어 있지 않았습니다.

그보다 더 중요한 이유는 그들에게는 광야 길을 걸어가면서 하나님을 신뢰하는 믿음의 훈련이 필요했습니다. 하나님의 왕 되심을 철저하게 고백하는 훈련이 필요했습니다. 그곳에는 가사, 아스글론, 아스돗, 가드, 에그론이라는 다섯 개의 큰 도시 국가들이 상호 공수동맹을 결성하고 있었고, 그런 세력을 업고 있는 막강한 블레셋 군대와 맞부딪치면 그들은 무너져 내릴 것이기 때문이었습니다. 이것은 블레셋에 대한 하나님의 능력이 부족해서가 아니었습니다. 여호와의 손이 짧아서가 아니라 아무리 귀한 것도 그들이 감당할 수 없으면 그건 선물이 될 수 없고, 축복이 될 수 없기 때문입니다.

하나님께서 인도하시면 광야도 축복이 됩니다. 성경은 광야로 이끌어 가시는 여호와께서 "그들 앞에서 행하셨다"라고 전합니다. 불기둥과 구름기둥은 하나님께서 백성들을 친히 인도하시고 보호하신다는 사실을 구체적으로 보여주는 표상이었습니다. 그것은 택한 백성을 인도하시는 여호와의 지팡이요, 그들을 지휘하시는 여호와의 지휘봉이었던 셈입니다. 그들이 하나님의 임재에 사로잡혀 걸어가는 한 그 사막 길이 아무리 멀고 험해도 그들은 안심해도 됩니다.

다시 세워지다

여기에서 아주 이상한 광경이 하나 나옵니다. 이집트를 나오는 광경을 묘사하면서 성경은 가장 결정적인 역할을 한 모세의 이야기를 전혀 언급하지 않습니다. 사실 출애굽은 하나님의 은혜로 된 일이지만 모세와 같이 철저하게 순종했던 하나님의 사람이 있었기에, 그분이 기뻐하시는 일을 위해서 목숨을 걸고 달려갔던 사람이 있었기에 가능한 일이 아니었던가요? 그러나 여기에서 모세의 모습이 철저하게 감추어지고 있습니다. 왜 그랬을까요? 일반적으로 모세 오경은 모세가 기록한 것으로 알려지고 있습니다. 역사비평학의 다른 주장도 있긴 하지만 일반적인 주장을 수용할 때 모세가 기자이든, 아니면 다른 사람이 기자이든 이 역사적 순간에 모세 이름 하나 끼워 넣어도 되는 일입니다. 그런데 그렇게 하지 않고 있습니다. 왜 그랬을까요?

여러 가지 이유가 있겠지만 말씀은 여기에서 하나님의 대장되심을 강하게 강조하기 때문입니다. 오직 하나님의 왕권과 주권을 강조하기 위하여 이름을 끼워 넣지 않고 있습니다. 그는 다만 충성을 다한 후에 자신의 모습을 감추는 그런 자세를 여기에서도 읽을 수 있습니다. 결정적인 부분에서는 자기 이름을 감추고 오직 하나님께만 영광을 올려드릴 수 있는 그런 지도자가 있는 그곳에서 하나님의 구원의 역사는 더 빛이 납니다.

수백 년 아픔 가운데 있는 그들을 불러내어 하나님의 백성을 삼으시고 구원하시기 위해 한 사람을 지목하여 불러내셨고 하나님께서 그를 통해 이루어 가시는 역사였습니다. 우리는 이 시대에 사람을 세우는 일에 깊은 관심을 가져야 합니다. 하나님의 역사를 위해 '오늘의 모세를 키우는 갈대상자'가 있어야 합니다. 오늘 우리 시대 가운데서 복음의 역사가 강력하게 계속되기 위해서는 사람을 키우는 일에 깊은 관심을 기울여야 합니다.

필자가 섬기는 장로회신학대학교는 1901년에 평양에서 이 땅의 최초의 신학교로 세워져, 지난 100여 년의 역사를 통해 주님의 일꾼들을 양성해 왔습니다. 1907년 제 1회 졸업생 7명이 배출되면서 그해 한국교회 최초의 목사가 세워졌습니다. 한석진, 이기풍, 길선주, 송인서, 방기창, 서경조, 양전백 목사님이었습니다. 그들이 나옴으로 한국교회에는 놀라운 부흥과 성장을 경험했습니다. 평양에서 일어난 부흥이 전국으로 강하게 번져나갈 수 있었던 것은 그들의 역할이 컸습니다. 반기독교적 정서가 흐르고 교회가 지탄을 받는 시대에 정말 중요한 것은 지도자입니다.

어느 학기엔가 신대원 과정의 설교학개론 과목을 분반하여 화, 수, 금요일에 강의를 진행한 적이 있습니다. 같은 강의를 3번을 하면서 그 학기에는 두 주째 매시간 울었던 적이 있습니다. 학생들 대부분도 눈이 벌겋게 되어 강의실을 나갔습니다. 한국교회 강단의 과거와 오늘을 돌아보는 시간이었기 때문입니다. 강의를 마치고 이어지는 채플을 드리기 위해 예배실로 나아가면서 함께 울면서 갔습니다. 저는 한국교회의 미래가 지도자에게 달려 있다고 믿고 있고, 그래서 지금 배우고 있는 신학생들이 정말 중요하다는 확신을 가지고 있습니다. 저들이 한국교회를 책임질 모세와 같은 사람이 되어야 한다고 믿기에 때론 야단도 치고, 눈물로 호소도 하고, 격려도 보내기도 합니다.

본인은 현재 한국교회를 위해 일하고 있지만 박사과정 동안 미국장로교회 교인들이 준 장학금으로 공부를 이어갈 수 있었습니다. 상대적으로 한국교회는 일꾼 키우는 일에 인색하고, 신학교에 대한 관심도 약한 편입니다. 신학교와 신학생들을 위해 깊이 기도도 해 주시고, 장학금도 보내주셔야 할 것은 지도자를 잘 키워야만 교회의 희망이 있기 때문입니다. 미국교회가 시들어가고 있다고 하지만 저들은 지도자 키우는 일을 정말 중요하게 여기기 때문에 대부분의 신대원 학생들은 장학금을 받으며 공부에만 전념하도록 합니다. 교회에서의 현장실천과목이 없는 것은 아니지만 신학 공부를 하고 있을 때 교회는 저들을 사역자(교육전도사)로 청하지 않습니다. '당신들은 지금 모든 시간을 쏟아 교회와 영혼을 살리는 공부를 해야 하는 때를 보내고 있다'는 생각 때문입니다. 물론 사역하면서 배우는 것이 적지 않기는 하지만 지도자 양육을 소중히 여기는 자세는 배워야 합니다.

그 사막 길에 한 사람이 우뚝 서있어 거기에서 구원 받은 하나님의 사람들이 은혜에 감격하며 예배를 시작하고 있습니다. 한 예배자를 통해 거기에서 예배가 시작되고 있음은 얼마나 감격할 일인가요? 예배는 "예수 그리스도의 십자가 사건을 통해서 완성된 성삼위 하나님의 구속 역사를 경축하고 기뻐하는 자리"이며, "십자가를 통해 이 세상에 들어온 기쁨을 누리고 그것을 세상에 선포하는 것"입니다. 기독교의 예배는 "하늘과 땅이 잇대어지는 자리이며, 하늘이 땅이 되고 땅이 하늘로 바뀌는 신비의 사건"입니다. 예배를 위해 함께 모이는 그 행위는 "느리면서도 도무지 포기할 수 없는 춤(a slow, inexorable dance)을 함께 추는 것"이며, "하나님의 신비와 경이로움을 대면한 사람들이 감격하여 올려드리는 찬양이요 경배이며, 그분의 놀라운 임재 앞에서 가장 적절하고 온전한 응답을 사랑으로 올려드리는 것"입니다. 그렇게 예배는 "그분께 온전히 정복되는 자리"입니다.[104] 지금 애굽에서 나온 이스라엘 백성들은 광야에서 하나님을 예배하며, 그분께 온전히 정복되고 있었습니다.

12

모래 바람 부는 언덕에
노래가 울려 퍼지기 시작하다

우리를 창조하신 분은
우리를 지으신 그 사랑에
우리가 반응하기를 기다리고 계시지.
하나님은 "너는 내가 사랑하는 자다"라고 말씀하실 뿐만 아니라
"네가 나를 사랑하느냐?"고 질문하시고
우리가 "네 그렇습니다"라고 대답할 수 있도록
수많은 기회를 주시지.
- 헨리 나우웬[105]

이제야 철이 들다

어느 집에 불이 났을 때 온 가족이 당황해서 소리를 지릅니다. 아버지가 전화기를 들고서 아들에게 물었습니다. "야, 119가 몇 번이야? 119가 몇 번이냐고!" 아들이 대답했습니다. "아버지, 이런 때일수록 침착하셔야 돼요. 제가 114에 전화해서 물어볼게요." 갑자기 어려운 일을 당하거나 당황하게 되면 평소 알고 있던 것도 잘 생각이 나지 않는

경우가 많이 있습니다. 그러나 사람은 일이 잘되고 어려운 문제가 다 해결된 후에, 혹은 평안할 때는 더 잘 잊어버리게 되는 것이 있습니다.

그때 이스라엘 백성들은 홍해라는 거대한 장벽 앞에서 어떻게 할지를 몰라 아우성을 치고 있었습니다. 그동안 수많은 문제 앞에서 허덕여야 했지만 홍해는 그들의 지혜와 힘으로는 극복할 수 없었던 심각한 문제였습니다. 앞에는 홍해가 가로막혀 있고, 뒤에서는 이집트 기병대가 추격해 오고 있었습니다. 그 진퇴양난의 시간에 하나님의 특별한 기적으로 그들은 그 어려움 가운데서 벗어날 수 있었습니다. 홍해를 건너는 일은 불가능했던 일이었지만 하나님의 능력 앞에서 길을 내놓았기 때문입니다. 신앙은 길이 없는 것처럼 보이는 곳에서 길을 내시는 하나님을 믿고, 내게는 방법이 없지만 하나님께는 방법이 있음을 믿고 나가는 것이며, 하늘을 보아도 땅을 바라보아도 도움을 받을 곳이 없는 그곳에서도 전심으로 그분을 신뢰하는 것입니다.

불신으로 허우적거리고 있던 그들은 여호와께서 그들을 위해 행하신 큰 권능을 보고서 전심으로 여호와를 경외하게 되었고(출 14:31), "여호와와 그의 종 모세를 믿었더라"고 성경은 소개합니다. 참 아름다운 모습 아닌가요? "하나님의 놀라운 은혜를 경험한 다음에 하나님을 경외하였고 신뢰하였더라, 하나님의 종들을 신뢰하였더라." 하나님이 행하신 일은 단순히 인간의 호기심이나 충족시키고, 그들의 어려움을 해결해 주는 해결사가 되기를 원하여 행하신 것은 아니었습니다. 모든 것은 하나님의 신성을 증명하고 믿는 자의 신앙을 견고히 하기 위함이었습니다. 모든 신앙의 출발점은 여호와를 경외하는 것에서부터 출발합니다. 그것은 단순한 두려움이 아니라 공경하는 마음에서 오는 것입니다. 사실 신앙생활은 이 경외감으로부터 시작됩니다. 이재무 시인의 시 가운데 이 경외감을 잃어버리는 인간의 모습을 잘 그려주고 있습니다.

천둥 번개가 무서웠던 시절이 있다
큰 죄 짓지 않고도 장마철에는
내 몸에 번개 꽂혀 올까봐
쇠붙이란 쇠붙이 멀찌감치 감추고
몸 웅크려 떨던 시절이 있다
철이 든다는 것은 무엇인가

어느새 한 아이의 아비가 된 나는
천둥 번개가 무섭지 않다
큰 죄 주렁주렁 달고 다녀도
쇠붙이 노상 몸에 달고 다녀도
그까짓 것 이제 두렵지 않다
천둥 번개가 괜시리 두려웠던
행복한 시절이 내게 있었다[106]

천둥 번개가 치던 날, 벼락 맞지 않을까 하는 두려움에 쓰고 가던 우산을 접고서 비를 맞으며 마구 달리던 유년이 나에게도 있었습니다. 그러나 지금은 점점 더 무뎌가는 마음과, 아무렇지도 않게 행하는 내 무의식이 가끔은 두렵다는 시인의 외침이 가슴에 깊이 와 닿습니다. 두려움이 사라진다는 것, 하나님을 경외하는 마음이 사라진다는 것은 모든 것의 무덤이 됩니다. 거기에다가 부끄러움까지 잃어버리고 뻔뻔함까지 간직한다면 얼마나 추한 모습이 되고 말까요?

그리고 이스라엘 백성들이 모세를 신뢰했다는 사실을 언급합니다. 모세의 리더십과 영적 권위가 확실하게 세워지고 있습니다. 그러면서 출애굽기 15장 1절은 "이 때에"라는 단어로 연결합니다. 하나님의 놀라운 은혜를 맛본 바로 그때에, 자신의 위상이 높아지던 바로 그때에 모세는 찬양하기 시작했음을 강조하고 있습니다. 자신의 업적과 공로를 드러내고 자랑할 수 있는 그 자리에서 그는 일어나 찬양하기 시작합니다. "내가 여호와를 찬송하리니 그는 높고 영화로우심이요, 말과 그 탄 자를 바다에 던지셨음이로다." 그는 모든 영광을 하나님께 올려드리고 있습니다. 그의 결심은 단호하고 그의 고백은 확실합니다. "여호와는 나의 힘이요, 노래시며 나의 구원이시리로다. 그는 나의 하나님이시니 내가 그를 찬송할 것이요, 내 아버지의 하나님이시니 내가 그를 높이리로다"(출 15:2).

사실 이스라엘에 모세가 없었다면 어떻게 그런 위기를 극복할 수 있었을까요? 그들이 홍해를 건넌다는 것은 생각도 못했고, 추격해 오는 강력한 이집트의 기병대를 따돌릴 수 있는 방법도 없었습니다. 모세의 탁월한 리더십과 깊은 영성이 있었기에 가능했던 일이었습니다. 모세는 그때 홍해의 영웅이었습니다. 그런데 그는 그 영광을 도둑질하지 않고 그것을 하나님께 올려드리고 있습니다. 무엇 때문이었을까요? 그 놀라운 일을 행하신 분이 하나님임을 알았기 때문입니다. 그래서 반복해서 고백하는 것이 있습니다. "주께서"라는 표현이 출애굽기 15장 7절에서도 두 번이나 반복되고, 10절에서도, 12절에서도, 13절에서도, 16절에서도, 17절에서도 반복해서 나타납니다. 하나님께서 하신 일이었고, 그분이 베푸신 은혜였습니다. 그의 결심은 확고합니다. "내가 여호와를 찬송하리니 …." 주님의 높고 영화로우심과 놀라운 구원 때문에 그는 지금 찬양하고 있습니다.

모든 건 여기로부터

모세는 이렇게 고백합니다. "여호와는 나의 힘이요, 노래시며 나의 구원이시리로다. 그는 나의 하나님이시니 …"(출 15:2). 사실 모든 것은 바로 여기에서부터 출발합니다. 그의 찬양도, 감사드림도, 감격도 이 고백으로부터 시작되고 있습니다. 언제나 찬양은 이 가치와 소중한 은혜를 알 때 가능해집니다. 예배는 가치를 알고 그 이름에 합당한 영광을 올려드린다는 의미를 갖습니다. 찬양도 마찬가지입니다. 찬양은 고마움을 알 때 나오는 것입니다. 받은 사랑과 은혜의 가치를 알 때 찬양이 나옵니다. 함민복 시인은 빈궁한 시인의 삶에서 이 감사한 마음을 발견해 가는 과정을 그의 시에 담아 전해 줍니다.

> 시(詩) 한 편에 삼만 원이면
> 너무 박하다 싶다가도
> 쌀이 두 말인데 생각하면

금방 마음이 따뜻한 밥이 되네

시집 한 권에 삼천 원이면
든 공에 비해 헐하다 싶다가도
국밥이 한 그릇인데
내 시집이 국밥 한 그릇만큼
사람들 가슴을 따뜻하게 데워줄 수 있을까
생각하면 아직 멀기만 하네

시집이 한 권 팔리면
내게 삼백 원이 돌아온다
박리다 싶다가도
굵은 소금이 한 됫박인데 생각하면
푸른 바다처럼 상할 마음 하나 없네[107]

이 시를 읽으면서 이렇게 외칠 수밖에 없었습니다. '그렇지. 얼어붙은 가슴을 따뜻하게 데워줄 수만 있다면, 영혼의 속울음 울고 있는 사람들 그 눈물 씻어줄 수만 있다면 돈이 안 되는 일이라도 귀한 일이지. 어차피 그 마음으로 너무 계산적이지 말고 부디 따뜻한 가슴으로 살 일이다.' 세상은 값을 정확하게 쳐주는 일도 있지만 그렇지 않은 경우도 많이 있습니다. 그 수고를 알아주는 경우도 있지만 그렇지 않은 경우도 많이 있습니다. 찬양은 이것저것 따지고 계산하여 나오지 않습니다. 감사는 결코 계산해서 나오지 않습니다. 수지타산을 따지는 곳에서는 찬양이 나오지 않습니다. 우리 마음에 무엇으론가 가득할 때 찬양이 나옵니다. 하늘을 울리는 찬양, 하나님께서 기뻐하실 찬양, 우리의 마음도 울리고, 옥문도 열어놓게 할 찬양은 우리 가운데 은혜에 대한 감격으로 가득할 때 나옵니다.

몇 년 전 학교에서 종교개혁을 기념하여 학생회 주관의 창작 CCM 찬양경연대회가 있었습니다. 부산, 대구, 대전에서 모여 새 노래로 찬양을 올려드리는 시간, 당시 대학 교학처장 보직을 맡고 있어서 격려사와 시상 순서 때문에 저녁 늦게까지 자리를 지켜야 했습니다. 광장에서 눈을 조금 드니 둥근 달이 밝게 떠있었고, 도심의 불빛에 모두 모습을 감추었지만 달 둘레에 밝은 별(화성)이 그 빛을 내뿜고 있었고 거기에는 구름이 얇게 깔려 있었습니다. 그날, 캠퍼스의 가을밤은 정말 아름다웠습니다. 바로 그런 자리에서 찬양하겠다고 젊은이들이 광장에 모여서 젊음의 열기를 내뿜고 있었습니다. 한 팀이 부르는 찬양에 전율이 일어났습니다. "주 영광 외치는 세대되리. 놀라운 주 영광 외치리라. 우리는 멈출 수 없어. 우리는 춤추는 세대 되리." 처음 듣는 곡이었습니다. 그들의 찬양하는 모습이 정말 아름다워 그 가사를 받아 적었습니다. 대구에서 올라온 한 여학생은 "고백"이라는 창작곡을 떨리는 목소리로 찬양하고 있었습니다. "찬양하리라, 그 놀라운 사랑. 오직 주의 이름을 나 찬양하리라. 찬양하리라, 그 놀라운 사랑. 주님만을 사랑하리라."

주님 생각으로 가득하여 찬양으로 채우고 있는 그 가을밤이 정말 아름다웠습니다. 그때 아름다운 시간에 생각났던 시가 함민복 시인의

"가을"이라는 시였습니다. "당신 생각을 켜놓은 채 잠이 들었습니다." 딱 한 줄의 시를 써놓고 시인은 거기에 제목을 '가을'이라고 붙였습니다. 아침에 눈을 뜨면서, 분주하게 움직이는 시간에도, 진종일 사랑하는 사람의 생각을 안고 살았습니다. 가을밤이 깊어갑니다. 마음에는 여전히 사랑하는 사람 생각으로 가득합니다. 잠이 들 때도 그 생각을 켜놓고 잠이 들었답니다. 가을이라는 계절이 아름다운 것은 가슴에 품고 있는 사랑하는 사람이 있고, 그리움이 있기 때문이라는 말입니다.

그날 모세의 가슴에는 하나님이 베푸신 은혜에 대한 감격으로 가득했습니다. 그 사랑에 대한 감격, 그 하나님의 신비와 기적에 대한 가슴 떨림이 있었기에 그는 찬양할 수 있었습니다. 찬양은 이렇게 시작됩니다. "그는 높고 영화로우심이요"(출 15:1). 여기서 '높다'에 해당하는 히브리어 '가아'는 '장엄하다, 영광스럽다'는 뜻으로 원어에는 두 번 반복해서 사용하면서 하나님의 영광을 강조하는 구조를 취합니다. 한편 70 인역에서는 이 부분을 '그는 영광스럽고도 영광스럽다'(헨독소스테 독사 스타이)라고 번역합니다. 이는 하나님의 영광이 높고 위대하심을 시적으로 강조한 것입니다. 지금 모세는 위대하신 하나님으로 인해 가슴이 떨리고 있음을 표현한 것입니다.

그렇게 길을 가고 있었습니다

찬양할 이유, 그것을 계속해서 제시하는데 하나님의 역사하심과 다스리심 때문이라고 고백합니다(출 15:4). 하나님께서 일하시기 시작하니 최강의 군대와 병거가 바다에 던져지고, 그분이 다스리기 시작하니 깊은 물이 그들을 덮었고, 그들은 돌처럼 깊음 속에 가라앉았다는 것입니다. 온갖 전투 장비를 갖춘 채 살기등등하고 용감무쌍하게 달려온 애굽의 최정예 부대도 하나님 앞에서는 전혀 힘없는 '돌' 같은 존재가 되고 말았습니다. 실제 애굽의 지휘관들은 무거운 구리와 철로 제조된 갑옷을 입고 있었습니다. 누더기 옷을 입고 있었던 이스라엘 백성들에게 그들의 기세는 얼마나 대단했을 것인가요? 무적의 용사들이요, 최강의 부대였습니다. 그런데 하나님이 역사하시니 그들은 돌보다 빨리 바다 밑바닥에 깊이 가라앉고 말았습니다.

이스라엘 백성들의 힘에서 결정된 것이었습니까? 그들의 모략이나 전략에서 비롯된 것이었습니까? 아니었습니다. 하나님의 역사하심 때문이었습니다. 하나님께서 다스리시니 그 모든 것이 풀어지고 있습니다. "주께서 주의 큰 위엄으로 주를 거스르는 자를 엎으시니이다. … 주의 콧김에 물이 쌓이되 파도가 언덕같이 일어서고 큰 물이 바다 가운데 엉기니이다"(출 15:7~8). 하나님의 다스리심이 얼마나 생생하게 표현되고 하나님이 다스리시니 홍해를 가르는 광풍이 일어나는데 모세는 지금 주의 콧김이라고 표현합니다. 하나님의 능력에 의해 조성된 동풍(14:21)을 시적으로 묘사한 것입니다. 시편 저자도 여호와의 콧김으로 말미암아 물밑이 드러나고 세상의 터가 나타난다고 표현합니다(시 18:15). 홍해를 갈라놓는 무시무시한 일진광풍(一陣狂風)도 기껏 하나님의 콧바람에 불과하다는 표현은 하나님의 능력의 크심에 대한 깊은 표현입니다. 그 하나님의 능력은 파도를 언덕같이 일으키십니다. 여기서 '언덕'으로 번역된 히브리어 '네드'는 '쌓아올린 것, 더미' 등을 뜻하는 단어입니다. 물이 쌓아올려진 둑과 같이 되고 거대하게 흐르던 물은 그 유동성을 상실하고 마치 단단한 덩어리처럼 응고되어 벽을 쌓고 있답니다. 이것은 놀라운 하나님의 다스리심을 통해서 나타나고 있습니다. 하나님의 다스리심은 성경의 가장 중요한 주제의 하나이며, 출애굽기의 중심 주제입니다.

이 모든 역사를 지켜보면서 모세는 더욱 확실한 믿음 가운데 서게 됩니다. "주의 인자하심으로 주께서 구속하신 백성을 인도하시되 주의 힘으로 그들을 주의 거룩한 처소에 들어가게 하시나이다"(출 15:13). 이것은 "하나님이 하셨습니다"라는 고백입니다. 앞에 멀고 먼 사막 길이 놓여 있지만 하나님이 역사하시고 인도하시니 반드시 소원의 항구로 들이실 것을 확신하며 찬양하고 있습니다. 지금 그렇게 꿈을 꾸며 길을 가고 있었습니다. 그리고 그 꿈을 민족의 꿈으로, 교회의 꿈으로, 인류의 꿈으로 바꾸고 있습니다.

우린 무엇을 내놓을 것인가

언젠가 허홍구 시인의 시집을 읽다가 "아지매는 할매 되고"라는 재미있는 제목의 시를 읽으며 한참 웃었습니다. 읽다보면 약간 에로틱함도 있지만 그 여유와 해학에 그냥 웃음이 맺히는 시였습니다. 염매시장 단골 술집에서 입담 좋은 선배와 술을 마시면서 막걸리 한 주전자 시키면 안주가 떨어지고, 안주를 시키면 술이 떨어지고 이것저것 더 시키다보니 돈도 떨어졌답니다. 그래서 입담 좋은 선배가 얼굴이 곰보인 주모에게 수작을 부렸답니다. "아지매, 아지매 서비스 안주 하나 주면 안

잡아먹지." 십수 년이 지난 다음에 다시 그 선술집을 찾았답니다. 아줌마집이 이제는 할매집으로 바뀌었는데 술을 마시면서 그때의 농담을 다시 늘어놓았답니다. 그랬더니 그 할매가 이렇게 답을 하더랍니다. "지랄한다. 묵을라면 진작 묵지."[108]

시인이 살아가면서 가졌던 이런저런 인연을 통해 알게 되었던 사람들에 대한 인물 스케치를 실명의 부제로 묶어 발간한 시집 가운데 나오는 시로, 시장통 선술집의 애환을 그대로 담아내고 있어서 정답기까지 합니다. 염매시장은 대구의 약전골목과 인접한 시장으로 다른 시장보다 가격이 싸서 염가(廉價)로 판매한다고 붙여졌다고 하기도 하고, 소금(鹽)을 많이 판다고 붙여졌다는 이야기도 있습니다. 실명으로 사람들 사는 이야기를 전하지만 염매시장의 그 '아지매'의 실명은 구태여 밝히지 않고 있고, 확인할 필요도 느끼지 않습니다. 시에서 대하게 되는 일상 언어와 약간 에로틱한 생생한 표현, 사건과 추억, 그리고 그려지는 풍경이 무척 정겹고 따뜻하기만 합니다. 흔히 인물을 중심으로 한 시로 가장 대표적인 것을 든다면 만여 명의 삶의 이야기를 시로 엮어 30여 권의 시집으로 묶은 고은의 『만인보』[109]를 들 수 있을 텐데 인물을 소재로 한 허홍구 시인의 인물시에 배어나오는 사람 냄새가 참 좋습니다. 시인이 독특한 시각을 통해 보여주는 그 사람 냄새와 삶의 실재가 참 정답기만 합니다.

당시 시장 골목의 술집은 가난한 젊은 지성들이 부조리한 시대를 향해 울분을 쏟아 놓던 저항의 몸짓이 서린 자리였습니다. 이들의 아픔과 울분을 아는 '염매시장 아지매'는 이미 할매가 되어 있지만 그 넉넉한 품성과 재치 있는 유머는 그대로입니다. 젊었을 때 '아지매'는 약간의 부끄러움을 안고 살지만 '할매'가 된 아지매는 넉넉함과 함께 생의 익살이 묻어 나와서 좋습니다. 화자로 등장하는 이의 익살도 아름답고, 그 넉살에 장단을 맞추는 여유로움을 통해 나오는 부딪힘의 미학이 시의 맛을 더해 줍니다. 따뜻한 마음과 마음의 부딪힘은 늘 인생길에 여유로움과 부요함을 더해 줍니다.

찬양은 언제나 하나님의 실재(reality)와 현존, 베푸신 은혜에 대한 부딪힘으로 나옵니다. 그것은 감사도 마찬가지입니다. 거기 은혜의 땅에서 모세는 지금 하나님의 놀라운 현존과 역사하심, 베푸신 은혜에 가슴이 부딪히고, 마음이 부딪히고, 영혼이 부딪힙니다. 그리고 거기에서 아름다운 찬양이, 가슴 벅찬 찬양이 터져 나옵니다. 하나님의 현존과 임재 앞에서, 그리고 그분의 크신 은혜 앞에서 우리의 영이 진동하는 것이 찬양입니다. 떨림이 없이는 찬양이 나오지 않습니다. 함민복 시인은 "너무도 오래 당신을 찾아 날고 날았지요"라면서 "견디고 견디다 나도 모르는 사이 꽃이 되고 말았네요"라고 노래합니다. 그렇게 아름다워진 계절을 "모든 게 깊어진 가을"이라고 규정합니다.[110]

계절마다에 담아놓으신 아름다움이 있지만 가을이 되면 더 아름다워지는 것은 시인의 고백처럼 생각도, 그리움도 더 깊어지기 때문일 것입니다. 그리움으로 살다보니 자신도 모르게 꽃이 되었다는 시인의 가슴이 느껴집니다. 그런 마음으로 살 때 계절은 더 깊어지고 아름다워진답니다. 산하에 한들한들 피어난 코스모스와 구절초, 쑥부쟁이와 들국화가 더 아름다운 이유입니다. 나비가 꽃이 되고 꽃이 나비가 되기에 가을은 아름다운 계절이라는 시인의 혜안이 부럽습니다. 그 아름다움과 울림을 화가는 화폭에 담아내고, 시인은 시에 담아내고, 음악가는 노래로 담아냅니다. 지금 그 사막 길에서 믿음의 사람들은 그것을 찬양으로 담아내고 있습니다. 나는 무엇이 되고, 무엇을 내놓을 것인가요? 우리도 하나님의 은혜를 경험한 사람이고, 하나님의 능력에 붙들려 살아가는 사람인데 우리는 인생의 가을에 무엇을 내놓을 건가요?

4부

믿음의 별을 따라서 걷는 걸음

새로 눈 쌓여 매끄러운

산 옆에 서있었습니다

차가운 저녁 빛 속에서

별 하나가 내려다봅니다.

내가 보고 있는 걸

아무도 보는 이 없었지요

나는 서서 별이 나를 보는 한

끝없이 그 별을 바라보았습니다

– 사라 티즈데일, "2월의 황혼" (장영희 역)

13

믿음은 별이라서
어두운 밤에 더 반짝인다네

시인은 죽은 자들이
자기의 의견을 표명할 수 있도록
하기 위해 존재합니다.
– 엘리 위젤

푸른 옷의 수인

우리가 살고 있는 계절은 그 나름대로의 아름다움을 간직하고 있습니다. 분주하게 달려가면서 무엇엔가 쫓겨 살다보니 미처 그것을 즐길 여유도 없이 살아가는데 아름다운 계절은 훌쩍 지나갑니다. 언젠가 아름다운 계절, 가을을 보내면서 김남주 시인이 육성으로 직접 녹음한 그의 시를 들으면서 그의 외침에서 온몸으로 겪고 있는 그의 아픔이 느껴져 눈물이 났습니다.

이 가을에 나는 푸른 옷의 수인이다

오라에 묶여 손목이 사슬에 묶여
또 다른 감옥으로 압송되어 가는
어디로 가는 것일까 이번에는
전주옥일까 대구옥일까 아니면 대전옥일까

나를 태운 압송차가
낯익은 거리 산과 강을 끼고
들판 가운데를 달린다

아 내리고 싶다 여기서 차에서 내려
따가운 햇살 등에 받으며 저만큼에서
고추를 따고 있는 어머니의 밭으로 가고 싶다

아 내리고 싶다 여기서 차에서 내려
숫돌에 낫을 갈아 벼를 베고 있는
아버지의 논으로 가고 싶다…

이 허리 이 손목에서 오라 풀고 사슬 풀고
발목이 시도록 들길 한번 나도 걷고 싶다
하늘 향해 두 팔 벌리고
논둑길 밭둑길을 내달리고 싶다…

날 저물어 지치면 귀소의 새를 따라

나도 가고 싶다 나의 집으로

그러나 나를 태운 압송차는 멈춰주지를 않는다…

이 가을에 나는 푸른 옷의 수인이다…[111]

시를 읽다보면 시인의 아픔과 고향에 대한 그리움이 가슴 깊이 느껴집니다. 김남주 시인과는 고향이 같아서인지 그의 시를 읽으면 어릴 적 아름다운 고향의 정경이 활짝 펼쳐지고 그 추억에 저절로 미소가 번지게 합니다. 시대의 아픔과 비극을 가득 안고 살다가 서둘러 떠난 시인은 외칩니다. "이 가을에 나는 푸른 옷의 수인이다." 서슬 푸른 유신 치하, 절대 권력자에게 온몸으로 저항하였던 시인의 외로움을 읽으면서 결국 우리도 무엇엔가 묶여 '수인'으로 산다는 생각을 갖게 됩니다. "어머니의 밭"으로, "아버지의 논으로" 그렇게 달려가고 싶은 가을날, 그러나 지금 그에게는 그것이 허락되지 않습니다. 묶인 채 원치 않는 곳으로 끌려가는 그는 지금 푸른 옷의 수인입니다.

얽어매는 무엇엔가 붙들려 살아갈 때 우리는 많은 것을 잃게 됩니다. 그렇게 우리는 무엇엔가 붙들려 살아가면서 실로 많은 것을 놓치고 살아갑니다. 아름다움 앞에 세워주셨으나 그것을 미처 누릴 여유도 없이 살아갈 때가 있습니다. 바쁜 일상에 사로잡혀 하늘 한번 올려다볼 여유 없이, 아니 낙엽 지는 아름다운 가을 산 한번 오를 여유 없이 그렇게 살기도 합니다. 무엇에 붙잡혀 살아가기 마련인 인생길에서 우리도 종종 '수인'이 되어 많은 아름다운 것을 놓치고 살아갑니다.

그래도 나를 신뢰하느냐

이스라엘 백성들은 그때 광야에 있었습니다. 홍해를 건넌 이후에, 하나님의 놀라운 은혜를 맛본 이후에, 그 은혜에 감격하여 가슴 벅찬 찬양을 올려드린 다음에 또다시 어려운 문제가 다가옵니다. 모세의 인도함을 따라 수르 광야를 걸어가는데 사흘 길을 걸어갔지만 물을 찾을 수 없었습니다. 샤워할 물이나 세수할 물이 없었던 것이 아니라 생명과 직결된 마실 물이 없었습니다. 이런 인생길에서는 자연히 걱정과 염려에 사로잡혀 갈 수밖에 없습니다.

한 후배 목사님에게서 그런 이야기를 들었습니다. 1980년대 후반 그분은 신학교를 졸업하고 전임전도사로서 한 교회에서 청년부와 중고등부를 지도하고 있었습니다. 두 부서의 여름 수련회가 한 주간에 한꺼번에 있었답니다. 월~수요일은 청년부 수련회였고, 목~토요일은 중고등부 수련회가 계획되어 있었답니다. 청년들을 데리고 가서 한참 수련회를 진행하고 있는데 담임목사님에게서 급히 교회로 돌아오라는 전화를 받았답니다. 그래서 수련회를 인도하다 말고 청년들을 남겨두고 급히 교회로 올라왔답니다. 큰 아이가 교통사고로 세상을 떠나는 불행한 일이 발생한 것입니다. 경황없이 장례를 치루고 그 다음날 바로 중고등부 아이들을 데리고서 또 수련회를 떠났답니다. 슬퍼할 겨를도 없이 중고등부 수련회를 인도한 후 마치고 올라와 주일을 지낸 후에 슬픔이 밀려오는데 견딜 수가 없어서 기도원에 올라갔다고 합니다. 일주일을 금식하며 기도하면서 그 시린 마음을 털어놓았답니다. "주님, 제가 무엇을 잘못했습니까? 어찌하여 이런 어려움을 제게 주십니까?" 계속 눈물로 기도하는데 그 이유는 설명해 주시지 않으시고 다만 마음속에서 계속해서 한 가지 물음만 울려 퍼졌다고 합니다. "이런 상황에서도 너는 나를 신뢰할 수 있느냐?"

인생길에는 종종 이렇게 쓰라리고 아픈 순간들이 있습니다. 그때 이스라엘 백성들은 아픔과 문제로 둘러싸인 광야의 한복판에 서있었습니다. 그들에게 들려오는 물음도 같은 것이었습니다. 이스라엘 백성들이 하나님의 놀라운 구원의 은혜를 받아 400년의 노예생활을 마치고 드디어 이집트 제국에서 나오게 되었습니다. 그런데 걸어가야 했던 길은 광야 길이었습니다. 물도 없고 더운 땅을 걸어가야 하는 인생길이니 얼마나 힘이 들었겠습니까? 몇 년 전 여름 출애굽 여정을 답사하면서 저들의 마음이 깊이 이해되었습니다. 에어컨이 잘 나오는 버스를 타고 그 길을 달리다가 잠시 내려 둘러보는데도 얼마나 덥던지 바로 버스로 올라와야 했습니다. 만약 그때 내가 거기 서있었다면 이스라엘 백성들보다 불평을 훨씬 더 많이 했을 것이라는 생각이 들었습니다. 그 더운 날에 어깨에 짐 짊어지고 터벅터벅 걸어가야 했을 때 얼마나 힘이 들었을까요? 불평이 나올 수밖에 없는 힘든 길이었습니다.

그러나 걸어가는 그 길목에서 허락하신 가슴 떨리는 놀라운 일도 있었고, 하늘의 능력과 신비도 맛보았습니다. 찬양도 하고, 터질 것 같은 감격에 사로잡히기도 했습니다. 홍해 사건을 경험한 이후 그들은 수르 광야로 들어가 가나안을 향한 여정을 계속하고 있었습니다. 그런데 사흘을 걸어가도 물을 얻지 못하였습니다. 대단한 것을 구한 것이 아니라 생명 연장을 위한 최소한의 것을 구하고 있었지만 그곳에서는 물을 구할 수가 없었습니다. 그런 어려움에 처하니 구원 받은 감격, 놀라운 기적을 맛본 감격도 사라지고 있었습니다. 그렇게 힘든 여정이 계속되면서 그들은 '마라'라는 지역에 이르러 드디어 물을 발견했습니다. 환호성을 지르며 물을 들이키는데 그 물은 마실 수 없는 쓴 물이었습니다. 원망이 터져 나오는 것은 당연한 일이었습니다. 마실 수 없는 쓴 물, 원망이 터져 나오게 하는 쓴 물, 사람을 절망하게 만드는 쓴 물, 그 물 앞에서 그들은 무너지고 있었습니다. 우리 인생도 인생길을 가다보면 마실 수 없는 쓴 물이 있습니다. 마라의 쓴 물과 같은 사람을 만날 때도 있고, 그런 사건, 그런 환경을 만날 때도 있습니다. 그때 사람들은 힘들어하고, 좌절하기도 하며, 절망하기도 합니다.

지시하신 그 나무

몇 년 전, 시나이 반도의 마라에 들렀을 때 더운 사막의 열기 때문에 잠시도 서있기가 힘든 그런 자리에 우물이 있었습니다. 그런데 그 물웅덩이는 오물에 뒤덮여 마실 수 없는 상태로 놓여 있었습니다. 마라의 쓴 물은 왜 쓴 물이었을까요? 쓰게 하는 요인이 있었기 때문이었을 것입니다. 사막 한복판에 우물이 있다면 그건 정말 감사한 일인데 물을 쓰게 하는 요인 때문에 물을 마실 수 없는 '마라'가 되고 맙니다. 환경에서 오는 쓴 물, 사람에게서 오는 쓴 물, 사업의 현장에서 경험하는 쓴 물, 어쩌면 사막과 같은 길을 걸어가야 하는 인생길은 쓴 물로 가득합니다.

환경과 다른 사람으로부터 오는 쓴 물도 있지만 때로는 내가 다른 사람에게 쓴 물이 될 수도 있습니다. 잘한다고 했는데, 열심히 한다고 했는데, 위한다고 했는데 쓴 물이 될 수도 있습니다. 내가 지금까지 살아오면서 혹 다른 사람에게 쓴 물이 되게 하지는 않았습니까? 스스로에게 물어야 하고, 이제는 쓴 물의 역사를 청산해야 합니다. 히브리서 기자는 믿음의 삶을 사는 사람들에게 이렇게 권면합니다. "하나님의 은혜에서 떨어져 나가는 사람이 아무도 없도록 주의하십시오. 또 쓴 뿌리가 돋아나서 괴롭게 하고, 그것으로 많은 사람이 더러워지는 일이 없도록 주의하십시오"(히 12:15, 새번역). 쓴 뿌리가 쓴 물을 만들고 우리를 힘들게 하기 때문입니다. 때로는 그것이 탐욕일 수도 있고, 거짓일 수도 있으며, 잘못된 성격이나 습관일 수도 있습니다.

출애굽기 15장은 쓴 물을 달게 했던 비결을 전혀 다른 곳에서 찾고 있습니다. "모세가 여호와께 부르짖었더니 여호와께서 그에게 한 나무를 가리키시니 그가 물에 던지니 물이 달게 되었더라"(출 15:25). 쓴 물이 달게 된 과정은 기도로부터 시작되어, 여호와께서 한 나무를 가리키심으로 이룩되며, 그것을 물에 던졌더니 달게 되었다라고 말씀합니다. 도대체 어떤 효능을 가진 나무일까요? 어떤 재질의 나무였을까요? 말씀은 그것에 우리의 시선이 머물지 않게 만듭니다. 다만 그것은 하나님이 가리키신 나무였다고 말씀하면서 하나님으로부터 나온 해결책이었다는 사실을 강조할 뿐입니다. 구약에서 한 번, 신약에서 한 번 하나님께서는 한 나무를 지목하셨습니다. 신약에서 지시하신 나무는 십자가였습니다. 그분은 거기에 당신의 아들 예수 그리스도를 매다셨고, 그 '나무'는 구원을 주시는 하나님의 능력이 되었습니다. "친히 나무에 달려 그 몸으로 우리 죄를 담당하셨으니 이는 우리로 죄에 대하여 죽고 의에 대하여 살게 하려 하심이라"(벧전 2:24).

십자가만이 인생을 새롭게 합니다. 십자가가 내 인생에 던져지면 단맛이 나게 됩니다. 우리 인생의 모든 쓴 물을 제거하는 한 나무를 하나님께서는 지명하셨기 때문입니다. 하나님께서 지명하신 '나무,' 그것만이 우리의 인생의 쓴 물을 달게 할 수 있습니다. 그래서 옥스퍼드대학교 교수인 앨리스터 맥그래스는 "십자가는 모든 것을 판별한다"(Crux probat omnia)라고 하면서 십자가는 우리의 구원의 기초가 되지만 단순히 그 차원에 머물지 않고, "십자가는 우리 삶을 그리스도인답게 만든다"고 주장합니다. "십자가의 진정한 의미를 알았을 때 나는 예수께 완전히 함몰"되었고 "나를 구원한 예수 십자가의 측량할 수 없는 은혜"를 맛보게 하기 때문입니다.[112]

믿음의 작은 별 가슴에 안고

하나님의 관심은 마라의 쓴 물이 아니었습니다. 마라의 쓴 물보다 더 큰 관심은 이스라엘 백성들이었습니다. 은혜를 받았으나 그분을 바라보지 않고 길을 가는 사람들, 놀라운 은혜를 입고 살았으나 믿음 없이 길을 가는 사람들을 치료하길 원하셨습니다. 하나님께서 말씀하십니다. "나는 너를 치료하는 여호와니라." 오규원 시인은 믿음의 특성을 이렇게 들려줍니다.

우리의 믿음은 작아서

각자 달라서

우리의 믿음은 우리가 어두워서

우리의 믿음은 우리가 작아서

너무 인간적이라서

우리의 믿음은 해탈과는 너무 멀어서

몸은 작고 여기에서 멀리 있다

그러나…

믿음이 없으면 무엇이

이 어둠을 반짝이겠는가

믿음은 별이라서

작아도 모두 반짝인다

믿음은 별이라서

믿음은 별이라서[113]

믿음은 별이라서 어두운 밤에도 반짝이게 한답니다. 인생길을 가다 보면 마실 물이 없어 죽을 것 같은 그런 아픔의 순간들이 있지만, 그렇게 힘들게 걸어가서 가까스로 발견하였는데 써서 도무지 마실 수 없는 그런 상황이 있지만 하나님께서는 거기에서 한 법도와 율례를 정하십니다. "너희가 너희 하나님 나 여호와의 말을 들어 순종하고 내가 보기에

의를 행하며 내 계명에 귀를 기울이며 내 모든 규례를 지키면 내가 애굽 사람에게 내린 모든 질병 중 하나도 너희에게 내리지 아니하리니 나는 너희를 치료하는 여호와임이라"(출 15:26). 다른 방도를 찾지 말고 말씀 붙잡고 믿음으로 살아보랍니다. 믿음은 별이라서 스스로 일어나 걸으면 빛을 발하게 되며, 그 빛을 따라 나아가면 사막 길에서 승리할 수 있답니다. 아무것도 보이지 않는 밤길을 가도 믿음은 붙잡고 갈 별이랍니다.

말씀은 쓴 물 인생이 단물 인생이 되는 비결을 알려주십니다. 그 방법이 멀리 있지 않고 어려운 것도 아닙니다. 깊이 말씀에 귀를 기울이고, 하나님 보시기에 바른 길로 행하며, 믿음의 원리(규례)를 따라 걸어가면서 하나님의 방법에 마음을 두면 그분께서 삶을 고치시고 회복시키신답니다. 그러면서 쓴 물이 단물이 되게 하는 상징적인 방법이 제시됩니다. "모세가 주님께 부르짖으니, 주님께서 그에게 나무 한 그루를 보여주셨다. 그가 그 나뭇가지를 꺾어서 물에 던지니, 그 물이 단물로 변하였다"(출 15:25, 새번역). '쓴 물'로 가득한 인생길을 걸어갈 때 '하나님께서 가리키시는' 그 방법을 따라 살아가면 회복의 역사가 준비되어 있습니다. 일전에 카이스트(KAIST) 경영대학 교수의 칼럼을 인상 깊게 읽은 적이 있어 그 내용을 여기에 옮겨 봅니다.

마라톤은 하나의 인간극장이며 드라마다. 누구나 인생에서 어려움과 위기를 겪듯이 마라톤에서도 그런 고비를 피할 수 없다. 세계적 엘리트 선수들이나, 그들보다 몇 시간 늦게 결승점에 들어오는 우리들이나 마찬가지일 것이다. 42.195km라는 긴 여정을 통해 우리는 인생을 배운다. 초반 5km 지점까지 살얼음판을 디디듯 조심스럽게 그날의 페이스를 점검한다. 이것이 인생의 출발과 같은 마라톤의 시작이다. 10km 지점까지는 "오늘 왜 이렇게 컨디션이 좋은가" 할 정도로 스스로 감탄하며 경쾌하게 달린다. 우리의 청춘, 우리의 20대와 같다. 모든 것을 이뤄낼 것 같고, 자신감이 하늘을 찌른다. 내 청춘의 모습도 바로 그랬다. 그러나 이렇게 아름다운 시절은 너무 빨리 지나간다.

15km 지점이 되면 몸이 무거워지기 시작한다. 뛰는 속도가 느려지고 몸이 축 처지기 시작한다. 노란색 경고등이 켜진 것이다. 그리고 첫 번째 고비가 온다. 인생 40을 전후해서 한 번의 큰 위기가 찾아오듯 25km 지점에서 우리는 여지없이 위기와 마주서야 한다. 온몸이 무거워지다 못해 뻣뻣하게 굳어온다. 속도를 늦춰보기도 하고 걸어보기도 한다. '과연 오늘 끝까지 뛸 수 있을까' 하는 두려움이 한꺼번에 엄습한다. '나는 아이들을 잘 키울 수 있을 것인가.' '회사에서 퇴출당하지 않고 버텨낼 수 있을 것인가.' '지금 가는 길이 내가 갈 길이 맞는가.' 가슴과 어깨를 인생의 무게가 짓누르기 시작하는 시기이다.

그러다 보면 드디어 마라톤 '마(魔)의 구간'에 진입한다. 30~35km 지점이다. 중급 마라토너라면 보통 출발 후 두세 시간 뒤에 만나는 구간이다. "무슨 부귀영화를 누리겠다고 사서 고생하는가. 물마시고 바나나 하나 먹고 딱 5분만 쉴 수 있으면 좋겠다." "마라톤은 이번이 마지막이야. 다음부터는 이런 고생은 절대 다시 안 한다." 가쁜 숨을 몰아쉬며 어디에라도 그대로 푹 주저앉아 버리고 싶어진다. 집중력도 현저히 떨어진다. 자신과의 싸움이 시작된다. 평소 같으면 생각도 나지 않을 일들이 주마등처럼 머리를 스쳐간다. 그러나 여기까지 와서 더 이상 주저앉을 순 없다는 생각이 번쩍 든다. 정신 차려 고개를 들어보면 응원 구호가 보인다. "새는 날고 물고기는 헤엄치고 인간은 달려야 한다." 장거리 육상의 전설인 체코의 자토벡이 남긴 말이다. 결국 인간은 달려야 한다. 마치 인생처럼 두려움과 고통을 느끼며 원망과 후회하며 달리는 것이 바로 마라톤 아닌가. 마라톤은 마지막에 놀라운 반전의 각본이 준비된 드라마이다.

35㎞를 넘어가면서 피로감이 조금씩 사라진다. 뛰어 본 사람만이 느낄 수 있는 '작은 기적'이다. 있을 수 없는 일이 몸속에서 벌어지기 시작하는 것이다. 이것이 소위 '러너스 하이'(runner's high)일지도 모른다. 어떤 전문가들은 인체가 스스로 겪는 고통을 줄이기 위해 통증 제거 호르몬을 스스로 분비한다고 말한다. 어떤 전문가는 근육 속 피로물질이 자체적으로 타서 에너지를 발생시킨다고 설명한다.

어떤 이유이든 우리는 인체 기능의 놀라운 회복력을 발견한다. 소금에 절인 배추처럼 몸은 이미 만신창이가 되어 있지만 마음은 날아갈 듯 가벼워진다. 이것은 폭풍과 풍파를 거쳐 평온을 되찾는 인생의 노년과 같다. 바로 관조(觀照)의 경지에 들어선 것이다. 그리고 몸은 다시 초반 5km의 스피드를 회복하기에 이른다. 온갖 고통을 다 겪고 드디어 '40'km라는 숫자가 눈에 들어오는 순간, 온몸에 희열을 느끼게 된다. 가슴은 요동치고 "감사합니다"라는 말이 절로 나온다. 어느새 눈에 들어오는 41km 팻말. 그러나 한순간 후회와 아쉬움이 몰려온다. '내가 왜 이렇게밖에 못 달렸는가.' '아까 좀 더 힘을 내서 달렸으면 결과는 달라졌을 텐데 ….' 회한에 사무친 채 대단원을 향해 돌진한다. 그러고 보면 인생도 마라톤처럼 황혼에 이르러서는 누구에게나 후회와 유감으로 마감되는 게 아닐까 ….[114]

그렇게 잘 달리지도 못하면서 젊은 날, 필자도 종종 마라톤 경기에 참여하였고, 아이들에게도 마라톤을 해 보라고 권고했던 것—한 번도 아빠 말을 들어준 적은 없지만—도 달리면서 배우게 되는 이런 깊은 인생의 교훈 때문입니다. 마라톤이라는 것이 "건강한 정신과 신체의 각 부위가 마치 오케스트라처럼 어울리는 선율 같은 것"이기에 그 아름다움을 경험한 사람들에게는 마라톤이 깊은 깨달음의 황홀경을 선물해 줍니다. "아스팔트 위에서 만나는 인생," 그들은 지금 그 물 없는 사막에서 경험한 인생의 쓴 물로 인해 힘이 들고, 그 길 위에서 어떻게 하나님을 신뢰하면서 살 수 있을지 막막하기만 하지만 작은 믿음의 별 하나 가슴에 끌어안고 달릴 일입니다.

사랑만이 겨울을 이기게 한다

유신반대투쟁이라는 죄목으로 15년형을 선고 받고 긴 옥고를 치룬 김남주 시인은 10년 넘게 옥바라지를 해 온 여인과 43살의 나이에 뒤늦은 결혼을 하였습니다. 옥바라지를 위해 혼인신고를 했지만 한 사람은 철장 안에서, 한 사람은 철장 밖에서 죄수와 면회인으로 만나면서 십 년 세월을 보내다가 화촉을 밝혔습니다. 시인은 사랑하는 여인을 향해 이런 사랑 노래를 썼습니다.

사랑만이
겨울을 이기고
봄을 기다릴 줄 안다

사랑만이
불모의 땅을 갈아엎고
제 뼈를 갈아 재로 뿌릴 줄 안다

천 년을 두고 오늘
봄의 언덕에
한 그루의 나무를 심을 줄 안다

그리고 가실을 끝낸 들에서
사랑만이

인간의 사랑만이
사과 하나 둘로 쪼개
나눠 가질 줄 안다[115]

옥중 결혼하여 부부가 되었으나 손 한 번 잡아볼 수 없는 사막 길을 걸어가고 있던 사람이, 또 다른 사막 길을 걸어가는 사랑하는 사람을 향하여 외치는 그 음성이 따스한 외침으로 다가옵니다. '그렇지, 가슴 가득 담은 사랑만이, 작아도 반짝이는 믿음의 별을 가진 사람만이 그 사막 길을 달려갈 수 있지.' 숨이 막히는 사막 한복판, 그 힘겨운 자리에서도 선인장은 꽃을 피워 내고 잎을 가시로 만들어 생명을 지켜갑니다. 그것이 우리의 이야기였으면 좋겠습니다.

14
때론 가슴에 원망의 그림자가
진동하지만

바람보다 늦게 누워도
바람보다 먼저 일어나고
바람보다 늦게 울어도
바람보다 먼저 웃는다
날이 흐리고 풀뿌리가 눕는다
- 김수영[116]

끝없는 늪지대

지난 2016년 브라질 리우 올림픽 때 누가 성화 점화를 할 것인가에 대한 많은 관심과 예측이 있었습니다. 결국 2004년 아테네 올림픽의 마라톤 동메달 우승자인 반데를레이 데 리마가 주인공이 되었습니다. 그는 아테네 올림픽의 마라톤 경기에서 처음부터 35㎞ 지점까지 계속 선두를 유지하며 달렸지만 갑작스럽게 뛰어든 한 남성에 의해 걸려 넘어졌습니다. 그 다음 선수보다 300m 정도를 앞서 달리고 있었지만 그의 페이스는 완전히 망가지고 말았습니다. 다시 일어나 달렸지만

38~39㎞ 지점에서 이탈리아와 미국 선수에게 추월을 당했고, 결국 3위로 결승점에 들어왔습니다. 올림픽조직위원회(IOC)는 페어플레이를 한 선수에게 주는 '쿠베르탱 메달'을 그에게 수여했습니다. 경기 관리 미숙에 대한 조직위의 책임이 제기되면서 금메달 공동수여 의견도 있었지만 그는 이렇게 말했습니다. "사고가 없었다 해도 내가 우승할 수 있었을지는 알 수 없습니다. 나는 3위 이내 입상을 목표로 했고 영광스러운 동메달을 받았습니다." 수많은 스포츠 영웅들이 있었지만 이런 아름다운 마음 때문에 성화 점화자로 리마를 세웠을 것입니다.

인생길을 걸어가다 보면 예기치 못한 일들이 종종 발생합니다. 전격적인 은혜로 구원을 받고 인도하심을 받으며 길을 걸어가던 이스라엘 백성들에게 르비딤 땅에 이르러 또 어려운 일이 발생합니다. 사막을 가는 사람들에게 가장 중요한 요소인 물이 떨어진 것입니다. 마라의 쓴 물을 달게 하신 사건을 경험했지만 사막에서 물이 없다는 것은 생명과 직결되는 문제였기에 백성들의 불평은 바로 터져 나왔습니다. 이렇듯 인생길에는 끊임없이 문제들로 이어지고 있습니다. 그런데 이런 곤경 상황을 전하면서 먼저 문제 상황을 기술한 것이 아니라 다른 사실을 강조하듯 제시하고 있습니다. "이스라엘 자손의 온 회중이 여호와의 명령대로 신 광야에서 떠나 그 노정대로 행하여 르비딤에 장막을 쳤으나 백성이 마실 물이 없는지라"(출 17:1). 그들이 '여호와의 명령대로' 떠났고, 행하였고, 장막을 쳤다는 사실이 강조되고 있습니다. 떠나라고 하니까 떠났고, 행하라고 하니까 광야 길로 행하였으며, 멈춰 서라고 말씀하시니 멈춰 섰습니다. 이것은 '그러나'라는 단어와 연결됩니다.

여기에서 말씀은 물이 없는 상황에 초점을 맞추고 있는 것이 아니라 '회중'이라는 단어에 초점을 맞추고 있습니다. 이 말의 히브리어 '카알'은 "부르심을 받아 하나님의 백성이 된 공동체"라는 뜻을 가진 단어로 전적인 하나님의 주권과 은혜와 관련성을 가진 단어입니다. 이것을 강조한 후에 문제 상황을 기술합니다. 하나님의 말씀을 따라 행하고 있고, 명령하신 대로 순종하면서 걸어가고 있는데 거기에 마실 물이 없었다는 이야기는 불평할 수밖에 없는 상황이었다는 말입니다. 그 상황에서는 누구나 그랬겠지만 그들이 걱정하고 불평하였다는 것은 당연한 것으로 여겨집니다.

불평의 그림자 드리우고

그런 불평과 원망이 온 백성들에게 번지면서 백성들은 모세와 다투었고(출 17:2), 그것은 이제 하나님 앞에 서있던 모세까지 흔들어 놓고 있습니다. "내가 이 백성에게 어떻게 하리이까?" 물 떨어진 것이 문제인데 그것을 가지고 나아가 기도한 것이 아니라 백성들에 대한 분노의 마음을 토해 놓고 있습니다. 그리하여 그곳 르비딤 땅은 불평이 번져나가면서 므리바, '원망의 땅'이 되고 있습니다.

오래전 미국 버지니아에서 살 때 들었던 뉴스가 생각이 납니다. 인접한 노스캐롤라이나 주의 뉴즈강 하구는 민물과 바닷물이 만나는 곳이어서 물고기가 많은 곳인데, 그곳에서 물고기 대량 폐사 사건이 일어났습니다. 연일 매스컴에서는 죽은 물고기들의 모습이 방영되었습니다. 인접한 버지니아 주에서도 비상이었습니다. 역학 조사에 나선 노스

캐롤라이나주립대학(NC State University) 해양과학연구팀은 맹독성 적조 생물인 피에스테리아 피스시다(Pfiesteria Piscid) 때문에 일어난 것으로 밝혔습니다. 그것은 청산가리보다도 천 배나 강한 독성 물질을 방출해서 물도 썩게 만들고 고기도 죽게 만드는 주범임을 밝혀냈습니다. 뉴욕 타임즈(New York Times)와의 인터뷰에서 팀장 조앤 버크홀더 박사는 이렇게 말했습니다. "피스테리아는 포착이 불가능할 정도로 아주 변신에 능한데 평생 동안 적어도 24가지 모습으로 변신이 가능하며, 식욕과 번식력이 엄청나 균체가 급증하면 물고기와 조개류를 한 번에 수백만 개체씩을 죽이기도 합니다." 이 균에 의해서 적조 현상이 발생하면 물도 썩고, 그 안에 사는 물고기들과 조개류, 해초류까지 죽게 만들면서 사회적 이슈가 되었던 적이 있었습니다.

하나님의 축복과 은혜로 시작되었던 공동체에도 이러한 심각한 균체가 들어와 불평하고 원망하는 공동체로 전락하고 있음을 알 수 있습니다. 몇 사람으로부터 시작된 불평과 원망은 공동체를 무너뜨리고 있고, 하나님의 백성들을 변질시키고 있습니다. 그들은 하나님의 특별한 은혜를 입은 귀빈으로 시작했지만 변질되면서 불평과 원망의 공동체로 바뀌고 있습니다. 생명이 걸린 문제이기에 당연히 문제제기를 해야 할 것이지만 그러나 성경은 그 원인이 근본적으로는 하나님을 신뢰하는 믿음의 상실이 가장 큰 원인이었음을 지적합니다. 또 한 가지 특이점은 이런 불평이 거의 상습적이었습니다. 홍해 앞에서도, 먹을 것이 떨어졌을 때도, 물이 떨어졌을 때도 그들은 항상 불평했습니다. 한두 사람으로부터 시작하여 거의 모든 사람이 아우성을 치고 있었습니다. 하나님을 믿고 기다려 보자거나 그분께 기도해 보자고 주장한 사람은 아무도 없었습니다. 심지어는 모세까지도 힘이 들었던지 그러한 사실을 권면하지 않았습니다. 불평하고 있는 동안 해결은커녕 그곳이 지옥으로 바뀌고 있었습니다.

불평할 수밖에 없는 상황 속에서 불평하는 것은 자연스럽고 인간적일지 모르지만 불평하고 있는 동안 그들은 하늘을 상실하고 땅의 사람으로 바뀌고 있습니다. 그들은 사막 길을 걸어가면서 거기에서 하나님을 신뢰하는 법을 배우고 믿음과 감사를 개발하는 법을 배워야 했습니다. 그러나 그들은 그곳을 불평과 원망으로 채우기 시작했고, 한두 사람이 불평하기 시작하더니 온 공동체가 전염되고 맙니다. 그리고 그들은 왜 우리를 애굽에서 데리고 나왔느냐며 모세와 다투었습니다. 지금 이스라엘을 인도하고 있는 이는 모세가 아니었습니다. 모세는 하나님의 명을 받은 하나님의 종일뿐입니다. 불평공동체로 바뀌면서 하나님을 대적하는 공동체로 바뀝니다. "애굽으로 돌아가자!" 마음이 상하여 내뱉은 말이지만 그건 하나님께서 주시는 구속의 은혜, 인도하심, 다스리심을 거절한 말이었습니다.

눈 덮인 겨울의 밭고랑에서도

그들이 진정으로 하나님을 믿는 사람이라면, 아니 하나님의 은혜로 거룩한 백성들이 된 사람이라면 그것은 합당치 못한 언사와 행동이었습니다. 사실 그 사막 길에서 처음 경험하는 어려움은 아니었습니다. 지금까지 수많은 어려움들이 있었지만 그때마다 하나님께서 해결해 주셨습니다. 홍해 앞에서도, 마라의 쓴 물 앞에서도, 먹을 것이 없어 굶어 죽게 된 자리에서도, 하나님께서는 그들을 돌보셨고 도와주셨습니다. 가장 큰 문제는 어려움이 있었다는 것이 아니라 하나님을 신뢰하는 믿음이 흔들리고 있었다는 데 있었습니다.

그러나 물 없는 사막에 서있어도, 어려움에 뒤덮여 살아도 믿음으로 서있는 사람들이 있었습니다. 동일한 은혜를 받았고, 동일한 지역에 서 있었지만 한 부류는 실패하고 넘어지고 있지만 한 부류는 일어서고 있습니다. 그들은 해결할 능력이 없었기 때문에 문제보다 크신 하나님 앞으로 더 나아갑니다. 그들이 여호와께 부르짖었으며(출 17:4) 말씀을 받고, 그 말씀대로 행하고 있었습니다(17:6). 그들은 믿음으로 희망 노래를 부르는 사람들이었습니다.

2015년, 80세를 일기로 세상을 떠난 문병란 시인은 이런 인생길을 걸어가는 사람을 향하여 희망의 노래를 불러주고 있습니다.

얼음장 밑에서도
고기는 헤엄을 치고
눈보라 속에서도
매화는 꽃망울을 튼다

절망 속에서도
삶의 끈기는 희망을 찾고
사막의 고통 속에서도

인간은 오아시스의 그늘을 찾는다
눈 덮인 겨울의 밭고랑에서도
보리는 뿌리를 뻗고
마늘은 빙점에서도
그 매운맛 향기를 지닌다

절망은 희망의 어머니
고통은 행복의 스승
시련 없이 성취는 오지 않고
단련 없이 명검은 날이 서지 않는다

꿈꾸는 자여 어둠 속에서
멀리 반짝이는 별빛을 따라
긴 고행길 멈추지 말라

인생항로 파도는 높고
폭풍우 몰아쳐 배는 흔들려도
한 고비 지나면 구름 뒤 태양은 다시 뜨고
고요한 뱃길 순항의 내일이 꼭 찾아온다[117]

"얼음장 밑에서도 고기는 헤엄을 치고, 눈보라 속에서도 매화는 꽃망울을 튼다"라는 시인의 외침이 가슴에 깊이 와 닿습니다. 아무리 큰 고통의 자리에 서있어도, 이제 기울어가는 인생의 시간에도 시인은 희망가를 부르고 있습니다. 온 삶을 꽁꽁 얼어붙게 만드는 자리에 서있고 매서운 바람이 몰아치는 들판에 서있어도 작디작은 생명체들은 거기에서도 희망의 노래를 부릅니다. 눈 덮인 겨울 밭고랑에서도 보리는 푸른빛을 잃지 않고, 오늘 고단한 인생길을 걷고 있지만 멀리 반짝이는 별빛을 바라보며 오늘도 여전히 달리고 있는 사람들이 있습니다. 그래서 시인은 "어둠 속에서 멀리 반짝이는 별빛을 따라" 혹 파도가 높고 폭풍우 거세게 몰아쳐도 달려가는 그 걸음 늦추지 말자고 권합니다. "단련 없이 명검은 날이 서지 않는다"고 외치는 노 시인은 인생길을 걷고 있는 사람들에게 희망 노래를 불러줍니다.

넘어져 본 사람은 안다

원망과 불평, 한숨으로 덮여 있는 사람들은 그 땅을 불평의 땅, '므리바'로 바꾸고 있었습니다. 그러나 말씀에 사로잡혀 하나님 앞으로 더 가까이 나아가는 사람들은 그 땅을 '여호와 닛시'의 땅으로 바꾸고 있었습니다. 인생길에는 언제나 어려움이 있습니다. 물이 떨어졌던 일은 처음 있었던 일도 아니었고, 어려운 일은 계속 있었습니다. 그래서 이준관 시인은 넘어져서 "빨갛게 피 맺혀 본 사람은 안다"고 노래합니다. 땅에는 돌이 박혀 있고 그것이 사람을 넘어지게 한다고, "넘어져서 가슴에 푸른 멍이 들어 본 사람은 안다"고 외칩니다. 그러나 시인은 거기에서 끝나지 않고 "땅에 박힌 돌부리, 가슴에 박힌 돌부리를 붙잡고 일어서야 한다"고 외칩니다. 그리고 그 박힌 돌부리가 나를 다시 일어서게

한다고 말합니다.[118]

그렇습니다. 인생길에는 '박힌 돌부리'도 있고, 힘들게 하는 가슴에 박힌 돌부리도 있습니다. 그러나 한 번쯤 넘어져 본 사람은 압니다. 그것을 붙잡고 다시 일어서야 하며, 나를 넘어지게 했던 그 박힌 돌이 하나님의 손에 들리면 그것은 오히려 내게 은혜의 사건이 될 수 있다는 사실을 …. 그래서 그 사람은 하나님께 나아갔고, 거기에 계시는 그분께 모든 시선을 집중하였으며, 간절히 그분의 도우심을 구하며 부르짖었습니다. 그때 하나님의 방법이 나타납니다. "호렙산에 있는 그 반석"을 지칭하며 그 반석을 치라고 명하십니다. 거대한 산맥군에 속한 호렙산에는 수천, 수만 개의 바위들이 있었지만 하나님께서 친히 지명하신 바위여야 했습니다. 그것이 하나님의 방법이었습니다. 물론 하늘에서 비가 내리게 하실 수도 있고, 샘을 터뜨려 물이 나오게도 하실 수 있었지만 '하나님의 산에 올라 반석 앞에 서라'고 말씀하셨고, 그 말씀에 순종했던 사람들을 통해 하나님의 방법은 나타납니다.

오늘 우리 인생길에도 크고 작은 문제가 있을 수 있습니다. 그곳을 지옥으로 만들 수도 있고 작은 천국으로 세울 수도 있습니다. 원망과 시비가 가득한 지옥과 같은 땅이 될 수도 있습니다. 하늘 평안과 축복을 맛보며 감사와 찬송, 희락과 사랑이 넘치는 곳으로 만들 수도 있고, 시기와 질투, 분쟁과 불평불만으로 가득찬 공동체로 만들 수도 있습니다. 물이 없다는 것은 심각한 어려움이었습니다. 건강을 잃었다는 것, 사업에 실패를 했다는 것, 경제적인 어려움이 있다는 것은 분명히 심각한 어려움입니다. 그러나 하나님을 의뢰하는 사람들, 하나님을 신뢰하는 믿음의 사람들은 그것을 극복할 수가 있었습니다.

> 그들은 믿음으로 나라들을 이기기도 하며 의를 행하기도 하며
> 약속을 받기도 하며 사자들의 입을 막기도 하며 불의 세력을 멸
> 하기도 하며 칼날을 피하기도 하며 연약한 가운데서 강하게 되
> 기도 하며 전쟁에 용감하게 되어 이방 사람들의 진을 물리치기
> 도 하며(히 11:33~34).

믿음이 약해진 그곳에 남아 있는 일이라고는 곤두박질치는 일밖에는 없습니다. 아직 문제투성이어도, 물이 없어 죽을 것 같은 삶의 상황에서도 믿음을 가지고 나아갈 수는 없을까요? 우리도 혹시 하나님 주신 축복의 자리를 므리바로 바꾸고 있지는 않습니까? 설령 문제로 얼룩진 땅에 지금 서있더라도 그곳을 불평의 땅, 원망의 땅으로 바꾸지는 맙시다. 그것을 불평의 재료로 삼지 말고 더욱 하나님께로 나아가는 재료로 삼아봅시다. 원망, 불평이 내 가슴속에서 춤을 추지 못하도록 합시다.
17세기, 영국국교회 사제이자 시인이었던 존 던(John Dunne)은 T. S. 엘리엇과 어네스트 헤밍웨이에게 깊은 영향을 주었던 인물이었습니다. 런던의 세인트 폴 대성당의 담임 사제로 있던 때 역병이 세 차례나 도시를 강타하였고, 세 번째에만 죽은 사람이 4만 명을 넘었습니다. 역병으로 인해 아내를 먼저 떠나보냈고 자신도 병에 걸려 죽음의 문턱에서 공포에 떨어야 했습니다. 누군가가 세상을 떠나면 교회에서는 조종을 울리곤 했는데 그 암울하던 때를 시에 담았습니다.

어느 누구도 떨어진 섬과 같이 홀로 서있는 사람은 없다.

모든 인간은 대륙의 한 조각, 대양의 일부

바닷물에 포구의 흙이 씻겨 나가면

유럽은 그만큼 작아지는 것

모래톱도 마찬가지

그대의 친구나 땅도 마찬가지

어떤 사람의 죽음이 나를 감소시킨다.

나도 그와 같이 인류 속에 포함되어 있기에

누가 죽어서 울리는 종이

누구를 위해 울리는지

그것을 알고 싶어 사람을 보내지 마라.

그 종은 바로 그대를 위해 울린다.[119]

헤밍웨이가 이 시의 일부—누구를 위해 울리는지—를 그의 책 제목으로 삼아 더 유명해진 바 있는 이 시는 시련의 시간에 고통에 대한 묵상을 담아 1624년에 출간한 작품집에 실렸습니다. 유명한 설교자였던 그는 비극의 이유를 알고자 사람들이 찾아왔을 때 하나님 앞에서 몸부림을 칩니다. 때로는 불안에 떨며 하나님에 대한 원망과 불평을 털어놓지만 그는 결코 하나님을 떠나지 않았습니다. 모든 간구와 눈물 속에는 하나님을 향한 믿음을 담았습니다. 침대에 누워 응답 없는 기도를 계속 드리면서 죽음을 생각할 때도 있었습니다. 그것이 하나님의 징벌인가요, 아니면 자연적인 것인가요? 깊이 묵상하면서 그것을 밝히는 것이 중요한 것이 아님을 깨닫습니다. 다 이해할 수 없어도 어떤 경우에도 하나님을 신뢰할 것이며, 그분을 우리 삶을 치유하시는 가장 믿을 만한 '의사'로 그는 확신하게 됩니다. 그래서 그는 이렇게 고백합니다. "당신은 제가 더 이상 후회하지 않아도 될 만큼 참회하게 하셨습니다. 오 주님, 저에게 주님을 향한 두려움을 주옵소서. 그리하면 그 어떤 것도 두려워하지 않게 될 것입니다."[120]

15

너도 두 손 높이 들고 살아라

예언자의 눈은 그가 살고 있는 현장에 쏠려 있다.
사회와 그 상황이 예언자의 중심 되는 발언 주제다.
그러나 그의 귀는 하느님께로 열려 있다.
그는 하느님의 현존하심과 그 영광에 얻어맞은 자요
하느님의 손에 사로잡힌 자임에도
그의 위대함은 하느님과 인간을 함께 생각할 수 있는 능력에 있다.

- 아브라함 J. 헤셸[121]

평화의 씨앗, 눈물로 심어 가며

2010년 11월 23일, 북한군에 의한 연평도 포격 사건으로 해병대 장병 2명과 민간인 2명이 목숨을 잃었고 20여 명이 중경상을 입은 적이 있습니다. 북방한계선이나 휴전선 일대에서 간혹 총격전을 벌이거나 해상 충돌을 빚은 적이 있지만 해상이 아닌 육지를 겨냥해, 그것도 민간이 사는 지역에 포격을 가하고 인명 피해까지 발생한 것은 한국전쟁 이후 처음 있는 일이었습니다. 전사한 해병대 장병 가운데 1명은 입대한 지 4개월도 안 된 이등병이었습니다. 그의 아버지는 아들이 신병교육을 무사히 마친 뒤 해병대 홈페이지에 올린 수료식 사진에 이런 댓글을 남겼습니다. "광욱아, 무더운 여름 날씨에 훈련 무사히 마치느라 고생했다. 푸른 제복에 빨간 명찰 멋지게 폼나는구나. 앞으로 해병으로 거듭 태어나길 기대하면서 건강하게 군 복무 무사히 마치길 아빠는 기도할게. 장하다, 우리 아들! 수고했다, 우리 아들!" 이것은 눈에 넣어도 아프지 않을 아들에게 아빠가 남긴 마지막 말이 되고 말았습니다.

또 다른 1명은 말년 휴가를 나가던 병장이었는데, 육지로 나가는 배를 타려고 부두에 나가다가 복귀 명령을 받고 부대로 돌아오는 길이었습니다. G20 회의로 연기되었던 휴가를 출발하였다가 떨어진 포탄에 희생을 당한 것입니다. 바로 전날 일기가 고르지 못해 휴가를 가지 못할 것을 염려하여 자신의 미니홈페이지에 "배야 꼭 떠라. 휴가 좀 나가자"라고 써놓았는데 북한의 연평도 포격 도발로 돌아올 수 없는 길을 떠나고 말았습니다. 광주에 있는 부모는 아들의 사망 소식을 듣고 쓰러지며 이렇게 말했습니다. "사실이 아니기를 바랐다. 불쌍한 내 새끼."

젊은 아들들이 이렇게 세상을 떠난 소식을 들으며 세계 유일의 분단국가인 우리 조국의 현실을 생각하게 됩니다. 지난 70년 동안 한반도 땅을 덮었던 전쟁 이야기가 이제는 끝이 나고 평화의 이야기가 시작되기를 바라는 마음이 더 간절합니다. 개성공단 폐쇄 이후 북한의 핵 개발과 잦은 미사일 발사는 한반도의 상황을 갈수록 어렵게 만들고 있습니다. 절대 이 땅에 전쟁은 없어야 합니다.

아주 오래전 군복무 시절 두 차례 팀스피릿 훈련에 참가한 적이 있었습니다. 한번은 포로운용 절차를 평가하는 한국군 장교 평가관으로 참여했습니다. 가상의 포로를 아군 지역에 떨어뜨리고 어떻게 포로를 생포하고 처리하는가를 관찰, 보고하는 업무였습니다. 미군 장교 1명과 함께 사흘 동안 작전 지역에 투입되어 관찰한 다음에 평가 보고서를 제출하면 되는 아주 쉽고도 편한 고급 임무였습니다. 그러나 그 다음해에 소대원들과 함께 참여하였을 때는 정말 고된 임무가 주어졌습니다. 가상 전쟁에서 최전방 주력부대 일원으로 횡성에서부터 여주까지 공격을 해야 했는데 작전을 수행하며 밤낮으로 걸어 여주에 이르렀을 때 후퇴명령이 내려지고, 다시 횡성까지 도보로 후퇴해야 하는 고단한 여정이었습니다. 후퇴 작전 중에는 공병이 남한강 위에 건설한 부교를 통해 도하를 하려고 하는데 벌써 황군이 먼저 와 있었고 함께 섞여 부교를 건넌 적이 있습니다. '실제 전쟁이었다면 우린 다 죽었다'라는 말을 하면서 후퇴했던 적이 있습니다.

아무리 힘든 훈련이라도 실제 전쟁과는 비교도 할 수 없습니다. 오래전, 군복무 시절에 경험한 그 훈련의 기간에 전쟁의 그림자를 밟으면서도 전율을 느꼈던 기억이 새롭고, 이 땅에서 다시는 전쟁이 없어야 한다고 가슴 깊이 새겼던 기억이 납니다. 그러나 그것은 다짐만으로는 안 됩니다. 우리 자녀들에게 전쟁의 두려움과 불안을 안겨주지 않아야 한다는 바람만으로도 안 됩니다. 다시는 꿈에도 그리던 휴가 길에 포탄에 맞아 우리 아들이 죽어 넘어지는 일이 이 땅에서 다시 일어나지 않게 하려는 노력이 필요합니다. 한반도 땅을 강대국의 전쟁터로 만들려는 시도와 우리의 삶을 전쟁터로 만들려는 우리 안의 폭력성도 단호히 거부해야 합니다. 박노해 시인은 모두를 죽이고 망하게 만드는 전쟁을 거

부하는 움직임이 우리 가운데서 번져나가야 한다면서 이렇게 주장합
니다.

> 일상에서 작은 폭력을 거부하며 사는 것
> 세상과 타인을 비판하듯 내 안을 잘 들여다보는 것
> 현실에 발을 굳게 딛고 마음의 평화를 키우는 것
>
> 경쟁하지 말고 각자 다른 역할이 있음을 인정하는 것
> 일을 더 잘 하는 것만이 아니라 더 좋은 사람이 되는 것
> 좀 더 친절하고 더 잘 나누며 예의를 지키는 것
>
> 전쟁의 세상에 살지만 전쟁이 내 안에 살지 않는 것
> 총과 폭탄 앞에서도 온유한 미소를 잃지 않는 것
> 폭력 앞에 비폭력으로, 그러나 끝까지 저항하는 것
> 전쟁을 반대하는 전쟁을 하는 것이 아니라
> 따뜻이 평화의 씨앗을 눈물로 심어 가는 것[122]

불행도 잘 주무르면 옥이 된다

그때 하나님의 은혜로 구원 받아 가나안을 향해 가던 이스라엘 백성
들은 전쟁 가운데 있었습니다. 광야에서 조상 대대로 살아온 아말렉 족
속들이 그들의 앞길을 막고 공격해 온 것입니다. 그들을 뛰어 넘지 못
하면 하나님의 예비하신 땅으로 한 걸음도 나아갈 수 없는 상황이었습

니다. 구원 받은 하나님의 백성으로 나아가고 있는데, 하나님의 말씀을 따라 나아왔는데 왜 이렇게 계속해서 어려움이 오는 것일까요? 물이 떨어져 죽을 지경이 되었다가 가까스로 생명을 건졌는데 전쟁은 왜 일어나는 것이며, 답답한 일은 왜 이렇게 이어지는 것일까요?

광야에서 어려운 일이 겹쳐올 때 사람들은 늘 불평을 터트리고 지도자를 원망하였습니다. 그런데 그때 르비딤에 서있던 사람들은 어려운 일이 겹쳐왔을 때 단지 불평하지 않고 한마음이 되고 있습니다. 어쩜 불평할 수도 없는 긴박한 전쟁 상황이었기 때문이었을 것입니다. 전쟁은 생명 자체를 위협하며 들어오고 있고, 그것을 이기지 못하면 모두가 죽임을 당하는 절박한 상황이었습니다. 그러나 반대로 전쟁 상황이기 때문에 지도자의 처신과 결정에 대해 불편해하며 불평할 수도 있는 상황이었습니다. 전쟁터는 목숨을 담보로 하는 싸움의 자리입니다. 모든 것을 걸어야 하는 자리이기에 하늘을 향해, 지도자의 결정에 대해 불평할 수 있는 자리였습니다.

사람이든 동물이든 함께 모여 사는 자리에는 언제나 전쟁이 있습니다. 개미박사로 알려져 있는 최재천은 개미 제국에도 전쟁이 있다면서 다음과 같은 사실을 알려줍니다.

> 아군의 목이 또 하나 잘려 땅바닥에 나뒹군다. 종일토록 벌인 긴 전투에 병력 손실이 적지 않다. 아군 하나마다 두세 명의 적이 덤벼들고 있다. 물밀듯이 밀려오는 적을 당할 길이 없다. 지원군을 불러들이기 위해 발 빠른 병사 몇몇이 후방으로 향한다. 삼국

지를 방불케 하는 이 장면은 실제로 개미사회에서 벌어지는 전투의 모습이다. 인간의 전쟁에서처럼 〈돌격〉 또는 〈작전상 후퇴〉 등의 구호를 외치며 진두지휘를 하는 사령관개미가 있는지는 아직 밝혀지지 않았으나 최소한 적의 병력을 파악하여 증원이 필요할 때는 신속히 집으로 돌아가 알리는 이른바 연락병개미가 있다는 사실이 관찰되었다. 미국 애리조나의 사막지대에 사는 꿀단지개미(honeypot ants)의 전쟁을 십수 년에 걸쳐 연구해 온 … 횔도블러 박사에 의해 발견된 현상이다.[123]

생명이 살아가는 곳에는 늘 전쟁이 있기 마련입니다. 우리가 걸어가는 인생길에도 수없이 많은 전쟁이 일어나고 있습니다. 때로는 삶의 난제와의 전쟁도 있고, 나 자신과의 전쟁도 있고, 세상의 흐름과 문화, 가치관과의 전쟁도 있습니다. 우리는 전쟁터에서 살아갑니다. 그때 이스라엘 백성들은 전쟁터에 서있었습니다. 아니 앞으로도 그들은 계속해서 전쟁터를 경험하게 될 것입니다. 광야에서 자신과 싸우고, 계속해서 몰려오는 의심과 싸우고, 불신앙과 싸우고, 미래에 대한 불안과 염려와도 싸워야 했습니다. 앞으로도 그들의 앞길을 막는 요단과 싸워야 하고, 더위와 싸워야 했으며, 그들의 발목을 잡는 가나안 족속들과 싸워야 하고, 자신들의 혼을 빼앗아 버리는 가나안의 현란한 문화와 싸워야 했습니다. 그날 부딪혀 온 전쟁은 불행한 일이었지만 앞으로 주어질 수많은 전쟁을 위한 영적 훈련의 기회가 되기도 했습니다.

그래서 신달자 시인은 짧은 시에서 불행한 일이라도 내던지지 말라고, 잘 주무르면 그것도 옥이 된다고 가르쳐 줍니다.[124] 지금 삶에 문제가 부딪혀 왔다고 함부로 생각하고, 판단하고, 내던지다 보면 박살난답니다. 아무리 불행한 일이라도 그것을 잘 대처해 간다면 나중에는 소중한 기억이 되고 보물이 될 것이라고 충고합니다.

또 손을 들었다

그때 홍해 앞에 서있던 모세는 손을 들었습니다. 오늘 전쟁터에 서있는 모세는 또 손을 들고 있습니다. 지도자인 사람이 이렇게 처신한 것을 보면 아마도 그 행동은 하나님의 명령에 기인한 것 같습니다. 홍해라는 거대한 장벽 앞에서 이스라엘은 불평하고 있었고, 그것은 모세도 마찬가지였습니다. "여호와께서 모세에게 이르시되 너는 … 지팡이를 들고 손을 바다 위로 내밀어 그것이 갈라지게 하라. 이스라엘 자손이 바다 가운데서 마른 땅으로 행하리라"(출 14:15~16). 커다란 문제에 직면하였을 때 하나님의 처방은 손을 높이 들라는 것이었습니다. 모세는 그 말씀대로 순종했습니다. "모세가 바다 위로 손을 내밀매 여호와께서 큰 동풍이 밤새도록 바닷물을 물러가게 하시니 물이 갈라져 바다가 마른 땅이 된지라"(출 14:21). 아마도 모세는 그 홍해 경험에서 철저하게 깨달았을 것입니다. '하나님 앞에서 손을 들고 살면 하나님의 방법이 나타나고 우리는 세워지는구나'. 그래서 모세는 오늘 아말렉과의 전쟁의 자리에서도 손을 들기로 작정합니다. 여호수아는 나가서 싸우게 하고, 자신은 산꼭대기에 올라가 손을 듭니다.

'손을 든다.' 이것은 아주 상징적 행동입니다. 누가 손을 듭니까? 위급한 상황에서 포로들이 손을 들고, 졸병들이 손을 듭니다. 그러나 모세는 포로도 아니었고 졸병도 아니었습니다. 그는 전쟁을 진두지휘하는 총사령관이었습니다. 전쟁터에서 졸병 한두 사람이 손을 들고 포로로 붙잡힌다고 해서 전쟁이 끝나지 않습니다. 그러나 총사령관이, 대장이 그렇게 하면 전쟁은 끝이 납니다. 모세가 전쟁터에서 그런 행동을 한 것을 보면 아마도 그것은 주신 명령이었고, 모세는 그것을 철저하게 경험했기 때문에 그렇게 행동하고 있을 것입니다. 문제 상황에서, 전쟁터에서 하나님께서 손을 들라고 한 것은 왜였을까요? "모세야, 손을 들어라. 네가 주인이 아니라 내가 주인이니라. 네가 대장이 아니고 내가 대장이니라." 하나님의 대장되심을 고백하는 것, 그것이 신앙생활입니다. 하나님의 주인 되심을 고백할 때 거기에서부터 예배가 시작되고, 기도가 시작됩니다.

신앙생활에서 늘 문제가 될 때는 내가 대장 노릇하려고 할 때입니다. 주님이 오셨던 절기에 한 여인의 "주의 계집종이오니 주의 말씀대로 이루어지이다"라는 가슴 떨리는 고백을 통해서 하나님은 일하셨고, 온 땅의 구주가 되실 주님은 이 땅에 오셨습니다. 하나님의 역사가 어느 때 나타납니까? 하늘 향해 두 손을 들고, "하나님이 대장이십니다. 하나님이 주인이십니다"를 고백하였을 때였습니다.

손을 높이 든다는 것은 기도의 의미로도 해석해 볼 수 있을 것 같습니다. 누가 기도합니까? 하나님이 세워주셔야 세워지고, 하나님이 높여주셔야 높아지고, 하나님이 지켜주셔야 지켜진다고 생각하는 사람은 기도의 손을 높이 들고 살아갑니다. 기도가 힘이고 능력입니다. 모세의 승리는 기도의 승리였으며, 여호수아의 승리는 기도의 승리였습니다. 그날 모세의 가슴에 심어준 말씀은 이것이었습니다. "모세야! 여기에서도 너는 손을 들고 살아라. 무릎 꿇고 살아라. 그러면 네가 서있는 땅이 물이 없고 전쟁이 일어난다 할지라도 그곳이 여호와 닛시의 땅이 된단다." 홍해를 지나고, 물 없는 르비딤 땅을 헤매면서 모세는 하나님의 뜻을 깨달았습니다. "너도 손들고 살아라." 이것은 단순히 르비딤 땅에서 일어난 한 전투에 대한 기록이 아니라 인생길을 걸어가는, 특히 믿음으로 구원받은 하나님의 백성들의 삶의 자세를 알려주는 말씀입니다.

문제는 손을 계속해서 들고 서있을 수 없다는 것이었습니다. 손을 들고 있으면 승리한다는 사실도 아는데 그렇게 손을 들고 서있을 수가 없었습니다. 홍해를 갈랐던 모세의 손도, 아말렉의 세력을 물러가게 하던 능력의 손이었지만 계속해서 들고 서있을 수 없었다는 데 딜레마가 있었습니다. 손만 들면 전쟁에서 이긴다는 사실을 확신하였지만 계속해서 손을 들고 서있을 수 없었다는 데 고민이 있었습니다. 우리는 초등학교 시절, 이런 것을 뼈저리게 경험하며 살지 않았던가요? 시골 초등학교에서 개구쟁이로 자라던 시절, 수업시간에 장난을 치거나 딴 짓을 하다가 선생님께 걸리면 복도에 나가서 손을 들고 서있어야 했습니다. 그런데 복도에 무릎 꿇고 손을 들고 있다 보면 1분도 못가서 손이 내려옵니다. 그러다가 선생님께 걸리면 벌이 가중되곤 했습니다. 그런데 계속해서 손을 들고 있을 수 없다는 사실은 선생님도 알고 있고, 학생도 압니다.

그때 모세도 계속해서 손을 들고 서있을 수가 없었습니다. 거기에서 필요한 사람이 누구였습니까? 아론과 훌이었습니다. 양쪽에서 손을 붙들어 올려줄 수 있는 사람이 필요했습니다. 마음이 통하는 사람과 함께 가면 길도 훨씬 가깝게 느껴지고 힘든 길도 쉽게 느껴집니다. 그때 영적으로 마음이 통했던 아론과 훌이 있었다는 것은 얼마나 복된 일이었습니까? 오늘 우리 인생길에도 아론과 훌이 필요합니다. 하나님께서는 우리 모두가 아론과 훌로 살라고 초청하십니다. 피곤하기만 한 세상에서 서로 받들어주고 힘 나눠주는 의자로 살라 하십니다.

어머니의 지혜를 시에 담아 전해 주는 이정록 시인은 역시 어머니의 이야기로 "의자"라는 시에서 이렇게 권고합니다. 병원에 갈 채비를 하던 어머니가 허리가 아프니까 세상이 다 의자로 보인다면서 "그늘 좋고 풍경 좋은데다가 의자 몇 개 내놓는 거"라고 외칩니다.[125] 평생 가족을 위해 헌신하신 어머니가 아들 가정을 걱정하며 내놓는 속 깊은 당부가 마음에 진한 감동으로 와 닿습니다. '의자'로 대변되는 표상은 서로에게 사랑이고, 위로며, 격려입니다. 모든 살아있는 것들은 살아가는 동안 나를 받들어 줄 의자를 필요로 합니다.

너도 손들고 살아라

그리고 전쟁터에 서있는 사람들에게 어떤 말씀으로 이어집니까? "모세야, 손을 들어라. 아론아, 손을 들어라. 훌아, 너도 손을 들어라. 그러면 너의 삶의 자리는 여호와 닛시의 자리가 될 것이다." 그리고 이 사실을 여호수아 세대에게 가르치라는 명령이 들려옵니다. "여호수아야,

열심히 싸우는 것도 필요하단다. 도와줄 사람을 찾는 것도 필요하단다. 적절한 곳에 잘 투자하는 것도 필요하단다." 그러나 손을 들고 사는 것은 더욱 필요하답니다. "너도 손들고 살아라." 그래서 이 말씀은 아예 성경에 기록하여 기억할 수 있게 하고 자녀들에게 가르치라고 말씀하십니다. 그러면서 주시는 말씀은 너를 괴롭히는 일은 앞으로 있겠지만 이렇게 하면 하나님께서 이렇게 역사하실 것이라고 약속합니다. "아말렉을 도말하여 … 기억함이 없게 하리라."

성경에 나오는 아말렉 족속은 아주 무자비하고도 비겁하게 연약하고 지친 상태에 있는 이스라엘 백성들을 늘 배후에서 기습 공격했던 족속이었습니다(신 25:18). 출애굽 후 이스라엘의 첫 대적이었던 아말렉은 이후에도 이스라엘을 대항하는 전쟁마다에 항상 앞장서서 하나님의 백성을 진멸하려 했던 족속이었습니다(민 24:20). 그들과의 전쟁은 결코 르비딤에서 끝나지 않았습니다. 사울과 다윗 왕 때도 그들과의 전쟁이 있었고(삼상 15:7, 27:8), 히스기야 왕이 통치하던 시대에도 있었습니다(대상 4:41~43). 심지어는 페르시아 땅에 유배되어 종살이하다가 가까스로 일어섰던 때에도 그들을 죽이려고 달려들었던 사람들이 아말렉 족속이었습니다(에 3:1). 하나님의 백성들을 괴롭히고 넘어뜨리려 하는 세력(아말렉)은 늘 있기 마련이고, 하나님의 주권을 인정하며 하늘 향해 두 손을 높이 들고 살 때 하나님께서는 대대로 싸우시겠답니다. 그리하여 우리가 걷는 사막 길도 여호와 닛시의 자리가 되게 하시겠답니다.

그분의 주권 앞에 두 손을 들 때 하나님께서 일하시는 신비의 역사가 준비되어 있습니다. 그래서 미국의 대각성운동을 주도했던 조나단 에

드워즈는 하나님의 절대 주권을 강조하면서 온통 하나님의 영광에 관한 지혜와 지식에 사로잡혀 살았습니다. 그것은 종교개혁자 장 칼뱅의 신학과 청교도 신학의 핵심이었습니다. 그리스도께 복종하는 것을 그의 소명으로 여기면서 에드워즈는 하나님의 주권을 인정하고 찬양하는 것은 인간의 최고의 기쁨이며 영광이라고 주장합니다. 손을 든다는 것은 그 영광의 하나님의 손에 붙들리겠다는 결단이었습니다.

상처를 향기로 바꾸는 사람

문제가 부딪혀 오면 당황하게 됩니다. 원치 않는 일이 생기면 마음이 불편하고 속이 상합니다. 삶을 살다보면 속이 상하는 일들은 늘 연달아 일어나는 것을 발견합니다. 언젠가 계속되는 그런 일로 인해서 마음이 상해 있을 때 저의 입술에 담아주셨던 고백은 이것이었습니다. "그래도 감사합니다."

칠순을 넘긴 할아버지가 있었습니다. 기운도 쇠하여 건강도 예전 같지 않아서 하던 일도 내려놓았습니다. 일을 못하니 수입도 없었고, 아이들이 용돈으로 보내주던 것도 어렵다고 줄어들었습니다. 그런데 새벽마다 나가서 엎드리면 이런 기도가 계속 나왔습니다. "하나님, 그래도 감사합니다." '그래도 감사합니다.' 이것은 가장 아름다운 신앙고백 중의 하나입니다. '내가 지금까지 살고 있다니 감사합니다. 그렇게 힘한 세월 용케도 이기고 여기에 서있으니 감사합니다. 이날 나를 힘들게 하는 문제가 있고 아픔이 있어도 하나님을 의지할 신앙을 주시니 감사합니다.'

언젠가 주간 중 일정이 많아 정기적으로 말씀 전하는 모임을 위해 저녁 늦게까지 말씀 준비를 하다가 몇 시간 쓰러져 자고 이른 새벽에 일어나 말씀을 마무리할 정도로 정말 피곤했던 날이 있었습니다. 그날도 여러 스케줄로 많이 바쁘게 보내야 하는 날이었습니다. 새벽길을 달려가면서 문득, '나는 왜 이렇게 허겁지겁 달리면서 살아야 하는 것이지' 하는 생각이 내 마음을 사로잡았습니다. 마음이 불편해지던 그 시간, 갑작스럽게 입술에 담아주신 찬송이 저절로 흘러 나왔습니다. "감사해요 주님의 사랑, 감사해요 주님의 은혜, 목소리 높여 주님을 찬양하고 또 찬양해요, 나의 전부이신 나의 주님."

오늘 우리도 전쟁터에 서있습니다. 나를 넘어뜨리고, 상처를 주고, 괴롭히는 수많은 문제들은 지금까지도 있었고, 또 앞으로도 있을 것입니다. 그것들 때문에 때론 마음이 상하기도 하고, 힘이 들 때도 있지만 살다보면 작은 것에서 큰 것까지 상처를 가슴에 담고 살지 않는 사람은 없습니다. 김재진 시인이 노래한 대로 인생길에는 수없이 많은 상처들로 덮여 있습니다. 그런데 시인은 그 자리를 향기로 덮고 있는 들판 이야기로 바꿉니다.

> 베어진 풀에서 향기가 난다
> 알고 보면 향기는 풀의 상처다
> 베이는 순간 사람들은 비명을 지르지만
> 비명 대신 풀들은 향기를 지른다
> 들판을 물들이는 초록의 상처 …

상처도 저토록 아름다운 것이 있다[126]

상처도 저토록 아름다운 것이 있답니다. 상처를 향기로 바꾸는 사람이 있답니다. "잘 익은 상처에선 꽃향기가 난다"고 외친 시인도 있고, "살다보면 하나 둘쯤 작은 상처 어이 없으랴"고 노래한 시인도 있습니다. 때로는 "아련한 상처 꺼내어 들고 먼지를 털어 훈장처럼 가슴에" 담을 때도 있지만 아무도 모르는 그 상처를 지니고 가는 것이 인생이라고 합니다.[127] 때로는 신음과 비명소리가 절로 터져 나오는 상처로 얼룩져 있는 그런 인생길을 걸어가고 있는 우리에게 하나님께서는 말씀하십니다. "너도 하늘 향해 손들고 살아라." 그때 초록의 상처들이 가득한 들판에서 비명 대신 풀들이 향기를 지르듯이 우리가 걸어가는 사막 길도 머잖아 향기로 덮일 것임을 약속하시며 주신 말씀입니다.

16

죽은 듯 서있는 겨울나무를 깨우는 새처럼

누가 이렇게 아름다운 이름 붙여 놓았는지요
망성리(望星里) … 별을 바라보는 마을
별이 뜨는 동쪽을 향해 따뜻하게 열린 마을 …
하늘가득 메밀꽃 피어 저 숨 막히는 별 밭
별을 바라보는 마을 아주 작은 마을
망성리 망성리 망성리 …

– 정일근[128]

길 끝에 선 사람

몇 년 전 집회를 인도한 적이 있는 춘천의 어느 교회의 권사님으로부터 이메일을 한 통 받은 적이 있습니다. 시집 와서 시댁 식구들이 출석하는 그 교회에 나가면서 힘든 일들이 있었지만 집회 때 은혜 받고 일어설 수 있었다고 종종 제 홈페이지에 글을 남기시던 분이었습니다. 권사님은 담임목사님의 근황을 전해 주시기 위해 메일을 보내셨는데 그 소식을 읽으면서 그냥 가슴이 먹먹해 왔습니다.

목사님! 혹시 우리 교회 소식 들으시나요? 우리 목사님 근황 아세요? 저희는 몇 주 전부터 눈물의 예배를 드리고 있어요. 목사님께서 작년 9월에 위암, 전립선암으로 6개월 남았다는 선고를 받고 걱정할까봐 교회에는 아무 말씀 안하셨고 별다른 치료도 못 받으시고 기도만 하신 거예요. 초가을부터 심한 기침으로 고생하시다가 한 달 전에야 당회에, 교회에 말씀하셔서 장로님들이 모시고 서울 가서 진단 받은 결과는 위암 말기, 임파선, 간에 전이되었다는 진단이 떨어졌어요. …

지난주 새신자 초청 잔치인 '해피데이' 행사를 갖느라 온 교회가 몇 달을 릴레이 기도하고, 전도하고, 그렇게 달렸는데 청천벽력 같은 소식에 모두가 망연자실할 수밖에 없었어요. 우리 목사님 열정이야 저희가 따라갈 수 없을 정도지요. 힘들게 힘들게 여기까지 달려 왔는데 …. 교회 옆에 아담하게 교육관 증축하고, 오후예배 후 임직자들만 모여서 입당예배 드리고, 그 다음주 '해피데이' 행사가 있는 날, 눈물로 설교를 하시고 어제는 1부 설교는 못하시고 2부 예배 설교만 겨우 하셨어요.

"비록 무화과나무가 무성하지 못하며 포도나무에 열매가 없으며 감람나무에 소출이 없으며 밭에 먹을 것이 없으며 우리에 양이 없으며 외양간에 소가 없을지라도 나는 여호와로 말미암아 즐거워하며 나의 구원의 하나님으로 말미암아 기뻐하리로다." 하박국 선지자의 고백, 그리고 우리 목사님의 고백을 담은 설교였어요. 때론 힘들게 하는 사람을 미워하기도 했고, 교회를 키우려는 욕심에 교인들을 힘들게 한 것, 용서해 달라고 하셨어요. 그리고 이제 남은 생애는 하나님 한 분만으로 감사하면서 살자고 하셨어요.

교회를 지나 출근할 때마다 울면서 직장에 나가요. 뭐라고 기도를 해야 하는지 …. 삶의 현장은 절망적인데 다가오는 목사님의 죽음을 앞두고 우리는 어떻게 기도해야 하는지 …. 어제 설교 중에 무화과 열매에 대한 말씀을 하시다가 '요즘에는 없는 무화과가 먹고 싶어요' 하시길래 춘천에 있는 백화점, 대형마트, 과일가게에 다 전화해도 무화과가 없더라구요. 목사님 돌아가시기 전 원하시는 것을 다 해 드리고 싶은데 그거 하나 해 드릴 수 없어서 속이 상했어요. 목사님, 기도해 주세요. 구역마다 요일을 정해 교회에서 예배드리고 있어요. 임직 받던 날의 감격과 기도는 다 잊고 목사님을 더 사랑하지 못했음이, 그리고 가끔 사모님의 야윈 모습을 보면서도 눈치 채지 못한 어리석음이 안타깝기만 합니다. 목사님은 자기를 위로하지도 말고 동정하지도 말라고 하셨어요. '목사님, 많이 사랑하는 거 아시지요?' 했더니 그냥 웃으시더라구요.

50대 초반에 부름 받은 늦깎이 신학생으로 신대원 시절에 서울에서 춘천까지 다니며 그 교회에서 교육전도사로 열심히 사역했고, 다른 교회에서 부목사로 섬기던 중에 담임목사로 청빙을 받은 분이었습니다. 교회가 어려운 상황이었는데 담임목회를 시작하신 지 불과 2년 남짓

되었을 때 집회 인도를 부탁해 왔습니다. 행복하게 목회하시는 모습이 얼마나 보기 좋았던지, 열정과 교회를 사랑하는 마음 하나로 힘차게 달리던 모습이 지금도 눈에 선합니다. 목요일 새벽마다 정기적으로 말씀 전하는 곳이 있어서 마지막 날, 수요일 저녁 집회를 서둘러 마치고 서울까지 달려가야 해서 마음이 분주한 시간에 축도 마치고 내려오니 애기 업은 엄마들이 달려와 강사 붙잡고 안수해 달라고 하였습니다. 아이들 안수 마치고 났더니 예배에 참석한 초등학생들이 우리도 기도해 달라고 해서 함께 세워놓고 기도하고 났더니 중고등학생들과 청년들이 그리 부탁을 해 와서 예배 마치고 나서 교인들과 함께 서서 거의 40분이 넘게 아이들을 위해 안수 기도를 했던 인상 깊은 교회였습니다.

집회 이후 어느 목회자 세미나에 강의 갔다가 거기에 참석하신 그 목사님을 만났습니다. 달려와 인사하는데 처음에는 알아보지 못할 정도로 얼굴이 달라져 있어 조심스럽게 건강이 안 좋으시냐고 물었더니 좋다고, 교회 어떠냐고 물었더니 행복하게 목회 잘 감당하고 있다고 대답하셨습니다. 권사님의 이메일을 받고서야 알았지만 그 목사님은 그때 암세포가 온몸을 덮어가고 있던 때에 목회를 더 잘 감당하고자 아픈 몸을 이끌고 그 세미나에 참석하신 것이었습니다. 나중에야 그 사실을 알고 전화를 드렸더니 걱정 끼칠까 봐 말씀을 안 드렸다고 했습니다. 사역을 시작한 날부터 마지막 순간까지 아름다운 모습으로 섬기고 계시는 목사님의 마지막 사역의 이야기를 전해 들으면서 가슴이 저려와서 절로 기도가 되었습니다.

늦깎이로 사역의 길로 접어든 이후 건강 악화로 목회의 길 끝에 서있는 그 목사님을 위해 기도하며 문득 "길 끝에 서면 모두가 아름답다"고 노래한 문정희 시인의 시가 떠올랐습니다. 세상에 잠시 발붙이고 살다 떠나는 것인데 먼 이별을 앞에 두고 타오르지 않는 것이 어디 있겠느냐고 시인은 외칩니다. 겨울 소나무 가지는 이제 마지막 자기 몸을 불태워서 아궁이에 불을 지피고 있습니다. 꽃보다 아름다운 것은 마지막까지 불태우는 그 열정 때문이라는 시인의 외침, 그래서 길 끝에 서있지만 이런 열정으로 살아가면 모두가 아름다운 것이라는 외침이 가슴에 깊이 와 닿습니다.[129] 이제 이 땅의 모든 여정을 불태우듯 마치고 천국에 계실 그 목사님이 더욱 아름답게만 느껴지는 이유는 그 마지막 순간까지 불태우듯 자신을 드린 후에 홀연히 떠나셨기 때문입니다. 언젠가 우리에게도 꼭 한 번은 이 땅에서의 마지막인 그 순간이 올 것입니다. 늘 마지막을 처음처럼 살고, 처음 나선 길이라도 길 끝에 서있는 것처럼 그렇게 살 일입니다.

부르심에 온전히 사로잡혀

우리는 사막 길을 걸어가고 있는 모세에게서도 그런 모습을 보게 됩니다. 마지막도 처음처럼, 처음도 마지막처럼 믿음으로 살았던 사람, 모세, 그는 처음 하나님의 부르심을 받은 시간부터 그의 인생 마지막까지 온전히 하나님의 말씀에 붙들려 살았던 사람이었음을 성경은 증언합니다. 모세와 이스라엘 백성들은 애굽을 떠난 지 3개월 만에 시내 광야에 이르렀습니다. 가슴 벅찬 승리를 경험했던 르비딤 땅을 떠나 시내 광야에 이르게 되었는데 이 광경을 기록하고 있는 출애굽기 19장은 이스라엘 백성들이 르비딤을 떠나 시내 광야에 이르러 거기 산 앞에 장막을 쳤다는 사실을 그림 그리듯 보여줍니다(출 19:1~2). 이스라엘 백성들이 이집트를 떠나던 달을 한 해의 시작으로 삼았으니 3개월이 지났다는 말은 '시완월'인데 오늘의 월력으로 치면 5~6월에 해당하는 때입니다. 본격적인 무더위가 시작되는 때에 그들은 벅찬 감격을 맛보았던 르비딤 땅을 떠나 시내 광야(사막)를 걸어가고 있었다는 말입니다.

얼마나 더 걸어가야 할지 아직 가늠도 안 되는 시간에 지금 그들이 사막 길을 가고 있습니다. 그렇게 먼 길을 걸어가던 중에 그들은 한 산에 도착했답니다. 출애굽기 19장은 이 사실을 이렇게 알려줍니다. "이스라엘이 거기 산 앞에 …"(출 19:2). 성경에 자주 등장하는 이 산은 시내산을 지칭하는데 하나님의 산(출 3:1), 호렙(신 9:8), 여호와의 산(민 10:33) 등으로도 묘사됩니다. 시내산의 정확한 위치에 대해서는 많은 논란이 있고, 학자들이 시내산이라고 추정하는 숫자만도 22개 이상이어서 히브리대학교의 교수인 요엘 엘리쭈르(Yoel Elitzur)는 시내산을 연구하는 학자들의 수만큼이나 많을 것이라고 주장하기도 합니다. 단정할 수 있는 객관적 증거가 미흡한 것이 사실이지만 주후 4세기 이후 비잔틴 시대 때부터 오늘날 수에즈 만과 아카바 만 사이의 V자형 반도 남단에 위치한 거대한 산맥에 있는 해발 2,285m의 바위산, 제벨 무사(Gebel Musa, 모세의 산)로 부르는 산입니다. 아랍인들이 이 지역을 점령한 후에 그렇게 부르기 시작하여 붙여진 이름입니다. 봉우리는 화강암으로 되어 있고 시내반도 남부 산악지역에 속해 있습니다.

시내산은 모세가 하나님의 부르심을 받았던 산(호렙)이요, 하나님께서 율법을 주신 산이며, 하나님께서 거하시는 산(시 68:8, 17)으로 성경은 묘사합니다. 신명기와 하박국서 기자는 그것을 바란산으로도 기록합니다(신 33:2, 합 3:3). 불타는 떨기나무를 통해 하나님의 신비를 친히 맛보았던 바로 그곳에 지금 모세가 올라가고 있었습니다(출 19:3). 좋은 자리를 잡아 장막을 치고, 식사를 준비하고, 피곤한 몸을 누일 궁리를 하고 있을 때 그는 지금 하나님의 산에 오르고 있습니다.

하나님께서 호렙산 떨기나무 사이에 나타나셔서 처음으로 모세를 부르신 후 그에게 주셨던 말씀은 이스라엘 백성들이 출애굽하여 이곳 시내산에서 하나님을 경배하며 섬기게 될 것이라는 말씀이었습니다(출 3:12). 그곳에 이르렀을 때 모세는 그 말씀을 기억하고 바로 하나님께로 나아간 것입니다. "하나님 그때 말씀하셨지요? 우리가 이곳에서 어떻게 하나님을 섬겨야 할지요?" 지시를 받기 위함이었습니다. 어디로 가야 할지, 얼마큼 더 가야 할지 아득하게 느껴질 때 그는 하나님의 말씀을 기다리며 하나님의 산 호렙에 오르고 있습니다. 그분의 뜻과 말씀에 붙들리기를 원했기 때문입니다.

캐나다 토론토 부근 국경 지역에는 영성신학자 헨리 나우웬이 하버드대학교 교수직을 내려놓고 그의 인생의 마지막을 보냈던 조그만 장애인 공동체인 라르쉬 데이브레이크(Daybreak) 공동체가 있습니다. 심리학과 신학을 공부한 후 노트르담대학교와 예일대학교, 하버드대학교 등에서 가르쳤던 그는 학자로서, 작가로서 최고의 삶을 살았던 사람이었습니다. 언제나 자신이 누리는 성공과 풍요에 대한 죄책감과 함께 하나님의 뜻을 알고자 하는 강력한 내면적 추구를 가지고 살았습니다.

한때 예일대 교수를 그만두고 남미의 빈민들을 찾아가 섬기다가 다시 하버드대 교수로 부름을 받았지만 그곳에서 영혼의 안식을 누리지 못했습니다. 결국 그는 모든 것을 다 내려놓고 1986년 정신지체인 시설인 그곳에 들어가 봉사의 삶을 살다가 1996년 심장마비로 세상을 떠났습니다. 세계적 명성을 가진 석학이 30명도 안 되는 장애우 몇 사람과 생을 보낸다는 것은 국가적으로도 낭비라고 설득했지만 나우웬은 이렇게 대답했습니다. "그동안 오르막길만 올라갔습니다. 이제는 내리막 인생길을 걷고 싶어요. 이유는 간단합니다. 내 영혼의 선장이신 예수 그리스도를 가까이 하고 싶어서입니다." 또한 "그리스도를 쫓으며 성공과 성취, 명예의 세계를 떠나서 예수님 한 분만을 믿고 의지하라는 실제적인 부름"이 주어졌기 때문이라고 말합니다.[130]

하늘의 부르심에 사로잡혀 그는 그곳에서 인생의 마지막을 살았습니다. 그곳에 가면 조그맣고 초라한 벤치가 있는데 생전 나우웬이 즐겨 앉았던 벤치여서 흔히 '나우웬의 벤치'라고 불립니다. 그곳에 앉아서 작은 장애인 공동체를 바라보면 적막한 느낌이 들고, 세상적인 눈으로 보면 작고 초라한 곳으로 보이는 것이 일반적인 생각이었습니다. 그러나 그 초라한 벤치는 어쩜 나우웬이 하나님과 만나는 비밀의 장소였을 것입니다. 세상이 눈길조차 주지 않는 작은 그곳에서 오직 주님께 발견되기 위해 몸부림쳤던 영적 여정의 길목이었던 셈입니다. 작은 벤치에 앉아 자신을 깊이 성찰했을 그를 생각하면 종종 떠오르는 단상이 있습니다. '아, 나는 지금 어디를 향해 달리고 있는가? 내 영혼의 선장께서 지금 나를 주목하고 계시는데 나는 지금 무엇을 움켜쥐기 위해 달리고

있는가?'

다가오시는 분이 계셨다

모세도 지금 그곳에서 대장되시는 주님, 험한 인생길의 선장 되시는 그분을 바라보고 있었습니다. 하나님께서 주신 말씀과 약속을 기억하며 그분 앞으로 나아가는 그에게 하나님께서 다가오십니다. 아니, 하나님께서 먼저 이스라엘 백성들에게 다가오셨습니다. 그날 험한 인생 항로 한복판에서 하나님의 말씀을 기억하고 하나님 앞으로 나아가는 그에게 하나님이 다가오고 계셨습니다. "여호와께서 산에서 그를 불러 말씀하시되 …"(출 19:3). 성탄은 하나님의 다가오심의 사건이고, 성육신은 말씀이 육신이 되어 우리 가운데 거하시는 사건입니다. 예수 그리스도께서 다가오심과 거하심, 그때 세상의 어두움은 물러가고 사람들은 빛 가운데 거하게 됩니다. 어두움은 결코 빛을 이기지 못합니다. 그 사실을 지켜보았던 요한은 떨리는 목소리로 그 복음을 우리에게 이렇게 전해 줍니다. "말씀이 육신이 되어 우리 가운데 거하시매 우리가 그 영광을 보니 아버지의 독생자의 영광이요, 은혜와 진리가 충만하더라"(요 1:14). 그 척박한 땅, 사막에 그분이 거하심으로 그 메마른 땅이, 그 황망하던 바위산이 갑자기 하늘의 영광으로 가득합니다. 하나님이 강림하시니 물 한 모금, 풀 한 포기 없던 사망의 땅이 생명의 땅으로 바뀝니다.

몇 년 전, 새벽 1시에 일어나 모세가 올랐을 그곳을 오르던 기억이 지금도 생생합니다. 모두가 낙타를 타고 올라갈 때 저는 모세의 심정을 느껴보고 싶어서 도보로 2시간 새벽 등정을 시작했습니다. 오래전 그곳 어느 산길을 따라 올랐을 모세의 심정을 그대로 느끼며 시내산 정상에 올랐고, 새벽 4시 30분경에 동녘 하늘이 붉게 물들어 오던 그날의 감격을 잊을 수가 없습니다. 모세는 지금 하나님의 말씀을 받으러 산에 오릅니다. 하나님께서 이 민족을 어떻게 이끌어 가실지, 우리 가정과 교회를 어떻게 이끌어 가실지, 그 말씀을 기다리며 이른 새벽에 산을 오르고 있었습니다.

모세가 하나님께 달려 나아가니 백성을 인도할 말씀을 주십니다. 그것은 이제 이스라엘 백성들이 붙잡고 달려야 할 말씀이었고, 처음 시작도, 마지막도 늘 가슴에 품고 달려야 할 말씀이었습니다. 그것은 야곱의 집에 말하고 이스라엘 자손에게 말해야 할 말씀입니다. "여호와께서 산에서 그를 불러 말씀하시되 너는 이같이 야곱의 집에 말하고 이스라엘 자손들에게 말하라"(출 19:3). 말씀하시는 하나님께서는 그것을 전하라는 사실을 강조하기 위해 "말하라"를 두 차례 반복해서 사용하고 있습니다. 개역한글 성경에는 "이르고 … 고하라"로 번역했는데 개역개정판 성경은 "말하고 … 말하라"로 번역합니다. 같은 의미를 가진 표현이지만 원어에서는 다른 단어를 사용하는데, 히브리어 '아마르'와 '나가드'라는 단어가 그것입니다. 여기에서는 강한 의지가 담긴 명령형 동사가 사용되는데, 하나님께서 주신 말씀을 '너는 말해야 한다'와 '너는 알려야 한다'로 번역할 수 있을 것입니다. 감격하며 받았던 그 말씀을 모세는 이제 백성들에게 분명히 말하고 알려야 할 책임이 있다는 말씀입니다.

그 밝음에 사로잡혀 살아라

또한 여기에서는 '야곱 족속'과 '이스라엘 자손'이라는 비슷한 뜻을 가진 두 가지 칭호가 사용되는데 그것은 언약적 호칭이었습니다. '야곱'은 족장으로 부름 받기 이전의 이름이라면 '이스라엘'은 부름 받은 이후의 이름입니다. 오래전부터 하나님의 말씀과 약속을 따라 지금 인도하고 계신다는 뜻을 담고 있습니다. 또한 사람은 실패하지만 하나님은 실패하지 않으시며, 사람은 하나님을 배반하지만 하나님께서는 그리하시지 않는다는 의미를 담고 있습니다. 또한 하나님의 뜻을 따라 살기로 작정한 사람뿐만 아니라 그렇지 못한 사람에게도 그 뜻과 말씀을 전해야 한다는 의미를 담고 있습니다.

어떤 할머니가 횡단보도 앞에서 길을 건너기 위해 좌우를 살피고 있었습니다. 그때 친절하게 생긴 한 청년이 다가와 말했습니다. "할머니, 제가 안전하게 건널 수 있도록 도와드릴게요." "이런 친절하기도 해라! 고마워, 젊은이!" 할머니는 청년의 호의를 고맙게 받아들이고는 횡단보도의 불이 빨간불인데 그냥 건너가려고 했습니다. 그 청년이 깜짝 놀라며 할머니를 말렸습니다. "할머니, 아직 아니에요. 지금은 빨간불이거든요." 그러자 할머니는 청년의 뒤통수를 냅다 치면서 이렇게 말했습니다. "이놈아, 파란불일 때는 나 혼자서도 충분히 건널 수 있어!"

신앙은 빨간불일 때, 어려울 때만 필요한 것은 아닙니다. 하나님은 내가 필요할 때만 불러 사용하는 도구일 수 없습니다. 하나님의 말씀은 내 만족과 기쁨을 위해서 사용하는 것일 수 없습니다. 나의 모든 것을 하늘에 맡기고 하나님이 기뻐하시는 것을 수행하며 오늘 여기에서, 주어진 삶 속에서 최선을 다해 사는 것입니다. 주신 말씀의 요지는 하나님이 인도하셨다는 것입니다. 그래서 말씀은 주께서 독수리 날개로 그들을 업어서 여기까지 인도하셨다는 사실을 강조합니다. 그러한 하나님의 구속의 은혜가 선포된 다음에 언약의 말씀이 펼쳐집니다. "세계가 다 내게 속하였나니 너희가 내 말을 잘 듣고 내 언약을 지키면 너희는 모든 민족 중에서 내 소유가 되겠고 너희가 내게 대하여 제사장 나라가 되며 거룩한 백성이 되리라. 너는 이 말을 이스라엘 자손에게 전할지니라"(출 19:5~6).

언약을 기억하고 그것을 지키면서 살아가는 길이 승리의 길이라는 것입니다. 하나님의 백성과 소유가 될 수 있는 유일한 길은 말씀을 따라 하나님의 백성으로 굳게 서나가는 것입니다. 그때 그들은 하나님을 섬기는 제사장 나라가 될 것, 그들을 통해서 온 세상 가운데 하나님의 나라와 역사하심이 선명하게 드러나게 될 것입니다. 감격하여 모세가 결단하였고, 산 아래로 내려와 하나님의 말씀을 이스라엘 백성들에게 전합니다. 그 말씀을 듣고 지도자들과 백성들이 결단하더랍니다. "여호와께서 명령하신 대로 우리가 다 행하리이다"(출 19:8). 그때 하나님의 영광이 그 산을 다시 사로잡아 버렸으며, 메마른 사막 땅이, 나무 한 그루 없는 바위산이 여호와의 산이 되고 영광의 땅이 되었답니다. 하나님의 말씀을 듣고 감격하여 그들의 인생길의 주인으로 하나님을 모셔 들였을 때 그 메마른 사막이 하나님의 영광의 땅이 됩니다. 성경은 메마른 인생길을 걸어가던 사람들이 영광의 인생으로 바뀐 이야기로 채워져 있습니다. 문득 사람 눈이 밝으면 얼마나 밝고, 사람 귀가 밝으면 얼마나 밝겠느냐고 외친 윤석중 님의 시구가 가슴에 와 닿았습니다. 산 너머를 못 보기는 마찬가지이고, 강 너머를 못 듣기도 마찬가지라면서 마음의 눈이 밝고 마음의 귀가 밝으면 어둠은 사라지고 새 세상이 열린다고 외칩니다.[131]

사람의 밝음이 있고, 하나님의 밝음이 있습니다. 지금 이스라엘은 메마른 사막 길을 걸어가야 하는 고단하고도 깊은 어두움 가운데 놓여 있습니다. 그런데 그들이 하나님의 밝음에 사로잡혔을 때 그곳은 전혀 새로운 세계가 됩니다. 지금 하나님께서는 모세의 가슴에, 이스라엘 백성들의 마음에 그 사실을 심어주고 있었던 것입니다. '이 광야에서도, 가나안에서도 하나님의 밝음에 사로잡혀 살며, 젊은 날에도, 노년에도 하나님의 밝음에 사로잡혀 살아라.' 아 아름다운 사막의 소리여.

작은 겨울새들의 행진

어차피 우리는 인생이라는 사막 길을 더듬으면서 가야 합니다. 어느 시인의 고백처럼 "우리 생애의 반은 사막"으로 되어 있는 그 길을 갑니다. 처음처럼 마지막도 그런 마음으로 설 수 있다면, 하나님의 말씀을 받으러 늘 산에 오를 수 있다면, 그리고 그 말씀으로 내 텅 빈 가슴과 고단한 사람을 채울 수 있다면, 내 재주로, 내 밝음으로 살지 않고 하나님의 말씀에 붙들려 나아갈 수 있다면 우리의 남은 인생길도 하늘의 밝음으로 가득하게 될 것입니다. 사막의 모래 바람은 우리의 발자국을 지워 버리고, "존재하는 모든 것을 모래로 덮어 버려"도 "하늘도 구름도 사막"으로 보여도 나의 영혼을 어루만지는 데는 사막만큼 좋은 곳이 없기에 사막의 교부들은 그곳으로 달려간 것이 아니겠습니까? 그곳에서 다른 것으로 채우려 하지 않고 하늘의 말씀으로 채우려고 몸부림을 친 것이 아니겠습니까? 한겨울에도 겨울나무가 생명을 끌어가고 겨울을 이겨가고 있으며, 눈 덮인 설원에서도 매화는 꽃망울을 터뜨립니다.

그래서 꽃의 시인 김춘수는 잎을 따고 가치를 치고 나면 겨울나무에게는 하늘이 넓어진다고 노래합니다.[132] 지금 비록 온몸을 얼어붙게 만드는 겨울을 살고 있고, 잎사귀도 다 떨어지고, 뼈를 깎는 아픔이 나를 둘러싸고 있으며, 열심히 살았다고 생각했는데 돌이켜 보니 화려한 꽃도, 자태도 없고 잎사귀도 보이지 않습니다. 그러나 흰 눈 뒤집어 쓴 겨울나무에는 하늘이 넓어진답니다. 그렇습니다. 영웅과 같은 화려함이 있었지만 모세의 삶의 자리는 지금 막막한 초겨울이 시작되고 있었습니다. 그러한 모세에게 하늘이 열리고 말씀이 들려오자 하늘이 넓어집니다. 혹 지금 나도 한겨울의 시간을 보내고 있으며, 겨울나무로 서있다는 생각이 들 수도 있습니다. 작은 몸뚱이로 겨울을 이겨내야 하는 배고픈 겨울새와 같다는 생각이 들 수도 있습니다.

복효근 시인은 그런 추운 겨울을 사는 겨울새에 대해 겨울 등달에 제 심장만한 난로를 지피고 있다고 노래합니다. 함께 모여 있으면 새의 난로는 더 따숩습니다. 겨울에도 따뜻한 심장을 가진 겨울새는 "너무 깊이 잠들어서 꽃눈 잎눈 만드는 것을 잊거나 두레박질을 게을리하는 나무를 흔들어 깨우는 일"을 한답니다. "눈꽃 얼음꽃이 제 꽃인 줄 알고 제 꽃의 향기와 색깔을 잊는 일이 없도록" 때맞춰 잠들어 있는 나무들에게 새소리를 들려준답니다. 그리고 가끔씩은 "얼어붙은 것들의 이마를

한 번씩 콕콕 부리로 건드려 주는 일"을 하다 보니 겨울새는 둥지를 틀 틈이 없답니다.[133]

겨울새의 사명은 너무 깊이 잠든 세상과 사람들을 톡톡 건드려 깨우는 것이라는 시인의 가슴에 깊이 와 닿습니다. 겨울에 너무 움츠려 잠든 사람들이 꽃눈, 잎눈 만드는 것을 잊고 있을 때, 두레박질을 게을리 하고 있을 때 흔들어 깨우는 일이 겨울새의 사명이라는 것입니다. 겨울새의 사명, 깊은 잠에 빠져 얼어붙은 것들이, 눈꽃이 자기 것인 것처럼 착각하고 잠들어 있는 세상을 흔들어 깨우는 그 사명이 그리스도인들에게 주어졌습니다. 모세는 그런 사명을 가졌습니다. 교회는 그런 목적을 위해 부름 받았습니다. '죽은 듯 서있는 겨울나무를 깨우는 겨울새로 살아라!'

그래서 모세는 사람들이 장막을 치고, 일상에 젖어 잠들어 있는 이른 새벽에 산을 오르고 있습니다. 그리고 말씀을 그의 가슴에 채우고, 삶에 채운 다음에 내려와 잠들어 있는 사람들을 말씀으로 톡톡 건드려 깨우고 있습니다. 주님께서도 세상을 깨우기 위해 하늘 보좌를 버리시고 이 땅을 향해 달려오셨습니다. 그리고 잠든 우리 영혼을 하늘의 말씀으로 깨우셨습니다. 그리고 세상을 깨우는 겨울새의 사명을 안겨 주시며 우리를 보내고 계십니다. 작은 겨울새들은 잠든 이들을 깨우기 위해 그 길을 달려갑니다.

17

쓰러지면 다시 일어서는 갈대처럼

어머니, 아버지
다시 한 번 예전처럼 말해 주세요
나는 없이 살아도 그렇게 살지 않았다고
나는 대학 안 나와도 그런 짓 하지 않았다고
어떤 경우에도 아닌 건 아니다
가슴 펴고 살아가라고

– 박노해[134]

불평의 땅에서 산다

어릴 적, 눈을 떠 창문을 열면 하얀 눈으로 덮여 있는 세상이 얼마나 행복하게 했는지 모릅니다. 놀이가 많지 않았던 시골에서 쌓인 눈은 오전 내내 신나게 썰매를 탈 수 있는 놀이를 제공해 주기 때문일 것입니다. 그래서인지 아직도 눈이 내린 아침은 참 행복한 생각이 드는 한량기가 있습니다. 그러나 어린아이에게는 신나는 일일지 모르지만 눈 내린 날 아침은 교통 대란으로 이어지는 힘든 아침이 될 수도 있습니다. 눈이 온 아침은 두 가지 가능성, 즉 불평할 수 있는 가능성과 아름다운 선물에 취할 수 있는 가능성이 공존합니다.

신경림 시인은 눈이 온 아침을 소재로 한 그의 시에서 늙은 나무들끼리 "이 겨울을 어찌 나려느냐고, 내년에는 또 꽃을 피울 거냐고" 기침을 하고 눈을 털면서 안부를 묻는다고 전합니다.[135] 눈이 온 춥고 가슴 시린 날 아침에 잘 잤느냐고 사랑하는 사람들끼리 안부를 묻는 아침이고, 내년에도 꽃은 피울 거냐고 내일을 생각하는 시간이라는 시인의 설명이 아름답고 인상적입니다. 지금 비록 힘든 시간이라고, 어려운 시간이라고 주저앉아 있어서는 안 되고, 눈이 온 아침은 서로 안부를 물으며 내일을 생각하고 꽃을 생각하는 시간이며, 비록 나이가 들었고 버려진 상황이라도 살아있음에 감사하면서 눈을 털며 일어서야 한다고 서로 격려하는 시간이랍니다.

눈 온 아침, 어떤 사람들은 불평과 염려로 채울 수도 있습니다. 인생길을 걸어가다 보면 불평하고, 걱정하고, 염려할 일들이 참 많이 있습니다. 눈 온 아침과 같이 나를 힘들게 하는 일들로 인해 불평과 염려로 그 아침을 채울 수도 있고, 온 산하를 치장한 아름다움에 취할 수도 있습니다. 눈 온 아침에 취한 작은 선택이 그날을 행복하게도 만들고, 짜증과 불평으로 채울 수도 있습니다. 문제는 그 선택들이 우리의 습관을 이루면서 인생의 시간들을 결정해 간다는 사실이 중요합니다.

몇 년 전, 부산의 어느 교회 집회를 인도하는 중에 그 교회 목사님으로부터 시작하여 거의 모든 교인이 보라색 팔찌를 하고 있는 것을 보았습니다. 건강 팔찌를 하고 있는 것으로 생각했습니다. 식사를 하는데 장로님 한 분이 부인에게 뭐라고 불평을 하니까 이렇게 말을 했습니다.

"장로님, 팔찌 바꿔 차야겠는데요" 그러자 꼼짝 못하고 오른쪽 손에 차고 있던 팔찌를 왼손으로 바꿔 차는 것이었습니다. '불평제로 팔찌'였습니다. 요즘에는 한국의 여러 교회에서도 그 프로그램을 도입해서 많이 시행하기도 하는데 그때만 해도 많이 알려지지 않은 프로그램이었습니다. '불평제로 프로젝트'(Complaint Free World Project)는 미국의 미주리 주 캔자스시티의 한 작은 교회에서 시작된 운동이었습니다.[136]

이 운동을 시작한 윌 보웬 목사는 많은 불평 속에서 사는 자신이 부끄러웠고, 하루에도 수십 번씩 불평을 늘어놓는 사람들의 모습을 보면서 어떻게 하면 불평을 줄일 수 있을까 하는 고민으로부터 시작한 운동이었습니다. "인간이 겪는 모든 불행의 뿌리에는 불평이 있다"는 것과 쉽게 내뱉는 부정적인 말은 부정적인 생각으로, 더 나아가 부정적인 결과로 이어지게 마련이라는 생각에서 사람들에게 보라색 밴드를 나누어주고 21일간 불평을 참아보라고 제안하였습니다. 만약 자신의 입에서 불평이 나오면 오른손에 있던 밴드를 왼손으로 옮기게 하고, 처음부터 21일을 다시 시작하게 했습니다. 모든 불행의 시작은 불평하는 데서부터 시작된다는 생각에서였습니다. '내가 지금 불평하고 원망하고 있구나' 하고 단순한 자각과 깨달음만으로 자신의 삶을 크게 바꿀 수 있다고 주장합니다.

여기에서 21일은 새로운 행동이 습관으로 자리잡는 데 평균적으로 필요한 시간입니다. 불평도 반복하면 습관이 되고, 감사도 반복하면 습관이 됩니다. 조사에 따르면 사람들은 보통 하루에 15번에서 30번 정도의 불평을 하며 산다고 합니다. 삶 속에서 원치 않은 일이 생겨났을 때 불평이 터져 나오는 것은 습관으로 굳어져 있다는 말입니다. 그런데 21일간 불평을 하지 않는 데 걸리는 시간은 보통 4~8개월의 시간이 걸렸습니다. 불평제로 프로젝트를 실행해 본 경험자는 고백합니다. "하루에도 몇 번씩 밴드를 바꿔 차는 모습을 보면서 그동안 얼마나 불평불만에 사로잡혀 살았는지 알았습니다." 여기에서 중요한 것은 사소한 것이라도 불평하는 말을 줄이려는 노력이 필요하다는 점입니다. 사실 불평이나 염려는 연습하지 않아도, 특별히 배우지 않아도 삶이 어려우면 저절로 나오게 됩니다. 그래서 그것을 거슬러 살기는 쉽지 않습니다.

간담이 서늘해지다

사막 길을 가던 이스라엘 백성들도 눈 온 겨울 아침처럼 그렇게 염려와 불평이 밀려오는 자리에 서있었습니다. 어느 길목에서 하나님께서 주신 명령을 따라 가나안에 정탐꾼을 보내게 됩니다. "여호와께서 모세에게 말씀하여 이르시되 사람을 보내어 내가 이스라엘 자손에게 주는 가나안 땅을 정탐하게 하라"(민 13:1~2). 그 명령을 따라 각 지파의 지휘관 중에 한 사람씩 12명으로 정탐팀이 구성되었습니다. 어쩜 그들은 각 지파를 대표하는 가장 용맹스러운 사람들로 선발되었을 것입니다. 그들에게는 가나안 땅 남부 지역을 중심으로 중심부를 관통하는 산악지역 정탐 임무가 주어졌는데, 그 땅에는 막강한 철기문화로 무장한 헷 족속, 여부스 족속, 아모리 족속 등이 거주하고 있었습니다(민 13:29). 특별히 그 땅 거민이 강한지 약한지, 많은지 적은지, 그 땅이 좋은지 나쁜지, 사는 마을이 장막촌인지 요새화된 성읍인지, 토지는 기름진지 그렇지 않은지, 나무가 있는지 없는지 등을 살피라는 임무가 주어졌습니다 (민 13:18~20).

정탐을 떠나는 그들에게 담대하게 행동할 것과 그 땅의 소산을 직접 가지고 올 것을 요청합니다(민 13:20). '담대하라'는 말의 히브리어, '히 테하자크템'은 '승리를 확신하면서 계속 용맹스럽게 행동하라'는 뜻을 가집니다. 상황이 어떠하든지 간에 그곳은 하나님께서 허락하신 땅이라 는 믿음을 가지고 눈에 보이는 현상에 마음이 흔들려서는 안 된다는 권 고였습니다. 그들에게는 눈에 보이는 현상을 관찰하는 시각뿐만이 아니 라 하나님의 약속을 신뢰하는 믿음의 시각이 필요했습니다(히 11:3).

40일 동안 임무를 수행하고 돌아온 정탐꾼들은 모세와 아론, 그리 고 이스라엘 백성들이 다 모인 자리에서 보고회를 가졌습니다. 그들은 명령대로 신광야에서부터 하맛 어귀 르홉에 이르기까지 광활한 지역 을 정탐하였습니다. '신 광야'는 팔레스틴 남쪽, 사해와 아카바만 사이 의 광활한 광야 지대로서 가나안 땅 제일 남쪽 경계를 이루는 곳이며 (민 34:3), '하맛'과 '르홉'은 하나님께서 주시기로 한 약속의 땅 가장 북 쪽 경계를 이루는 곳이었습니다(수 13:5, 삼하 10:8). 팔레스틴 지역을 남 쪽부터 북쪽까지 가나안 땅의 전 지역을 정탐한 셈입니다. 명령을 따라 그들은 포도, 석류, 무화과 등의 실과를 가지고 왔습니다(민 13:23).

그 땅의 실과를 가져오게 한 것은 하나님께서 약속하신 대로 젖과 꿀 이 흐르는 땅임을 정탐꾼들과 이스라엘 백성들이 직접 확인하도록 하 려는 의도였습니다. 헤브론 북쪽에 위치한 에스골 골짜기에서 딴 포도 송이를 혼자서는 들고 올 수 없어서 두 사람이 막대기에 꿰어 메고 왔습니다. 그렇게 그들은 40일이라는 긴 시간 동안 모든 지역을 둘러보았고, 하나님의 약속대로 그곳이 젖과 꿀이 흐르는 땅임을 눈으로 확인하였습니다. 백성들에게 보여줄 증거까지 직접 메고 왔지만 그들은 하나님의 약속과 은혜는 감지하지 못하고 눈에 보이는 현상과 부정적인 사실에 사로잡혔습니다. 무엇보다 그들은 헤브론 주변에서 살고 있던 기골이 장대한 아낙 자손들을 보고 간담이 녹아들었습니다(민 13:22, 신 9:2). 하나님보다 아낙 자손을 더 크게 보았던 것이지요.

그들이 보았던 그건 사실이었다

어떤 면에서 보면 그들이 보았던 것은 사실이었습니다. 그 땅은 비옥했고, 그곳의 문화는 화려했으며, 그곳에 사는 아낙 자손들은 커보였습니다. 그들은 이스라엘 백성들보다 훨씬 더 강해 보였고, 세련되어 보였으며, 화려해 보였습니다. 그것은 사실이었고, 지금 그들이 틀린 말을 한 것은 아니었습니다. 그들의 모든 것은 그들의 자신감을 앗아가기에 넉넉했습니다. 그들이 한 보고는 결코 틀린 내용을 담고 있지는 않았습니다. 그러나 그것은 믿음으로 한 보고는 아니었습니다. 눈에 보이는 현상에 대한 보고였습니다. 그들은 그곳의 사람을 보고, 땅의 열매를 보고, 문화를 보고, 땅의 구조를 보았지만 그곳에 계시는 하나님은 보지 못했고, 구원의 역사를 이루어 가고 계시는 하나님의 역사는 보지 못했습니다.

얼마 전 "얼음새꽃"이라는 시를 읽었습니다. 솔직히 그때까지 필자는 '얼음새꽃'이 어떤 꽃인지를 몰랐습니다. 시를 읽다가 궁금해서 검색을 해 보았더니 다름 아닌 봄의 전령으로 얼음 가운데서 피어나는 복수초의 다른 이름이라는 것을 알았습니다. 복과 장수를 의미하는 한자어를 써서 일본에서는 '후쿠쥬소'(福壽草)라고 하는데, 우리 식물도감에는 안타깝게도 훨씬 더 예쁜 이름 대신에 일본말을 번역한 '복수초'라는 이름으로 올라와 있다는 사실도 알았습니다.

본래 우리말로는 얼음 사이를 뚫고 나와 꽃을 피운다고 하여 '얼음새꽃' 혹은 '눈색이꽃'이라고 불리기도 하고, 눈 속에서 피어난 연꽃과 같다 하여 '설련화'(雪蓮花)로도 불립니다. 이런 아름다운 이름 대신 일본식 이름을 가져다 쓰고 있으며, 복수(復讐)를 연상하거나 별 의미도 모른 채 꽃 이름을 부르고 있다는 사실을 알았습니다. 나의 무지에 쓴웃음을 지으면서 쑥부쟁이와 구절초를 정확히 구분하지 못하고 글을 썼던 시인(안도현)이 나중에야 그것을 분명하게 안 다음에 자신을 향해 "무식한 놈"이라고 칭하며 썼던 시가 떠올랐습니다.[137]

평생 공부를 해도 사실 모르고 살아가는 것이 한두 가지인가요? 생생한 인도하심을 받고 달려왔고, 예비하신 땅에 들여보내려고 똑똑한 사람들 뽑아서 하나님의 일하심을 보고 오라고 보내놓았더니 엉뚱한 것에 믿음도, 영혼도 다 빼앗긴 가련한 모습이 우리를 안타깝게 합니다. 그러나 그것이 나의 모습임을 깨달으면서 문득 곽효환 시인의 시가 입술에 맴돌았습니다.

아직 잔설 그득한 겨울 골짜기
다시금 삭풍 불고 나무들 울다

꽁꽁 얼었던 샛강도 누군가 그리워

바닥부터 조금씩 물길을 열어 흐르고

눈과 얼음의 틈새를 뚫고

가장 먼저 밀어 올리는 생명의 경이

차디찬 계절의 끝을 온몸으로 지탱하는 가녀린 새순

마침내 노오란 꽃망울 머금어 터뜨리는

겨울 샛강, 절벽, 골짜기 바위틈의

들꽃, 들꽃들

저만치서 홀로 환하게 빛나는

그게 너였으면 좋겠다

아니 너다[138]

　모두가 죽은 듯 쓰러져 있는 그 시간에도 "눈과 얼음의 틈새를 뚫고 가장 먼저 밀어 올리는 생명의 경이"로 "차디찬 계절의 끝을 온몸으로 지탱하는 가녀린 새순" 끝에 노란 꽃망울 터뜨리는 들꽃이 "그게 너였으면 좋겠다, 아니 너다"라고 외치는 시인의 외침이 하늘의 음성으로 들려옵니다. 오늘 비록 암담하고 온몸을 얼어붙게 할 정도로 춥고 외로워도 믿음을 잃어버리지 않고 담담하게 걸어가는 사람이 너였으면 좋겠다는 그 외침이 가슴에 와 닿습니다.

　그 사막의 한편에서 보고하는 무리 속에서 얼음새꽃과 같은 사람들을 만나게 됩니다. 똑같은 상황을 보고 왔지만 전혀 다르게 본 두 사람이 있었습니다. 여호수아와 갈렙이었습니다. "우리가 곧 올라가서 그 땅을 취하자 능히 이기리라"(민 13:30). 동일한 길을 다녀왔지만 그들은 지금 다른 것을 보고 있습니다. 거기에 계시는 하나님을 보았고, 하나님의 인도하심과 말씀을 믿었습니다. 지금까지 나아온 것이 상황이 좋아서였습니까? 상황이 좋아서 애굽에서 나왔으며, 홍해를 건넜으며, 광야 길을 걸어올 수 있었습니까? 아니었습니다. 철저하게 하나님의 도우심으로 여기까지 이를 수 있었습니다. 그들을 추격하는 바로의 기병대를 따돌리고 승리한 것이 그들의 전투력 때문이었습니까? 그들의 앞길을 막는 거대한 바다를 건넌 것이 그들에게 배가 있었고, 대처 능력이 있어서였습니까? 아니었습니다. 하나님의 도우심으로 이날까지 살아왔습니다. 지금 정탐꾼들은 현상을 바라보다가, 환경을 바라보다가, 사람을 바라보다가 바로 그 사실을 잊어버린 것입니다. 그 땅이 하나님이 약속하신 땅이었고, 하나님이 인도하고 계셨습니다. 그들을 지금까지 굳건하게 세운 것은 하나님께 대한 신앙 때문이었습니다.

산토끼의 반대말을 물으면 IQ에 따라 대답이 다르다고 합니다. IQ 30이 생각하는 산토끼의 반대말은? '끼토산!' IQ 60이 생각하는 산토끼의 반대말은? '집토끼!' IQ 80이 생각하는 산토끼의 반대말은? '죽은 토끼!' IQ 100이 생각하는 산토끼의 반대말은? '바다 토끼!' IQ 150이 생각하는 산토끼의 반대말은? '판토끼!' IQ 200이 생각하는 산토끼의 반대말은? '알칼리 토끼!'

너무 머리가 좋아도 문제이고, 너무 머리가 나빠도 문제가 됩니다. 머리가 좋다고 해서 믿음생활을 잘하는 것은 아닙니다. 머리가 나쁘다고 해서 신앙생활을 잘 못하는 것도 아니지만 그렇다고 반드시 잘 하는 것도 아닙니다. 신앙은 지능지수(Intelligence Quotient), 감성지수 (Emotional Quotient), 사회생활지수(Social Quotient), 교육지수(Educational Quotient)에 의해서 결정되는 것이 아니라 얼마나 하나님을 신뢰하느냐, 즉 신뢰지수(Faith Quotient)에 따라 달라집니다.

순백의 믿음으로

하나님을 향한 신뢰지수가 바닥을 친 사람들의 입술에 불평이 담기기 시작하자 그 공동체에는 그것이 전염병처럼 번집니다. 나중에 이스라엘 백성들이 절망감에 몸을 떨며 온 회중이 소리를 높여 아우성을 쳤고, 밤새 통곡했다고 민수기 기자는 전합니다(민 14:1~3). 12명의 정탐꾼 중에 10명에게서부터 시작된 불평과 절망의 그림자가 온 이스라엘 자손에게로 번지고 있었습니다. 성경은 "온 회중"이라는 표현을 사용하여 이 사실을 강조합니다. 그들은 불평과 절망감으로부터 시작하여 하나님께 대한 불신과 하나님의 인도하심에 대한 거부로까지 감정을 나타내고 있습니다. 그들은 일제히 소리 높여 울기 시작하였는데 밤새도록 하였답니다. 그만큼 절망감이 높았다는 뜻이지만 불신앙의 바람이 이스라엘 전체를 사로잡아 버린 모습에서 쓸쓸함을 금할 수 없습니다.

"소리 높여 부르짖으며 통곡하였다"는 개역개정판의 설명은 그들의 절망감이 점차 고조되고 확산되어 가고 있음을 보여줍니다. '소리를 높이다'의 히브리어 표현(타사 에트 코람)은 '자신의 감정을 밖으로 소리 높여 외치다, 불타는 심정으로 아우성치다' 등의 뜻이며, '부르짖다'라는 히브리어 나탄은 '가슴을 치며 울다'라는 뜻을 가진 말입니다. 그리고 '곡하다'라는 히브리어 바카는 '몹시 애통(한탄)하며 울부짖다'라는 뜻을 가진 말입니다. 결국 그들은 완전히 자포자기 상태에서 '밤새도록' 절규하며 점점 절망의 나락으로 떨어지고 있었습니다. 그들이 절망 가운데서, 어려운 상황에서 오히려 하나님을 찾아 간구하기보다 자기 연민과 회한의 감정에 빠져든 근본적인 이유는 오직 약속에 대한 불신과 믿음의 결핍 때문이었습니다.

그들은 지휘관을 세워서 애굽으로 돌아가자고 외칩니다. 돌아가 본들 그곳이 행복한 땅인가요? 엄청난 노역이 기다리고 있는 노예생활로 다시 돌아가는 것입니다. 감정이 격해져서 뱉은 말이라고도 할 수 있지만 그것은 하나님의 인도하심에 대한 거부였습니다. 하나님께서는 그들의 그러한 언행을 가리켜 하나님을 멸시하는 행동이라고 말씀합니다(민 14:11). 감정이 상하고 기분이 나빠지자 그들은 지금 하나님과 그의 인도하심을 거부하고 있습니다. 그러나 그때 신실한 하나님의 사람들은 어떻게 했던가요? "모세와 아론이 이스라엘 자손의 온 회중 앞에 엎드린지라"(민 14:5). 불평하며 하나님을 거역하고 있는 사람들이 보는 앞에서 그들은 하나님께 엎드리고 있습니다. 그리고 가슴을 치고 심장을 도려내는 것 같은 간절한 중보기도로 이어집니다. 어려움 가운데서 하나님의 사람들은 하나님 앞에 오히려 무릎을 꿇습니다. 간절한 기도 후에 그들 가운데 여호수아와 갈렙이 일어서 말씀을 외칩니다. "우리가 두루 다니며 정탐한 땅은 심히 아름다운 땅이라. 여호와께서 우리를 기뻐하시면 우리를 그 땅으로 인도하여 들이시고 그 땅을 우리에게 주시리라. 이는 과연 젖과 꿀이 흐르는 땅이니라. 다만 여호와를 거역하지는 말라. 또 그 땅 백성을 두려워하지 말라"(민 14:7~9).

놀라운 고백이고 믿음이 아닌가요? 그들은 다른 기질을 가졌거나, 다른 대단한 믿음의 영웅들이어서가 아니었습니다. 그들은 아우성치는 사람들과는 다른 것을 보고 있었기 때문입니다. 그들의 고백 속에는 하나님을 향한 신뢰의 고백이 담겨 있습니다. 지금까지 인도하신 하나님께서 장래에도 인도해 주실 것이라는 강한 고백이 담겨 있습니다. 자기 기분과 컨디션, 삶의 환경에 따라 달라지는 것이 아니라 하나님의 주권을 고백하고 있습니다. "하나님이 기뻐하시면 그 땅을 우리에게 주시리라."

그들에게도 눈에 보이는 현상과 여건은 좋지 않습니다. 그러나 그들은 거기에 마음을 둔 것이 아니라 지금까지 인도하신 하나님께 마음을 두고 있습니다. 어려운 때에도 흔들리지 않는 순전한 믿음이 그들을 세워 그 어려움의 자리에서 승리하게 만듭니다. "우리를 그 땅으로 인도하여 들이시고 …." 하나님의 인도하심과 도우심을 의심하지 않고 믿었습니다. 결국 현상의 문제가 아니라 하나님께 대한 불신이 문제였습니다. 그들은 자신들의 말대로 한 사람도 가나안 땅에 못 들어가고 광야에서 죽었습니다. 불평의 세대는 하나님의 세계와 그 축복을 누리지 못합니다. 우리가 구할 것은 한 가지밖에 없습니다. "주여, 우리에게 모든 것을 덮어 버릴 수 있는 순백의 믿음을 주옵소서."

흔들리지 않는 갈대 되어

그때 그 믿음의 사람들은 그 불신앙이 춤추는 자리에서 엎드렸고, 순백의 믿음으로 불신의 땅을 덮고 있습니다. "구하옵나니 주의 인자의 광대하심을 따라 이 백성의 죄악을 사하시되 애굽에서부터 지금까지 이 백성을 사하신 것 같이 사하시옵소서"(민 14:19). 그들이 하나님 앞에 엎드렸을 때, 그리고 패역한 백성들의 죄를 사해 달라는 간절한 중보의 기도로 그 땅을 덮었을 때 그 불신의 공동체에도 여호와의 영광이 임합니다. 그들을 버리지 않으시겠다는 하나님의 인자로 인해 그들은 생명을 이어가게 됩니다. 비록 강퍅해진 그들은 하나님의 자비를 구하며 엎드려 있는 그 믿음의 사람들을 돌로 치려고 했지만(민 14:10) 그들의 간절한 중보 때문에 쉐키나의 영광이 나타나고 있습니다. "그때에 여호와의 영광이 회막에서 이스라엘 모든 자손에게 나타나시니라"(민 14:10).

그때 거기에는 한없이 인내하며 하나님의 말씀과 뜻을 받아들였고, 그것을 깊이 경청했던 사람들이 서있었으며, 그리고 기도로 엎드렸던 사람들이 있었습니다. 그래서 미국 조지아 주 게인스빌 자유교회(Gainesville Free Chapel)의 담임목사인 젠센 프랭클린은 그의 책에서 이렇게 말합니다.

> 지구상에서 가장 위대한 사람은 기도하는 사람들이다. 기도에 대해서 말하는 사람, 기도를 믿는 사람, 기도를 잘 설명할 수 있는 사람 말고, 시간을 내어 무릎 꿇고 기도하는 사람들 말이다. 이들은 여유시간이 있어서 기도하는 것이 아니다. 기도를 가장

중요하게 여기고 다른 일들을 절제함으로써 기도시간을 낸다. … 믿음의 기도는 하늘의 힘을 움직이는 지상의 능력이다. … 기도는 귀머거리에게 청력을, 눈먼 사람에게 시력을, 죽은 자에게 생명을, 잃어버린 영혼에게 구원을, 병든 자에게 치유를 가져다 주었다.[139]

그때 그 사막에 그런 기도의 능력을 알았던 사람이 서있었습니다. '주님께서 우리 아이들을 구원하실 때까지, 우리 가족을 축복하실 때까지 계속 기도하겠습니다. 주님 앞에 계속 머무르겠습니다. 저는 무너져 내리지 않겠습니다. 주님의 은혜의 돌파구를 찾겠습니다.' 이런 마음을 가지고 엎드려 있던 사람들이 우뚝 서있을 때 그들을 통해서 다시 하나님의 용서의 은혜가 임하였습니다. 쓰러지지 않았던 한 사람이 서있을 때 많은 사람들이 살아나게 됩니다.

그래서 정호승 시인은 "겨울 강에서" 그런 결심을 했답니다. 겨울 강가 언덕에 눈보라가 몰아쳐 으스스 내 몸이 쓰러져도 "흔들리지 않는 갈대가 되리."[140] 우리에게도 새는 날아가 돌아오지 않고, 온몸을 얼어붙게 하는 겨울 강가에 서있다 할지라도 결심해야 할 것은 그것입니다. '끝끝내 흔들리지 않는 갈대, 쓰러지면 일어서는 갈대가 되리.' 사막은 허약한 사람을 받아들이지 않고, 수고와 투쟁의 정신이 빛나는 사람만 건너가게 합니다. 사막은 어떤 제한된 장소가 아니라 우리 인간의 영혼의 상태이며, 삶의 현주소입니다.[141] 그러나 우린 가슴에 그 말씀을 새깁니다. '사막에서 당신 백성을 인도하신 분, 그분의 사랑은 영원하시다'(시 136:16).

5부

그 사막에도 향기 그득하였다

붉은 꽃빛 바윗가에

암소 고삐 놓아두고

나를 부끄럽다 아니하시면

꽃을 꺾어 바치오리다

- "헌화가", 『삼국유사』

18

그 앞에서 다시 마음을 닦으며
정결케 하라

살아있는 것은 아름답다.
아무리 작은 것이라고 할지라도
살아있는 것은 아름답다.
모든 들풀과 꽃잎들과 진흙 속에
숨어사는 것들이라고 할지라도
그것들은 살아있기 때문에 아름답고 신비하다.
- 양성우[142]

웃음으로 맞아들이라

살다보면 우리를 찾아오는 사건들이나 일들이 반드시 기분 좋고 유쾌한 것만 있는 것은 아닌 것 같습니다. 어디 좋은 일만 있고, 좋은 사람만 만나게 되겠습니까? 우리에게 기쁨을 주고 행복하게 만드는 사람도 있지만 마음을 상하게 하고 혼란케 하는 사람도 참 많이 있습니다. 그래서 13세기 페르시아 신비주의 시인으로 알려진 메블라나 잘랄루딘 루미는 이렇게 노래합니다.

이 존재, 인간은 여인숙이라

아침마다 새로운 손님이 당도한다

한 번은 기쁨, 한 번은 좌절, 한 번은 야비함

거기에 약간의 찰나적 깨달음이

뜻밖의 손님처럼 찾아온다

그들을 맞아 즐거이 모시라

그것이 그대의 집안을

장롱 하나 남김없이 휩쓸어 가 버리는

한 무리의 슬픔일지라도

한분 한분을 정성껏 모시라

그 손님은 뭔가 새로운 기쁨을 주기 위해

그대 내면을 비춰 주려는 것인지도 모르는 것

암울한 생각, 부끄러움, 울분, 이 모든 것을

웃음으로 맞아 안으로 모셔 들여라

그 누가 찾아오든 감사하라

모두가 그대를 인도하러

저 너머에서 오신 분들이리니[143]

인생을 살다보면 나를 행복하게 하고 기분 좋게 하는 일과 좋은 사람만 있는 것은 아니지만 인생은 여인숙과 같으니 그런 손님들을 웃음으로 즐거이 모셔 들이랍니다. 왜냐하면 그것들은 뭔가 새로운 것을 주시기 위해 오는 우리의 손님이기 때문이라는 시인의 혜안이 놀랍습니다.

그들이 체험한 능력

그때 사막 길을 걸어가던 이스라엘 백성들은 끝없이 이어지는 사막 길에 많이 지쳐 있었습니다. 가나안 정탐 사건 이후 그들은 그 땅에 들어가는 것을 허락받지 못하고 광야 훈련을 더 받아야 했기에 썩 유쾌한 걸음으로 걸어갈 수는 없었습니다. 민수기는 그 상황을 이렇게 전합니다. "백성이 호르산에서 출발하여 홍해 길을 따라 에돔 땅을 우회하려 하였다가 길로 말미암아 백성의 마음이 상하니라"(민 21:4). 사막 길을 걸어가던 이스라엘 백성들이 '길로 말미암아' 마음이 상하였답니다. 왜 길 때문에 마음이 상했을까요?

이스라엘 백성들은 '왕의 대로'라는 평탄한 지름길이 있었지만 에돔의 방해로 인해 그 길로 갈 수가 없었습니다(민 20:18~21). 모세가 가데스에서 에돔 왕에게 사신을 보내서 그 길로 통과할 수 있게 해 달라고 청원을 합니다(민 20:14). 그러나 에돔 왕은 허락하지 않았고, 그들의 땅을 통과해 간다면 칼로 너희를 공격하여 죽일 것이라는 회답을 받았습니다. 그래서 지름길인 에돔 동쪽 길로는 진입하지 못하고 먼 '홍해의 길'로 가야 했습니다. 그 길은 아카바만 쪽으로 나아가는 길인데 물한 모금 얻기 어려운 바란 광야를 지나야 하는 길이었습니다(신 2:1, 삿 11:18). 광야를 지나 남쪽으로 계속 행군하여 남북으로 뻗어 있는 세일산을 지나가야 했고, 아카바만의 입구와 인접한 엘랏과 에시온 게벨 쪽으로 멀리 돌아 우회해야 했습니다. 어쩔 수 없어 직선코스를 두고 그 먼 길을 걸어 지금의 요르단 쪽인 모압 지역으로 나아가고 있었습니다. 길도 참 험했고 먼 길이었습니다.

지금 이스라엘 백성들은 가까운 지름길을 제쳐 놓고 또다시 고역스런 광야 길로 나서야 했기 때문에 참지 못하고 분노에 사로잡히게 됩니다. 결국 화살은 다시 백성의 지도자인 모세에게로 돌아갔고, 인도하시는 하나님을 향해 원망의 소리를 토해 놓고 있습니다. "어찌하여 우리를 애굽에서 인도해 내어 이 광야에서 죽게 하는가! 이곳에는 먹을 것도 없고 물도 없도다. 우리 마음이 이 하찮은 음식을 싫어하노라"(민 21:5). 삶이 힘드니까 마음이 상했다는 것은 충분히 납득할 수 있습니다. 그런데 마음이 상해서 한 이야기라지만 그들은 지금 죽음의 자리, 노예의 자리에서 건져내신 하나님의 구원의 은혜까지 거부하고 모욕하고 있습니다. 그것은 어려운 상황에 부딪칠 때마다 거의 어김없이 터져 나온 습관적인 것이었습니다(민 14:2~3, 20:2~5, 출 14:11~12, 16:3, 17:3). 하나님께서 내려주신 만나에 대한 감사도 없고, '하찮은 음식'이라고 폄하합니다. 여기에서 '하찮은'이라고 번역되는 '켈로켈'은 본래 '악한, 무시할 만한'이라는 뜻을 가진 단어입니다. 무시해 버려도 좋을 그런 하찮은 것이라고 말입니다.

하나님께서 베풀어 주신 은혜가 무시해도 좋은 정말 하찮은 것인가요? 그것은 단순한 불평이 아니라 하나님을 거절하고, 은혜를 내던져 버리는 행위였습니다. 하늘이 내신 음식, 하나님께서 광야에서 차려주신 밥상을 마치 뒤집어 엎어버리는 것과 같은 행동입니다. 여기에서 '싫어하노라'에 해당하는 히브리어 '카차'는 '몹시 지겨워하고 질색하여 끊어버린다'는 의미를 가진 말입니다. 단순히 싫어하는 차원을 훨씬 넘어 지겨워하고 질색을 하면서 내던져버린 행위를 나타냅니다. 그 모든 것은 거저주시는 은혜로 주신 것입니다. 값을 치른 것도 아니요, 노력하여 얻은 것도 아닙니다. 값을 치러야 한다면 그들은 얼마나 많은 돈을 지불해야 했을까요?

아무리 화가 나도 하나님의 은혜와 다스리심을 거절하지는 않아야 했습니다. 그런데 마음이 불편해질 때마다 하나님을 거절하고 은혜를 내팽개치고 있습니다. 이 말씀을 묵상하는데 문득 떠오르는 광경이 있었습니다. 몇 년 전, 기관고장으로 표류하다가 남쪽으로 떠내려 온 북쪽의 어부들을 잘 먹이고, 새 옷도 입혀서 그들의 의사를 따라 북으로 돌려보내는데 판문점 남북 경계선을 넘어서는 순간 그들은 옷을 벗어서 남쪽으로 내던지면서 욕을 하고 침을 뱉고 하는 모습을 뉴스에서 본 적이 있습니다. 물론 폐쇄된 북녘 땅에서 반동으로 몰리지 않기 위한 자구책으로 그리한다는 것을 이해하면서도 대접해서 보냈는데 그 모든 은혜를 내던지는 모습이 참 씁쓸하게 다가왔습니다.

함께 가는 길이라면

문제가 없었던 것이 아니지만 조금만 생각하면 그 상한 감정도 넉넉히 다스릴 수 있었을 것입니다. 네겝에 거주하는 가나안 원주민의 왕 아랏이 이스라엘을 후미에서 공격해서 여러 사람을 사로잡아 갔고, 그

때 그들은 하나님 앞에 나아가 간절하게 기도하였습니다. 하나님께서
는 그들의 간절한 기도를 들으시고 그 성읍을 점령할 수 있도록 도와주
셨습니다(민 21:1~3). 아무리 어려워도, 아무리 강적을 만났어도, 아무
리 큰 문제여도 하나님 앞에 나아가 그분의 도우심을 구할 때 승리할
수 있었고, 그 사막 길에서 수없이 부딪혀 오는 삶의 장벽을 뛰어넘을
수 있었습니다. 이스라엘은 아랏을 점령한 다음에 그 이름을 '호르마'
라고 명명하였습니다. '완전히 멸하였다'는, 다시 말해 하나님의 도우
심으로 완전히 승리하였다는 기쁨에 들뜬 외침을 담은 이름입니다.

그들은 그곳에서 기도 가운데 도우시는 하나님의 능력을 새롭게 체
험했습니다. 자기 생각을 벗어나 전심으로 하나님을 의지할 수 있을 때
그들은 설 수 있었고 승리할 수 있었습니다. 그래서 정현종 시인은 사
람이 자기를 벗어날 때만큼 아름다운 때는 없다고 외칩니다.[144] 이스라
엘이 언제 아름다웠고, 승리할 수 있었던가요? 자기를 벗어나 하나님
앞으로 나아갔을 때, 자기 생각을 내려놓고 하나님을 의지하였을 때였
습니다. 그래서 위대한 하나님의 사람들은 언제나 하나님 앞으로 나아
가 무릎을 꿇었습니다. 길은 자꾸 막히고 갈수록 험하고 힘이 들었습니
다. 답답함에 사로잡힐 수밖에 없는 상황이었고, 사람들은 불평과 원망
에 사로잡힙니다. 그러나 이스라엘 백성들이 한 가지 잊고 있었던 것이
있었는데 그 길은 지금 하나님께서 친히 인도하고 계신다는 사실입니
다. 아무리 답답해 보여도, 아무리 멀어 보여도, 아무리 안 좋아 보여도
그 길을 하나님이 함께 걸어가고 계셨습니다.

언젠가 학교 채플에서 공산권 선교를 위해 결성된 글로리아 코럴 합

창단과 함께 찬양예배를 드린 적이 있습니다. 글로리아 코럴은 40대부터 80대까지 연령의 분들로 구성된 합창단인데 평균 나이가 65세라고 했습니다. 흰머리에 나이가 지긋하신 분도 있었고, 어떤 분은 걷는 것도 불편하여 비틀거리면서 강단에 오르시는 분도 있었습니다. 집에서는 할머니 할아버지 소리를 들을 분들이 나비넥타이를 매고 분홍색 드레스로 곱게 차려입고서 몇 곡의 찬양을 했습니다. 그리고 그 중에서 조금 나이가 젊은 소프라노 한 분이 앞으로 나와서 독창을 하셨습니다. 그런데 합창단 제일 뒷줄에 서계시던 잘 걷지 못하시는 할아버지 한 분이 강단에서부터 걸어 내려오셔서 앞자리에 자리를 잡고 앉으셨습니다. 제일 고령이신 듯했습니다. '아 저기 서계시기가 힘드셔서 독창할 때는 자리에 앉으시려고 그러시는 모양이구나.' 그렇게 생각했습니다. 나중 교수식당에서 식사하면서 들으니까 저만 그런 것이 아니라 다른 교수들도 그렇게 생각했다고 했습니다. 그런데 소프라노의 독창이 끝나고 난 다음 그 할아버지가 비척거리면서 마이크 앞으로 나가시더니 독창을 하시는 것입니다.

주님과 함께, 주님과 함께 걷는 길은 멀고도 가까워

주님과 함께, 함께 걷는 길은 멀고도 가까워

주님과 함께, 함께 걷는 길은

주님과 함께, 함께 걷는 길은

고통도 기쁨으로 기쁨으로 변했네 …

고통을 나누며 기쁨을 나누며 주님과 함께 걸어가노라면

나는 어느새 나는 어느새 주님을 닮아

주님을 닮아가, 주님을 닮아가[145]

주님과 함께 가는 길은 멀고 험해도 가깝고, 고통스럽고 어려움도 있지만 기쁨으로 변한답니다. 80세가 넘으신 분이 인생길 걸어오면서 발견한 진리를 주의 길을 걸어갈 젊은 신학도들에게 절규하듯이 외치는 그 외침에 전율이 느껴졌습니다. 이스라엘 백성들이 그것을 알지 못했기 때문에 무너지고 있었고, 불평하고 있었습니다. 단순한 불평이 아니라 하나님의 인도하심, 하나님의 구원, 하나님의 은혜, 하나님의 다스리심, 아니 하나님의 존재 자체를 거부하고 있었습니다. 언제나 그랬듯이 그들은 지금 하나님이 인도하고 계시는 바로 그곳을 원망과 불평의 땅으로 바꾸고 있었습니다.

거기에 우뚝 선 사람

그 불평의 땅에서 그들에게 징계의 매가 내려졌고, 불뱀에 물린 사람들이 죽어가고 있었습니다. '불뱀'은 광야 아라바 지역에 많이 서식하던 독사의 일종으로 불타는 것 같은 붉은 반점이 있다고 해서 붙여진 것인데, 본래 히브리어 원어(네하심 쉐라핌)는 '불타는 뱀'이라는 뜻을 가집니다. 그 뱀에 물리면 그 강한 독성 때문에 온몸에 높은 열이 발생하여 결국 죽음에 이르게 됩니다. 원어에는 그 이름 앞에 정관사가 붙어 있습니다. 우연히 그곳을 지나가던 뱀이 아니라 그것이 하나님이 보낸 징계의 도구였음을 강조합니다. 사망자는 계속해서 늘어나고 있었고 곤경에 처한 사람들이 자신들의 잘못을 깨닫고서 모세를 찾아옵니다. "우리가 여호와와 당신을 향하여 원망함으로 범죄하였사오니 여호와께 기도하여 이 뱀들을 우리에게서 떠나게 하소서"(민 21:7). 그들은 지금 불신과 원망으로 범죄한 사실을 자백하며 용서를 구하고 있습니다.

그때 모세는 잘잘못을 따지지 않고 바로 하나님 앞에 엎드립니다. 엎드림은 무릎을 꿇고 얼굴을 땅에 대고 있는 자세입니다. 그만큼 절박함과 간절함의 표시이며 절대의존의 마음이 담겨 있습니다. 죽음의 그림자가 온 땅을 덮고 있을 때 거기에 그 하나님의 사람이 엎드렸고, 거기에서 하늘의 능력이 나타납니다. 위대한 하나님의 사람들은 늘 어려움의 자리에서 자기 지혜와 경험, 가진 것이나 능력, 연줄이나 인맥에서 찾지 않고 하나님 앞에 엎드림에서 그 해법을 찾았습니다. 민족이 죽게 되었을 때 민족을 가슴에 품고 기도하는 사람, 하나님의 징계를 받아 망할 수밖에 없는 사람들을 가슴에 품고 간절하게 중보하는 사람이 있을 때 그 공동체는 살게 되었습니다.

엎드리는 사람을 통해 하나님의 해법이 제시됩니다. "여호와께서 모세에게 이르시되 불뱀을 만들어 장대 위에 매달아라. 물린 자마다 그것을 보면 살리라"(민 21:8). 모세는 그 말씀대로 놋뱀을 만들어 장대 위에 세웠고, 죽게 된 백성들에게 그것을 바라보게 합니다. 성경은 그 결과를 이렇게 전합니다. "모세가 놋뱀을 만들어 장대 위에 다니 뱀에게 물린 자가 놋뱀을 쳐다본즉 모두 살더라"(민 21:9). 하나님의 방법은 놋뱀이었습니다. 그래서 흔히 의학을 상징하는 이미지 속에는 놋뱀이 새겨져 있지만 그 자체가 영험한 것이어서가 아니었습니다. 회복과 치유는 하나님의 말씀과 방법을 받아들이고 순종하는 힘에서 나온 것이었으며, 은혜를 은혜로 받아들이는 데서 나온 것이었습니다.

도무지 용납할 수 없는 가증한 사람들, 멸망시킬 수밖에 없는 그들을 위해 하나님께서는 바로 거기에서 한 사건을 디자인하시고 먼 훗날에 범죄한 인류를 위해 나타날 한 사건을 예표적으로 보여주십니다. 그것이 무엇이었습니까? 유일한 구원의 방법인 십자가 사건이었습니다. 오래전 하나님께서는 그것을 십자가의 예표적 사건으로 제시하십니다. 하나님께서는 우리에게 생명 주시기 위해 아들을 십자가에 친히 매다셨고, 십자가에 달리신 하나님의 아들을 바라보는 사람에게 구원의 문을 활짝 열어 놓으셨습니다. 그것은 하나님의 구원의 방법이었습니다.

나중 예수님께서 광야에서 있었던 이 사건을 어떻게 해석하셨던가요? 한밤중에 찾아온 니고데모에게 말씀하셨습니다. "모세가 광야에서 뱀을 든 것 같이 인자도 들려야 하리니 이는 그를 믿는 자마다 영생을 얻게 하려 하심이니라. 하나님이 세상을 이처럼 사랑하사 독생자를 주셨으니 이는 그를 믿는 자마다 멸망하지 않고 영생을 얻게 하려 하심이라"(요 3:14~16). 놋뱀이 범죄한 이스라엘 백성들을 살리시기 위한 하나님의 방법이었다면 십자가는 범죄한 인간을 구원하시기 위한 하나님의 방법이었습니다. 독생자를 매다신 피 묻은 십자가는 하나님의 방법이었습니다. 마틴 루터와 위르겐 몰트만이 말한 대로 '십자가에 달리신 하나님'이 우리를 구원하십니다. 그래서 현대 신학의 중심은 십자가에 달리신 하나님에게 있고, 기독교 구원론도 거기에서 시작됩니다.

장대는 고난당하는 인간의 삶 한복판에 세워졌듯이 십자가는 오늘 삶의 고난의 현장과 인간 실존의 고통의 한가운데 세워지게 됩니다. 몰트만이 말한 대로 "기독교적 실존은 십자가에 달리신 그분의 뒤를 따르면서 인간 자신과 사회적 상황을 변화시키고자 하는 실천"입니다. 그러므로 기독교의 신앙은 고통으로 얼룩져 있는 인간 삶의 현장과 분리될 수 없습니다. 그것은 왕관이나 화려한 건물벽, 혹은 성구들, 복을 바라며 삶의 도구들에 새겨넣는 단순한 표식이거나 목에 걸고 다니는 장신구일 수 없습니다. 오히려 십자가는 거기에 달리신 분에게 집중할 것을 요청하며, "내어 쫓긴 자들과 하나님 없는 자를 교회 안으로 불러들이시고 교회를 통하여 십자가에 달리신 하나님과 결합하도록 부르는 상징"입니다. 그 의미와 종교적 가치를 망각하거나 왜곡, 혹은 전도할 때 십자가는 상징이 아니라 우상이 될 수 있습니다.[146]

이제야 비로소 은총에 눈을 뜬다

평생 번뇌 속에서 방황하면서 구도자의 삶을 살았던 구상 시인은 대한민국 현대 문학계의 큰 시인 가운데 한 명입니다. 두 아들을 질병으로 먼저 떠나보냈고, 아내도 먼저 떠나보냈던 노 시인은 팔순이 넘은 나이에 신앙의 신비에 더 깊이 눈을 뜨고, 그 사랑에 감격하며 "비로소 두 이레 강아지 눈만큼 은총에 눈을 떠서" 세상을 보게 된다고 고백합니다.[147] 보름 지난 강아지가 눈을 뜨듯 출구가 없던 의식 안에 무한 시공이 열리니 "모든 것이 새롭고, 모든 것이 소중하고, 모든 것이 아름답다"고 외칩니다. 은총으로 가득한 인생길을 둘러보니 모든 것이 소중하고 아름답기만 하며, 눈이 열리고 나니 허락하신 특별한 은총이 새롭고 감사하다는 노시인의 솔직담백하면서도 겸허한 고백이 마음에 깊이 와 닿습니다. 그러면서도 시인은 여전히 어둡기만 한 자신을 보며 "두 이레 강아지만큼이라도 마음의 눈을 뜨게 하소서"를 신앙 시편집의 제목으로 삼기도 합니다.

　오늘 삶이 어렵고, 불평과 원망이 쏟아져 나올 일들로 가득한가요? 그런데 혹시 살아있음, 그 자체가 얼마나 놀라운 은혜인지를 알고 계시는가요? 언젠가 새해를 준비하며 묵상하던 길에 추락사고로 전신마비 장애를 안고 살면서 시를 쓰는 이상열 시인의 시를 읽으며 깊은 회개가 나왔습니다.

> 새해에는 더도 말고 덜도 말고
> 손가락 하나만 움직이게 하소서.[148]

손가락 하나 움직이는 것이 얼마나 큰 은혜이고 축복인지 건강할 때는 잘 모르고 살았습니다. 새해 아침, 그가 구하는 것은 더도 말고 덜도 말고 '손가락 하나 움직여지는 은혜'였습니다. 그런데 온몸이 성할 때는 오늘 손가락 움직이는 것, 살아있다는 것 자체만으로 얼마나 우리는 큰 은혜 가운데서 살아가고 있는지를 잘 모른다는 사실입니다. 영국의 작가 샤론 브론테가 그의 명작, 『제인 에어』에서 한 이야기가 떠오릅니다. "어떤 것에 대해 미운 마음을 품거나 자기가 억울한 일을 당했다고 해서 꼬치꼬치 캐고 들거나 속상해하면서 세월을 보내기에는 우리 인생이 너무 짧은 거란다."

새봄이 우리 곁에 다가오는 것도, 멀리에서 꽃 소식을 듣게 되는 것도, 푸른 오월을 살고 있는 것도, 은혜의 절기인 사순절을 사는 것도, 빛의 절기인 대림절을 사는 것도 축복임을 깨닫게 됩니다. 봄비 내리는 날은 생명들이 활기를 얻으며 춤추는 날이니 축복의 날이고, 흰 눈이 내리는 날은 온 산하를 하늘이 장식하여 선물해 주시는 날이니 그 또한 행복한 날입니다. 살아가는 모든 순간들이 선물임을 아는 순간 우리는 노래하게 됩니다. 광야 길에서 이스라엘 백성들에게 매일 내려주시는 만나는 하나님의 특별한 은혜였습니다.

감동도, 감사도 사라져 버린 곳에는 짜증과 불만, 원망으로 얼룩지게 됩니다. 사랑하는 사람을 떠나보낸 후 새봄을 맞으면서 도종환 시인은 햇빛이 너무 맑아서, "살아있구나 느끼니 눈물 난다"[149]고 고백합니다. 그렇습니다. 오늘 나의 삶의 자리가 사막처럼 느껴져도 돌아보면 감사할 것, 감격할 일은 쌓여 있습니다. 주신 축복에 감격하며 가다보면 그 계곡도 떨리는 감사와 찬양을 올려드려야 할 자리임을 발견하게 될 것입니다.

아침마다 창을 닦는다

오랜만에 동창회에 다녀온 할머니가 잔뜩 심통이 난 표정이었습니다. 걱정이 된 할아버지가 물었습니다. "왜 그래? 무슨 일이 있었어?" 할머니는 심드렁하게 대답을 합니다. "별일 아니유." "별일 아니긴, 뭔 일이 분명히 있었던 것 같은데." 어김없이 할머니의 짜증 섞인 대답이 들려옵니다. "아니라니께유." 분위기를 읽지 못하는 할아버지가 할머니를 달래려고 말을 이어갑니다. "친구들은 다 있는데 당신만 밍크코트가 없었어? 아니면 당신만 다이아반지가 없었어?" 더 퉁명스러워지는 목소리입니다. "아니라니께유." "그럼 뭐여?" 그러자 할머니가 한숨을 내쉬면서 말했습니다. "나만 아직 영감이 살아있지 뭐예유."

축복을 축복인 줄 알아야 그게 축복이 되고, 은혜를 은혜인 줄 알아야 그게 은혜가 됩니다. 그걸 모르면 감사도, 감격도 사라지면서 우리는 불평의 감옥에 갇히게 됩니다. 망각은 우리를 저주의 자리에 세웁니다. 그래서 망각의 늪에 빠지지 말라고 주일을 허락하셨고 절기를 허락해 주셨습니다. 예배공동체는 기억공동체였습니다. 예배는 계속해서 망각을 깨우는 자리입니다. 하나님의 방법인 높이 들린 장대를 바라보았던 사막의 이스라엘 백성들처럼 우리는 기억공동체 가운데서 십자가를 바라봅니다. 아침마다 창을 닦듯이 우리의 마음을 닦고, 고백을 새롭게 하면서 정결한 마음으로 보좌 앞으로 나아갑니다.

시간이 갈수록, 나이가 들어갈수록 그렇게 우리 자신을 정결하게 하다보면 불평할 일들이 쌓여 있는 사막과 같은 인생길에서도 우리는 넘쳐나는 하늘 사랑에 다시 감격하게 됩니다. 다시 십자가 앞으로 나아가는 방법밖에는 없습니다. 십자가 앞에 서면 하나님께서 우리를 얼마나 사랑하시는지, 어떻게 우리를 인도하고 계시는지가 선명하게 드러나기 때문입니다. 사막 길에서는 눈을 닦고 마음을 닦고 생각을 정결하게 하는 방법밖에는 없습니다. 그것만이 하늘의 축복과 은혜를 놓치지 않고, 행복을 놓치지 않을 수 있는 비결입니다. 그래서 권국명 시인은 이렇게 노래합니다.

아침마다 창을 닦는 것은
그렇지, 정결한 마음
나이가 들수록 정결한 그것으로

조금 섭섭하지만
섭섭한 대로 비워 두고
빈자리 여백에
정결한 마음을 채우고

가슴에 내리는 서리
창에 서린 성애를 닦아내고
나이가 들수록
너그럽게 정결한 것으로
마음을 채우고

섭섭하지만
섭섭한 대로 남겨 두고
아침마다 창을 닦아
마음을 정결하게 하고[150]

19

그 위기의 순간, 쉼표 하나를 옮기다

> 마음 바르게 서면 세상이 다 보입니다. …
> 마음이 욕망으로 일그러졌을 때
> 진실은 눈멀고 해와 달이 없는 벌판
> 세상은 캄캄해질 것입니다.
>
> - 박경리[151]

작은 것들에 미소를 보내며

언젠가 일산에 있는 한 감리교회에서 말씀집회를 인도한 적이 있는데 어른부터 아이들까지 뜨겁게 기도하고 찬양하는 모습이 참 인상적이었습니다. 요즘에는 흔치 않는 일인데 중고생들은 말할 것도 없고 초등학생들까지 집회에 열심히 참석하는 모습이 참 귀해 보였습니다. 목사님이 감사헌금 봉투에 적힌 감사와 기도의 제목을 소개하는데 중3 여학생이 쓴 감사헌금 봉투에는 이런 내용이 담겨 있었습니다. "마지막 날 저녁에도 예배에서 은혜 많이 받고 뒤집어지는 역사 있게 하소서." 한 교인의 기도 제목도 재미있었습니다. "강사님 말씀이 카스텔라 같이 살살 녹습니다. 오늘 저녁도 그 카스텔라 맛에 흠뻑 취하게 해 주세요." 마지막 날 저녁에는 찬양팀과 함께 관현악단이 연주를 했는데 형들 틈에서 작은 아이가 열심히 바이올린을 켜고 있었습니다. 새벽에 기도하고 있는데 안수기도를 해 달라고 해서 기도해 주었던 그 초등학생이었습니다. 집회 시작 며칠 전에 그 아이가 목사님께 이렇게 말하더랍니다. "목사님, 시간이 왜 이렇게 안 가지요? 부흥회가 엄청 기다려져요." 집회 마지막 날, 안수기도 받던 새벽에 엄마 아빠가 아이가 피곤한 것 같아서 깨우지 않고 살짝 나왔는데 뒤늦게 일어나 교회로 헐레벌떡 뛰어왔습니다. 지금도 생각하면 절로 미소 짓게 하는 아이입니다.

그때 사막 길을 가고 있던 이스라엘 백성들은 그렇게 미소 짓게 하는 사람들은 아니었습니다. 작은 것 앞에서 늘 무너지는 그들은 늘 은혜의 밥상을 엎어버리는 사람들이었습니다. 하나님의 마음도 모른 채 축복의 땅 가나안에서 그들은 불신과 원망으로 축복의 밥상을 걷어차고 있었습니다. 민수기 16장에는 그들 가운데 예배를 바로 세우기 위해 개혁해 가는 중에 일어난 분쟁의 사건을 보여줍니다. 표면적으로는 모세와 아론에 대한 불신으로 파당을 짓고 분쟁을 일으킨 것이지만 지휘관 수백 명이 아주 조직적으로 반역을 도모한 아주 심각한 사건이었습니다. 어떤 의미에서 보면 중견지도자 그룹이 최고지도자였던 모세와 아론을 대적한 사건이었습니다. 레위 지파의 지도자였던 고라, 르우벤 지파의 다단, 아비람, 온, 그리고 이름 있는 지휘관 250명이 함께 연대하여 당을 짓고 정면으로 지도자를 반대하고 나온 것입니다. '고라'는 모세와 아론의 친사촌으로서 하나님께서 주신 직임인 성막 봉사를 맡았던 인물이었습니다(민 8:14~22). 그러나 그 일에 만족이 없었고 모세와 아론과 같이 자신들이 정치, 종교 지도자가 될 수 있다고 생각하여 반란을 모의한 것입니다.

르우벤 지파 사람들이 거기에 동조하였습니다. 장자 지파인 그들이 당연히 정권을 잡아야 하는데 레위 지파가 다 해 먹는다는 불만을 가지고 있었기에 쉽게 동조한 것 같습니다. 민수기 기자는 그렇게 동조한 250명이 "이스라엘 자손 총회에서 택함을 받은 자 곧 회중 가운데에서 이름 있는 지휘관"(민 16:2)이었다고 소개합니다. '지휘관'으로 번역된 히브리어 '나시'는 '족장'으로도 번역되는데, '들어 올리다, 깃발을 세우다'라는 어근에서 나온 단어입니다. 그들의 사회적 신분과 지위, 역할을 나타낼 뿐만 아니라 하나님께서 들어 올려 세워주신 자들이라는 의미를 담고 있습니다. 다른 곳에서는 "각 지파의 대표"로 번역하고 있습니다.

당시 최고 지도자였던 모세와 아론 역시 하나님께서 세우셨고, 사막 길을 가는 이스라엘 백성들을 통치하여야 했던 그들에게는 정치, 군사, 종교 영역에서 상당한 권력을 행사하였을 것입니다. 250명의 지휘관들로 세움 받은 그들은 이집트에서 노예생활을 하고 있던 때부터 그들 나름대로 지도력을 행사하고 있었던 인물들이었을 것이며, 모세와 아론이 등장한 이후 그들의 절대적 권위에 짓눌려 지낸다는 불만을 가진 세력이었을 것입니다. 세속적 명예와 권력을 탐하는 마음으로 불타고 있던 사람들이었을 것입니다. 하나님의 거룩한 공동체보다는 자신들의 실추된 지위와 명예에 더 집착하고 있었기 때문에 하나님의 뜻과는 정면으로 거스른 고라 반역 사건에 가담하게 된 것 같습니다. 그렇게 그들은 한마음이 되었습니다. 그것이 지도자에 대한 단순한 반역 사건이 아니라 하나님께 대한 대적 사건이었다는 데 문제가 있었습니다. 의견이 다를 수도 있고, 생각이 다를 수 있습니다. 그래서 반대도 할 수 있습니다. 그런데 그들은 지금 인도하시는 하나님을 대적하고 있었습니다.

가나안 정탐꾼 사건이 하나님의 인도하심과 도우심을 거부하고 자신들의 눈에 보이는 대로 판단하고 행동하였던 것이 문제였다면 고라와 몇 젊은 지도자들의 반역 사건은 하나님의 다스리심을 거부하고 있었다는 것이 문제였습니다. 하나님께서는 지금 모세와 아론을 세우셔서 백성을 인도하시고 온전히 하나님을 섬기고 예배하는 사람으로 세우시기를 원하셨습니다. 그런데 그 다스리심을 거부하고 있습니다. 그래서 성경은 이 사건을 가리켜 '고라의 패역' 사건(유 1:11)으로 규정합니다.

글쎄 자긴 명품이잖아

어느 날 여자가 하나님을 찾아와 원망하듯이 따지면서 물었습니다. "하나님께서는 인간을 만드실 때 여자를 왜 처음에 만드시지 않고 두 번째로 만드셔서 여자들이 남자들에게 늘 눌려 살게 하셨어요?" 그때 하나님께서 미소를 지으시며 그녀에게 말씀하셨습니다. "명품을 만들려면 언제나 초벌구이가 필요하기 때문이지." 사실 이스라엘만큼 놀라운 사랑을 받은 민족이 없을 정도로 하나님의 사랑을 받은 그들은 이미 명품이었습니다. 그렇게 구체적으로 인도함을 받은 사람들이 없었습니다. 그런데 그들은 자신들이 명품인 줄을 모르고 살고 있으며 늘 함랑미달이었다는 것이 문제였습니다.

그들을 온전한 명품으로 만들기 위해 모세를 통해서 펼치신 프로젝트가 있었습니다. 늘 작은 것 앞에서 무너지고 있는 그들을 위해 하나님께서는 예배의 제도를 세우십니다. 여호와께 어떤 예물을 드려야 하는지, 예배의 날에는 어떻게 행해야 하는지, 제사장들은 어떻게 하고, 예복은 어떤 것을 입어야 할지, 예배는 어떻게 진행해야 할지 등에 대해 상세한 규정을 제시합니다. 이러한 규정은 민수기 15장에서 간단히 열거되고, 이 사건 이후에도 더 섬세하게 제시됩니다. 출애굽기는 19장 이후로 마지막 40장까지 긴 장을 할애하여 예배에 대한 이런 지침과 권고를 주십니다. 그 예배 제도는 하나님이 직접 고안하신 것이었습니다. 그래서 모세에게 명령이 주어진 후에는 항상 이렇게 끝을 맺고 있습니다. "여호와께서 모세에게 명령하신 대로 되니라"(출 40:19, 32, 민 15:36).

이러한 예배 제도를 새롭게 세우시면서 하나님은 그들이 하나님을 어떻게 섬길 것인지에 대한 열망을 갖기를 원하셨습니다. 예배에 대한 열망, 말씀에 대한 열망, 하나님에 대한 열망 …. 언제나 그 열망이 약해질 때 문제가 생깁니다. 그런데 그들은 그러한 열망 대신에 자신을 향한 야망으로 그것을 바꾸고 있었습니다. 어떻게 그렇게 명령하신 말씀을 따라 하나님을 잘 섬길 것인가를 고민하고 관심을 기울인 것이 아니라 주도권을 쥐고 싶고, 높아지고 싶다는 생각에 온통 사로잡힌 것입니다.

한참 시간이 지난 이야기이긴 한데 언젠가 늦둥이 딸이 중학교에 입학한 다음날의 일을 기억합니다. 학교 일을 마치고 집에 돌아갔더니 우리집의 두 여자가 팽팽하게 대치하고 있었습니다. 큰 여자는 잔뜩 화가 나서 가볍게 야단을 치고 있었고, 작은 여자는 얼굴이 잔뜩 굳어 있었습니다. 알고 보았더니 새로 산 체육복이 문제였습니다. 딸이 원하는 대로 스몰 사이즈의 체육복을 사왔는데 바지는 맞고 상의가 딸아이에게 작았습니다. 이것을 입히면 한참 크는 나이라 한 해도 못 입히고 또 사야겠다는 판단이 들어서 다시 버스를 타고 나가서 한 사이즈 큰 것으로 바꾸어 온 것입니다. 그런데 문제는 상의는 잘 맞는데 하의가 좀 길다는 것이 문제였습니다. 그것 좀 줄여주겠다는 엄마와 그렇게 큰 것을 어떻게 입느냐고 하는 딸아이가 전쟁 중이었습니다. 사춘기 한참 예민할 때를 보내고 있는 딸아이의 나름대로의 강변을 들어보니 이해는 되었습니다. 딸아이는 반에 남자애들도 있는데 어떻게 저렇게 큰 것을 입느냐는 것이었습니다.

얼굴은 잔뜩 굳어 있었고 별로 행복해하지 않았습니다. 결국 애교 작전을 펼치는 수밖에 없었습니다. "얼굴이 잔뜩 굳어 있으면 모든 것을 다 잘해도 예쁘지가 않거든. 살다보면 마음에 안 드는 일도 많이 생기는데, 기분 나쁘다고 지금처럼 인상을 잔뜩 쓰고 있으면 딱 맞는 예쁜 옷을 입어도 안 좋아해. 남자인 아빠가 보기에도 예쁜 옷 입고 지금처럼 잔뜩 화가 나서 굳어진 얼굴보다는 조금 큰 옷을 입고 있어도 환한 표정을 한 모습이 훨씬 예쁠 것 같아. 기분이 나빠도 여유를 가지고 미소를 지으면서 문제를 풀어가는 그런 사람이 정말 멋있는 거야." 온갖 애교를 다 동원하여 가까스로 기분을 풀어 줄 수 있었습니다.

'얼굴 찌푸리면 하나도 안 예쁘고, 미소를 지으면 더 예쁘다.' 계속해서 아빠가 그런 말을 하면서 애교 작전을 벌이니까 조금 풀리는 것 같았습니다. 그 다음날 새벽, 아침 일찍 일어난 딸이 활짝 미소를 지으며 서재로 들어왔습니다. 그래서 다시 아부성 발언을 통해 리마인딩했습니다. "아침부터 그렇게 온 얼굴에 미소를 가득 담으니 우리 딸 진짜 예쁘다." 살포시 웃으면서 "나도 알아요!" 하고 나가는 모습을 보니 완전히 풀린 것 같았습니다. 자식에게 좋은 것 해 주고 싶은 마음을 안 가진 부모가 어디 있겠습니까? 그런데 자녀들의 투정 때문에 종종 마음이 상할 때가 있습니다. 이번에는 큰 여자의 마음을 풀어 주기 위해서 이렇게 이야기를 했습니다. "역사는 반복되는 법인데 혹시 자기도 그런 것 아니여?" 그날 저녁에야 아내가 마음속 이야기를 털어놓았습니다. 사실 속이 많이 상했는데 가만히 생각해 보니 나도 중학교 때 엄마에게 그랬던 것 같아서 세상 떠난 엄마에게 미안한 생각을 했다고.

살다보면 다 마음에 드는 일만 있으며, 기분 좋은 일만 있겠습니까? 아무리 내 판단에 싫고 마음에 안 들어도 하나님은 우리에게 좋은 것을 주시는 분이라는 분명한 확신과 고백만 있으면 문제는 간단히 풀립니다. 하나님 앞에서 우리는 소중한 명품이고, 하나님의 놀라운 사랑을 받고 이날까지 달려왔습니다. 그것을 바로 알고 고백할 수 있으면 대부분의 문제는 거기에서 다 풀립니다.

다시 하늘을 바라보았다

그렇게 반역한 무리가 떼를 이루고 세를 과시하면서 모세에게 나아와 말합니다. "그들이 모여서 모세와 아론을 거슬러 그들에게 이르되 너희가 분수에 지나도다. 회중이 다 각각 거룩하고 여호와께서도 그들 중에 계시거늘 너희가 어찌하여 여호와의 총회 위에 스스로 높이느냐?"(민 16:3) 그들의 항의를 받으면서 모세가 첫 번째 취했던 행동이 무엇이었습니까? 하나님 앞에 엎드리는 일이었습니다. 가나안 정탐꾼 사건 앞에서도, 불평과 원망의 소리가 하늘을 찌르는 순간에도 모세는 그냥 여호와 앞에 엎드렸습니다. 엎드린다는 것은 너무 답답해서 그냥 하나님 앞에 나아갔다는 말씀으로도 해석할 수 있지만 자기 생각, 자기 감정에 사로잡히지 않고 하나님의 뜻과 인도하심에 순종하겠다는 의지의 표현이었습니다. 모세도 사람인지라 기분이 상하고 분했을 것입니다. 그런데 씩씩거리지 않고 하나님께 그냥 먼저 엎드립니다. 이성부 시인은 인생길은 가는 길이 힘겨워 헉헉 대며 가야 하고 가쁜 숨을 몰아쉬며 가야 하는 "가도 가도 끝없는 가시덤불"이고, 그 사막 길을 걸어가면서 찢기고 피 흘렸지만 잠시 하늘을 쳐다보니 "서럽도록 푸른 자유"라고 고백합니다.[152]

가는 길이 힘들어도, 헉헉거리며 올라야 하는 산등성이로 이어져도 하나님 앞에서 내 뜻을 내려놓고 하늘을 올려다볼 믿음만 잃지 않으면 가는 길이 험해도 "잘 보이는 길"이랍니다. 그렇게 믿음으로 걸어가면 예비하신 축복의 땅으로 이어지는 길이랍니다. "이렇게 하나님을 섬기면 너희가 하나님의 축복의 백성이 되리라." 그런데 그 말씀에는 관심이 없고 오직 자기 자랑, 자기 자리, 자기 세움에만 관심이 있었던 사람들에게 이렇게 하나님을 예배하고 섬기면 "너희는 내 백성이 되리라. 축복의 땅으로 이어지는 분명한 길이 열리리라"고 외쳐도 그들은 거기에는 별로 관심이 없었습니다.

그리고 하나님께서 주신 지혜를 따라 모세는 백성들을 향해 이렇게 외칩니다.

> 아침에 여호와께서 자기에게 속한 자가 누구인지, 거룩한 자가 누구인지 보이시고 그 사람을 자기에게 가까이 나아오게 하시되 곧 그가 택하신 자를 자기에게 가까이 나아오게 하시리니 이렇게 하라. 너 고라와 네 모든 무리는 향로를 가져다가 내일 여호와 앞에서 그 향로에 불을 담고 그 위에 향을 두라. 그때에 여호와께서 택하신 자는 거룩하게 되리라(민 16:5).

지금 모세는 모든 판단을 하나님께 맡기고 있습니다. 모세도 충분히 인간적인 방법을 쓸 수 있었을 것입니다. 사람을 규합하여 반역하는 소수의 무리를 간단하게 처리할 수도 있었지만 그런 방법을 사용하지 않았습니다. 지금 새로운 위기의 순간에 인간적인 방법을 사용한 것이 아니라 하나님 앞으로 나아가 그분의 판단에 맡기면서 다시 하늘을 바라보고 있었습니다. 그래서 회막 문 앞에 서서 하나님의 말씀을 기다리고 있었습니다.

쉼표 하나로 넉넉했다

러시아의 황제 알렉산드르 3세(1845~1894)는 전제 군주제를 강화하여 의회민주주의와 언론의 자유 등을 용납하지 않았고 수많은 통제와 검

열제도 등으로 많은 인사들을 억압하고 투옥하였습니다. 유대인과 폴란드인에 대한 교육 차별은 물론 거주 이전의 자유까지 박탈하였습니다. 그와는 정반대로 황후 마리아 표도로브나는 아량이 넓기로 소문이 나 있었습니다. 언젠가 누명을 쓰고 유배를 떠나야 하는 한 무고한 죄수와 관련된 문건에 서명했습니다. 그 문건의 내용은 아주 간단했습니다. "사면 불가, 시베리아로 유배시킬 것"(Pardon impossible, to be sent to Siberia). 이것을 본 황후가 남편인 황제가 내린 교지에서 쉼표 하나를 옮겨서 죄수의 생을 바꿨습니다. "사면, 시베리아로 유배시키는 것 불가"(Pardon, impossible to be sent to Siberia).

하찮은 쉼표 하나가 사람을 죽일 수도 있고 살릴 수도 있습니다. 공동체를 세울 수도 있고 무너뜨릴 수도 있습니다. 지금 모세는 영적 위기의 순간에 쉼표를 하나님 앞으로 옮겨 놓았습니다. 자신의 생각과 분노를 내려놓고 그분 앞으로 나아가 모든 것을 맡기고 있습니다. 어두움도 하나님께는 어둡지 않고, 밤도 낮처럼 빛나게 하시는(시 139:12) 분께로 달려 나아가 엎드리는, 쉼표 하나 옮겨 놓는 그 아름다운 사람 앞에서 위기는 걷히고 있습니다. 그때 주님께서 우리에게 영원한 빛이 되어 주시고, 우리의 영광이 되어주실 것입니다(사 60:19). 작은 것 하나만 옮겨 놓는 것만으로도 충분했습니다. 그래서 유안진 시인은 이런 지혜를 깨우쳐 줍니다.

> 지혜 있는 자는 인생의 풍랑을 만났을 때 …
> 평생 걸려 만든 배가 파산되었어도 …

파도가 남긴 말을 들으려고 애쓰느니 …

멀죽이 앉아서 새겨들으면 풍랑의 말도 뜻이 있거늘

바람이 분다고 서러워 말라

꽃이 진다고 슬퍼하지 말라

파산되었다고 절망하지 말라

풍랑이 이는 것은 바다를 청소하기 위함이요

바람이 부는 것은 꽃씨를 퍼뜨리기 위함이요

비가 내리는 것은

땅 위의 모든 더러움을 씻기 위한 하늘의 방법이라면

인생의 풍랑에도 반드시 선한 뜻이 숨어 있으리니 …[153]

20

그냥 그 앞에 내가 엎드렸었느니라

모든 것은
하나님을 향해 움직일 때 아름답고
하나님으로부터 멀어질 때 추합니다.

- A. W. 토저

타인의 고통은 즐길 풍경이 아니다

말에는 참 아름다운 말들이 있습니다. 그 중에서도 함께 엮으면 참 좋은 표현이 '생각이 나서'라는 말입니다. '왜 전화했어?'라고 물으면 '응, 네 생각이 나서.' '왜 이걸 샀어?'라고 물으면 '네 생각이 나서.' 이런 대답이 나오면 세상도, 관계도 갑자기 따뜻해지고 부드러워집니다. 하지만 그 말은 한쪽만 늘 생각하는 것이라면 늘 '어리석도록 깊고 처연한 말'이 될 수도 있습니다. 작가 황경신은 그래서 이렇게 쓰고 있습니다. "언젠가 나는 당신 생각이 나서 빵을 구웠죠. 밀가루를 반죽하고 시간을 발효시키고 옥수수가루를 듬뿍 뿌려서. 당신은 결국 그 빵을 먹지 못했지만 내 작은 방은 지금도 그날의 빵 굽는 냄새를 기억해요. 희망과 꿈이 버무려진 천국의 향기를."[154] '생각이 나서,' 이 말은 그냥 살지 않는 사람들의 모습을 가장 잘 보여주는 말이어서 그렇게 따뜻하게 느껴지는가 봅니다. 힘든 인생길을 걸어갈 때 따뜻한 마음을 느끼게 하고 전해 주는 말이기 때문입니다.

2011년 3월, 이웃 나라 일본에서 일어난 후쿠시마 원전 사고는 도호쿠(東北) 지방 동쪽 해저에서 리히터 규모 9.0의 초대형 지진의 발생과 이어진 쓰나미로 인해 생겨난 세계 최악의 원전 사고로 기록되고 있습니다. 방사능 물질의 유출량이 체르노빌보다 적다고 하지만 아직도 그 처리가 진행 중이라는 점에서 많은 염려를 자아내고 있습니다. 일본의 사고 조사위원회는 천재지변이라기보다는 "인간이 만들어낸 인간 재해"라고 결론을 내린 바 있습니다. 수많은 인명 피해를 냈지만 본격적인 방사능 후유증은 이제부터 나타날 것이기 때문에 그 피해는 상상을 초월할 정도입니다. 체르노빌은 빠른 뒷수습이 되었지만 일본 정부의 굳어진 관료주의가 그 처리를 늦어지게 만들면서 방사능 피해와 환경 오염 문제가 후대까지 계속해서 안고 가야 할 문제가 되었습니다. 사건 관계자들은 전원 불기소 처리가 되었고, 원전 사고 관련으로 처벌 받은 사람은 아무도 없었습니다. 사고가 난 지 4년이 지난 다음에야 겨우 도쿄전력의 경영진 3명을 기소했을 뿐입니다.

당시 지진은 몇 차례의 여진이 있었지만 불과 10초 정도 지속되었는데 그렇게 엄청난 재난이 된 것입니다. 일본의 내진(耐震) 설계는 세계 최고 수준이라지만 강력한 지진 앞에서는 별 소용이 없었습니다. '아 인간이 별거 아니구나. 내가 이룬 것, 자랑하는 것, 세운 것, 모두 별거 아니구나.' 아무리 견고하게 세워도 단 10초 흔들어 놓으니 모든 것이 무너져 내렸습니다.

그동안 한국은 지진에 대해서는 안전지대라는 판단 때문에 내진설계가 된 건물은 불과 13% 정도이고 집단 밀집 주거형태인 아파트가 대도시 주거의 주종을 이루고 있어 만약에 이런 규모의 지진이 일어나게 된다면 그 피해는 엄청날 것으로 추정됩니다. 우리가 내진설계를 한들 하나님께서 흔드시면 어떻게 버틸 수 있습니까? 인간의 연약함을 다시 한 번 깊이 인식하게 됩니다. 그래서 프랑스의 수학자이자 철학자였던 블레즈 파스칼은 37살의 젊은 나이에 요절하여 결국 미완으로 남겨놓고 폐결핵으로 세상을 떠난 후 8년 후에 출판되었던 그의 대작, 『팡세』에서 이렇게 말합니다.

인간은 자연 가운데서도 가장 연약한 한 줄기 갈대에 지나지 않는다. 자연 가운데 가장 약한 존재이다. 그러나 인간은 생각하는 갈대이다. 이것을 눌러 부수기 위해서 온 우주가 무장할 필요는 없다. 한 줄기의 증기나 한 방울의 물만으로도 그를 죽이기에 충분하다. 그러나 우주가 인간을 눌러 부순다고 해도 인간은 자기를 죽이는 자보다 더 숭고한 존재이다. 왜냐하면 인간은 자기가 반드시 죽는다는 것과 우주가 자기보다 강하다는 사실을 알지만 우주는 그것을 전혀 모르고 있기 때문이다. 그러므로 인간의 존엄성은 그의 사고에 있다. 우리는 사고에 의해서 스스로를 높여야 한다.[155]

그는 여기에서 인간은 가장 연약한 한 줄기 갈대에 불과하지만 그 존엄함은 사유에서 비롯된다고 주장합니다. 그래서 인간은 스스로 높이며 늘 바르게 생각하는 훈련이 필요합니다. 인간의 유한함과 하나님을 떠나서는 그 비참함을 벗어날 수 없는 존재임을 깊이 생각하며 사는 것이 존엄해지는 길이라고 말합니다. 그래서 이런 내용을 담고 있는 2부의 제목은 "하나님 없는 인간의 비참함"(The Misery of Man without God)입니다. 인간의 힘으로 어찌할 수 없는 거대한 재난 앞에서 인간의 약함을 깨닫고 엎드려 이렇게 외칠 수밖에 없습니다. "주여, 긍휼을 베풀어 주옵소서."

그런 재난이 일본 열도를 덮고 있을 때 고은 시인은 "타인의 고통은 풍경이 아니다"라고 했습니다. 정말 먼 이웃나라이지만 그들이 겪고 있는 그 고통과 눈물이 안타까움을 자아냈습니다. 그래서 1992년 1월부터 매주 일본 대사관 앞에서 수요침묵 시위를 계속해 온 위안부 할머니들도 그때는 공식적인 일본의 사과를 요청하는 피켓 대신에 "힘내라 일본!"이라는 피켓을 들고 시위를 했습니다. 아니 시위를 한 것이 아니라 불쌍한 일본을 위해서 울고 있었습니다. 우리가 하나님의 긍휼로 사는 존재라고 한다면 고통당하고 있는 타인의 아픔에 대해 하나님의 벌을 받았느니, 하나님의 진노 때문이라느니 함부로 정죄하고 판단하면서 그것을 우리의 '풍경을 삼아서는' 안 됩니다.

마지막 권면

사막 길을 가는 이스라엘 백성들이 불평과 원망의 늪에 빠져 허덕이고 있을 때, 다가오는 엄청난 재난의 쓰나미를 바라보며 한쪽에서 울고 있는 한 노인을 발견하게 됩니다. 신명기 기자는 그가 죽음에 임박해 있음을 알려줍니다. 다가오는 죽음 앞에서 그의 모든 사역과 가던 길을 멈춰서야 했을 때 하나님을 생각하고 사막 길을 걸어가는 그들을 생각하면서 그가 가슴으로 던지는 말씀들이 신명기에 나옵니다. 아니 그것은 죽음에 대한 예고를 하나님으로부터 듣고 바로 집회를 열고 행했던 마지막 설교였습니다. 갑작스럽게 소집된 백성들에게 행한 설교는 지난날들을 회상하는 형식으로 되어 있습니다. 어쩌면 앞 장에서 언급했던 그 불평과 원망 사건이 일어난 이후 시간이 한참 지난 다음에 그때의 사건을 회상하면서 전한 설교였을 것입니다.

신명기 9장에서 이 설교는 "이스라엘아 들으라"라는 말씀으로부터 시작되고 있습니다. 사막 길 끝자락에 서있는 사람들, 이제 가나안 땅에 들어갈 사람들에게 꼭 기억해야 할 말씀으로 주신 것입니다. 그때 이스라엘 백성들이 범죄했습니다. 그리고 아픔과 고통이 있었고, 재난이 있었습니다. 그때 너무 안타까워 눈물로 엎드리던 그 사건을 떠올리며 백성들에게 권면하는 형식으로 기록되었습니다.

이러한 마지막 설교는 십계명의 말씀을 처음 받을 때 있었던 사건과 연결시키고 있습니다. 가나안에 들어가려고 준비하고 있는 이스라엘 백성들에게 축복의 말도 해 줄 수 있고, 힘이 되는 격려도 해 줄 수 있을 텐데 모세가 다시 상기시킨 것은 그들이 하나님 앞에 반역했던 사건이었습니다. "네 하나님 여호와를 격노하게 하던 일을 잊지 말고 기억하라"(신 9:7). 사실 이스라엘 광야 40년은 은혜로 덮어 주신 축복의 시간이었지만 이스라엘 백성들은 끊임없이 불순종과 불평, 원망, 패역으로 가득 채웠던 시간이었습니다. 그래서 모세는 '격노하게 하였다'는 표현을 반복해서 사용합니다(신 9:7~8). 문자적으로 이것은 '노엽게 하였다'는 뜻인데, 공동번역 성경은 이 부분을 "너희가 얼마나 하나님의 속을 썩혀드렸는지"로 번역합니다. 계속해서 속을 썩이는 자식들, 그래서 하나님의 눈에서 계속해서 눈물이 흐르게 했던 자식들이었습니다. 모세는 이것을 기억하고 절대로 잊지 말라고 부탁하고 있습니다. 그 말씀의 요지는 축복의 땅, 가나안은 그들의 공로로 주어진 것이 아니라 철저하게 하나님의 선물이라는 점을 잊지 말라는 것입니다.

그리고 설교자는 시내산에서 말씀의 돌판을 받던 때를 상기시킵니다. 그때 모세는 하나님의 말씀을 받기 위하여 40일 동안 금식하며 하나님 앞에 엎드려 있었고, 기다림에 지친 이스라엘 백성들은 빠르게 우상과 쾌락으로 달려갔습니다. 모세를 기다리던 이스라엘 백성들에게도, 하나님의 말씀을 기다리던 모세에게도 40일은 긴 시간이었을지 모릅니다. 그러나 그 큰 구원의 은혜와 인도하심, 그 크신 능력을 잊지 않고 기억나게 할 하나님의 말씀을 기다리고 사모하는 법을 배우는 데에는 짧은 시간이었습니다. 그 시간을 너무 길다고 생각한 이스라엘 백성들은 쉽게 변질됩니다. "여기서 속히 내려가라. 네가 애굽에서 인도하여 낸 네 백성이 스스로 부패하여 내가 그들에게 명령한 도를 속히 떠나 자기를 위하여 우상을 부어 만들었느니라"(신 9:12). 하나님의 말씀을 '속히' 떠나 우상에게로 달려간 백성들에게 '속히' 내려가라고 재촉하시는 하나님의 마음이 느껴지지 않습니까? 하나님께서는 '내 백성'이라고 하지 않으시고 모세에게 '네 백성'이라고 지칭하시면서도 그들에게 빨리 내려가라고 재촉하시던 하나님의 그 마음을 전하고 있습니다.

'하나님께 너의 인생의 초점이 맞추어지지 않고 너의 감정이나 기대에 맞추고 살면 너희는 늘 실패하게 될 것이다.' 모세는 그 산길을 내려오면서 혼자서 수없이 되뇌이던 메시지였습니다. 분명 40일은 긴 기다림의 시간이었을지 모르지만 그것은 하나님이 시내산에서 친히 언약을 체결해 주시고 약속의 말씀을 받은 시간이었으며, 자신의 계획과 생각을 내려놓고 하나님의 뜻에 초점을 맞추는 삶을 위해 정말 필요한 시간이었습니다.

망각의 늪에는 아무것도 세워지지 않는다

그런데 그들은 너무 빨리 잊어버리고, 너무 빨리 변질되었으며, 너무 빨리 하나님을 떠났습니다. 하나님을 잊어버리면 하나님의 백성들은 망하는 길밖에는 없습니다. 이스라엘 백성들의 가장 심각한 문제가 무엇인가요? 너무 빨리 잊어버린다는 것입니다. 흔히 영국 사람들은 걸으면서 생각하고, 프랑스 사람들은 생각한 뒤에 뛰고, 스페인 사람들은 뛰고 나서 생각한다는 말이 있습니다. 한국인을 대표하는 말로는 가장 대표적인 것이 '빨리 빨리'라는 말입니다. 일본인들은 이런 한국인의 기질을 비하하면서 '냄비근성'이라고 했습니다. 열전도율이 높은 냄비는 빨리 뜨거워지지만 또 빨리 식는데, 우리 민족성을 빨리 흥분하지만 또 빨리 잊어버리는 것으로 폄하합니다. 우리 민족은 본래 체면과 겸양지덕의 정신 때문에 분노를 잘 누르고 참기를 잘하는 민족이었습니다.

이것은 언론의 영향과 국가의 책임이 크다는 주장도 있습니다. 언론이 어떤 역사적 사실을 잊지 않고 기억할 수 있도록 돕는 형태보다는 정권이나 특정인의 입장을 따라 왜곡하거나 오도하는 형태를 취하기 때문이라는 것입니다. 일제강점기와 한국전쟁과 군부독재 시절을 지내면서 한을 안고 살아야 했고, 삼풍백화점 붕괴, 성수대교 참사, 대구 지하철 참사, 세월호 참사까지 수많은 사회적, 역사적 사건을 경험하면서 도무지 안전이 보장되지 않은 나라 속에서 살아야 했고, 자신의 아픔과 피해를 말하면 빨갱이로 몰리고 종북 좌파로 매도되기도 했고, 그동안 국가가 피해를 입은 국민들을 보호하기는커녕 가해자로 역할을 해 왔기에 빨리 잊고 사는 방법밖에는 없었으며, 피해자는 고립되면서 한의 정서가 쌓이고, 트라우마는 대물림으로 나타나게 되면서 성급하게 화를 내는 기질이 형성되었다는 것입니다. 안전에 취약한 나라에서 살아가면서 "역사적/집단적으로 트라우마를 대물림해 온 한국 사회"라는 맥락 속에서 형성된 기질이라는 분석이 설득력이 있습니다.[156]

여기에 한마디 덧붙이면 기억하지 못하는 것도 문제이지만 기억을 왜곡하는 것은 더 나쁘고 큰 문제가 될 수 있습니다. 예컨대 2차 세계대전 말기, 1945년 8월 6일, 미국이 히로시마에 투하한 원자폭탄으로 인해 히로시마 돔은 반파되어 전쟁 유적으로 남아 있습니다. 1915년에 준공된 이 돔은 원래 지상 3층, 지하 1층의 벽돌로 지어졌으며 건물 중앙에 돔이 설치되어 있었습니다. 원자폭탄이 떨어진 지점에서 600m 정도 떨어져 있던 이 돔은 대부분 완파되었지만 중앙의 돔은 완파되지 않았습니다. 원자폭탄의 참상을 기억하기 위한 상징으로 남아 있지만 서구 제국주의로부터 원자폭탄 공격을 받은 '피해의 기억'은 있지만 일본인들에게는 전쟁을 일으키고 전 아시아에 잔혹하게 끼친 '가해의 기억'을 전혀 찾아볼 수 없습니다. 전후 일본이 취한 행동과 정책을 통해서 기억의 왜곡을 일으키는 그런 곳이 되고 있습니다.

어떤 이유로든지 빨리 잊어버린다는 것은 문제가 됩니다. 미국은 9·11 테러로 무너진 세계무역센터가 있던 자리는 뉴욕의 한복판의 가장 중요한 자리임에도 불구하고 그곳에 다른 건물을 세우지 않고 기억을 위해 그라운드제로(Ground Zero)를 세웠습니다. 1,000여 개의 기업체와 4만여 명의 직원이 상주했던 417m의 빌딩이 서있던 6.5헥타르의 면적에 국립메모리얼 센터와 박물관, 기념공원(호수)으로 채웠습니다. 미국의 워싱턴 DC와 독일의 베를린, 이스라엘의 예루살렘의 한복판에도 홀로코스트 기념관이 세워져 있습니다. 기억하기 위해서, 그때 무슨 일이 일어났는지를 정확하게 알고, 같은 일들이 일어나지 않도록 하기 위해서입니다. 예루살렘의 기념관은 '이름을 기억하다'의 뜻인 '야드 바쉠'으로 명명되었으며, 5만 5천 평의 땅에 세워져 있고 이스라엘 백성들은 홀로코스트 기념일과 기억의 날을 엄숙하게 지킵니다. 망각의 늪을 벗어나 잊지 않기 위해서 노력하는 민족만이 세워질 수 있습니다.

하나님을 잊은 게야

언젠가 이런 우스개 이야기를 읽은 적이 있습니다. "아버지께서 절대로 치매에 걸리지 않는 법이라는 책을 어제 또 사오셨다. 오늘 또 사오셨다. 내일 또 사올까 나는 너무 너무 두렵다. 사기를 너무 자주 당하신 우리 삼촌, 얼마 전에 책 한 권을 무려 이백만 원이나 주고 사오셨다. 책 제목이 '절대로 사기 당하지 않는 방법'이었다."

나이가 들어가면 자연적으로 기억력이 쇠퇴하고 모든 기억을 지워가는 치매라는 무서운 질병도 있습니다. 치매가 무서운 병이라면 하나님의 은혜를 쉽게 잊어버리는 영적 치매는 더 무서운 질병입니다. 하나님의 축복을 너무 빨리 잊어버리는 영적 치매는 민족을 망하게 만들기 때문입니다.

러시아의 문호이며, 행동하는 양심으로 알려진 솔제니친이 1983년, 종교계의 노벨상으로 알려진 템플턴상 수상연설에서 이런 말을 했습니다.

반세기가 훨씬 넘는 오래전에, 그러니까 내가 아직 어렸을 때 나는 몇 분의 어른께서 러시아에 닥친 큰 재난에 대해 다음과 같이 말하는 것을 들은 기억이 납니다. '사람들이 하나님을 잊은 게야. 그래서 이런 일들이 일어나잖아?' 그 후로부터 나는 거의 50년 간을 러시아 혁명사를 연구하는 데 소비했습니다. 그런 도중에 나는 수백 권의 책을 읽었고, 수백 명의 개인적 증언을 수집했으며, 이미 이 대격동의 파편들을 정리하려는 노력으로 여덟 권의 책을 써냈습니다. 하지만 만일 오늘날 내게 6천만의 백성들을 집어삼킨 이 파괴적인 혁명의 주요원인을 정확히 표현하라고 요구한다면, 나는 이 말을 반복하는 것 외에는 더 정확한 표현을 찾을 수 없습니다. '사람들이 하나님을 잊은 게야. 그래서 이런 일들이 일어나잖아?'

러시아는 한때 정치, 경제, 종교, 문학, 예술에 있어서 단연 앞서가던 민족이었습니다. 그러나 하나님을 잊어버렸을 때 제정 러시아는 망했습니다. 이스라엘이 그런 위기 앞에 서있었습니다. 우리도 지금 그런 위기 앞에 서있습니다. 이 세상이 멸망으로 치닫고 있는 이유는 이 세상이 하나님을 잊어버렸기 때문이라고 우리 시대의 지성인 솔제니친의 말을 기억할 필요가 있습니다. 그에게 있어서 역사는 인간의 야만성의 역사이며, 그래서 인간의 권리를 말살하는 야만의 정권과 권력에 저항합니다. 망각에 대해 저항하는 것은 '기억하기'이며, 망각을 강요하는 인간의 야만의 역사에 대항하는 것도 '기억하기'입니다. 그는 『수용소 군도』, 『이반 데니소비치의 하루』 등의 작품에서 스탈린 시대의 강제노동수용소의 비극을 구체적으로 묘사하여 인간 역사의 잔혹성과 야만성, 부조리와 야만성을 고발하였고, 그의 문학을 통한 이런 윤리적 노력이 높이 평가를 받아 노벨문학상을 수상했습니다.

그 백성들의 타락

망각에 대한 저항을 요청하는 오늘 모세의 마지막 설교는 사막의 여정, 40년 세월의 마지막 부분에서 그 내용을 요약하면서 망각의 늪에 빠져 금송아지를 만들었던 사건을 언급합니다. 그때 하나님께서는 언약의 말씀을 주시기 위해 모세를 시내산으로 부르셨습니다. 거기에서 모세는 40일 동안 그 산에 머물면서 금식하면서 말씀을 기다렸고 하나님이 친히 기록해 주신 십계명 돌판을 들고 시내산에서 40일 만에 내려왔습니다. 그것은 이스라엘 백성들에게 하나님께서 친히 주신 말씀이었는데 영원히 간직할 말씀이라는 상징성을 담아 돌판에 새겨주셨습니다. 그 말씀을 받고 감격하는 모세에게 들려온 말씀은 깜짝 놀랄 만한 것이었습니다. 백성들이 부패하여 하나님께서 펼쳐 놓으신 것을 순식간에 버리고 그분이 명한 길에서 이미 떠났다는 말씀이었습니다.

출애굽기 32장은 모세가 산에서 내려옴이 더딤을 보고 백성들이 아론에게 '우리를 인도할 신을 만들라'고 요청하였다고 전합니다. 그러자 아론은 한마디 반대도 하지 않고 바로 금고리를 빼어 가지고 오라고 했고, 그 금고리를 녹여 송아지 형상을 만들었답니다. 그리고 이렇게 외쳤답니다. "이스라엘아, 이는 너희를 애굽 땅에서 인도하여 낸 너희의 신이로다." 이 사람이 지금 정신이 있는 사람인가요? 이것은 하나님을 부인하는 말이고, 그분의 인도하심 자체를 거부한 말이요, 행동입니다. 당시 애굽에는 숫양의 머리 모습을 한 아문 신상이 있었고, 황소 형상을 한 아피스 신상이 있었습니다. 그들은 애굽에서 본 아피스 형상을 따라 여호와의 형상을 만들었던 것입니다. 하나님을 송아지로 형상화한 것인데 결과적으로는 전능하신 하나님을 송아지의 차원으로 격하시키고 있거나 아예 대체해 버리고 있습니다. 빠르게 변질되는 이스라엘 백성도 문제지만 지도자의 잘못이 더 큽니다.

아우렐리우스는 지도자가 갖추어야 할 덕목으로 지혜, 정의감, 강인성, 절제력 등의 4가지를 들었습니다. 지혜가 상황과 그 조직의 안녕과 발전을 위해 필요한 것을 정확히 판단하고 추진하는 지적 자질이라면, 정의감은 옳고 그름을 판단하는 능력입니다. 강인성은 어려움에 처해서도 흔들리지 않고 그 사태를 수습하면서 어려움을 극복해 가는 능력을 지칭한다면, 절제력은 자신의 욕망을 억제하면서 균형을 지켜가는 능력으로 제시합니다. 사막 길을 가는 이스라엘 백성들의 지도자들 중에 2인자가 이 모양이었으니 백성들은 당연히 헤맬 수밖에 없었을 것입니다.

그런데 그걸로 끝이 아니라 송아지 우상을 만드는 일은 이스라엘 역사에서 계속해서 등장합니다(왕상 12:28, 대하 13:8, 호 10:5). 하나님은 어떤 것으로 비견될 수 없기에 하나님께서는 이스라엘 백성들에게 어떠한 형상이든지 만들지 말라고 명령하셨습니다(출 20:4). 그런데 그들은 그렇게 금송아지를 만들어 놓고 "여호와의 절일"(출 32:5)에 함께 모여 먹고 마시며 일어나서 뛰놀았답니다. 하나님의 은혜를 생각하며 감사를 드리는 예배의 절기에 그들은 지금 당시 근동종교 축제 형태를 도입하였거나, 노예생활을 하면서 이집트인들의 종교행사에서 본 것을 도입하였던 것으로 보입니다. 좋은 것을 흉내 내고 본받으려고 해야지 그들은 지금 잘못된 미신을 받아들이고 있습니다. 아무리 텔레비전에서 우리 민족의 전통문화라면서 미화시킨다고 한들 성탄절, 부활주일 예배에서 예배당 강단 앞에 돼지머리 가져다 세워놓고 거기에 절하고 그 앞에서 춤을 출 수 있겠습니까? 심각한 믿음의 타락과 예배의 변질이 일어나고 있었습니다.

문제는 여기에서 끝나지 않습니다. 그들은 이방종교 신전 제사를 그대로 흉내 내고 있었는데, 당시 이방 종교에서는 종교적 제의와 함께 필수적으로 등장하는 것이 난잡한 성행위였습니다. 제의의 절정에 이르게 되면 환락의 춤을 추고 여사제들과의 난잡한 성행위로 이어지곤

했습니다. '뛰놀았다'는 말의 히브리어는 '차하크'인데 육체적 환락을 의미하는 말입니다. 당시 이방종교에서는 황소 신을 힘과 생산의 상징으로 인식하였는데, 그 앞에서 뛰놀았다는 것은 성적으로 문란한 행동을 했다는 의미이며, 그런 행동들을 통해 강력한 생산 능력을 공급받는다고 그들은 믿었습니다.

'여호와의 절일'이라고 표현한 절기는 하나님의 구원하심에 감사하는 유월절이나 하나님의 인도하심과 돌보심에 감사하는 초막절이었을 것입니다. 하나님의 구원과 인도하심의 은혜를 감사하고 영광을 돌리는 예배의 절기에 오히려 우상을 세워놓고 환락의 축제를 벌이고 있었던 것입니다. 출애굽기는 그러한 그들을 향해 부패했다(출 32:7), 신명기는 '스스로 부패하였다'(신 9:12)고 기록하고 있습니다. 이렇게 믿음이 부패되니 그들은 너무 빨리 말씀과 은혜를 떠나고 있었습니다.

엄청난 재앙 앞에서

하나님께서는 이러한 이스라엘 백성들을 멸망시킬 계획을 세우십니다. 그동안 이스라엘 백성을 향하여 '내 백성'이라 말씀하셨는데, 여기에서 '네 백성'(모세의 백성)이라고 한 것(신 9:12)은 그들의 변질과 우상숭배의 죄악으로 인해 하나님과 이스라엘 간에 맺은 언약이 파기되어 더 이상 이스라엘은 하나님의 백성이 아니라는 무서운 말씀입니다. 시내산에서 언약을 체결하실 때도 하나님께서는 "너희는 내 백성(자녀)이 되고 나는 네 하나님이 될 것임이라"고 말씀하셨는데 이제 "내 백성이 아니라"고 선언하십니다. "내가 그들을 멸하여 그들의 이름을 천하에서 없애고 …"(신 9:14). 그와 비슷한 말씀이 출애굽기 17장에도 나타나는데, 하나님을 대적하는 아말렉 족속을 향하여 "내가 아말렉을 없이하여 천하에서 기억도 못 하게 하리라"(출 17:14)고 말씀하셨습니다. 그런데 이스라엘을 향해 지금 같은 말씀을 하신 것입니다. 그들은 또다시 하나님의 진노의 심판대 앞에 서있습니다. 그때를 회상하면서 모세는 정말 두려웠다고 고백합니다. "주님께서 당신들을 두고 크게 분노하셔서 당신들을 죽이려고 하셨으므로, 나는 두려웠습니다"(신 9:19, 새번역).

그 절체절명의 순간에 모세가 하나님 앞에 엎드렸답니다. 무너져 내린 지도자 아론도 죽이려 하시고 이스라엘 백성도 다 쓸어버리려고 하실 때 모세는 하나님 앞으로 나아가 그냥 엎드렸습니다(신 9:19~20). "아버지여, 고쳐 주소서. 이 나라가 주의 백성 되게 하소서." 40일을 밤낮으로 엎드려 올려드리는 그의 간절한 눈물의 기도가 다시 터져 나오고 있었습니다(신 19:25). "주 나의 하나님, 주님께서 이 백성을 강한 손으로 이집트에서 인도하여 내시고, 주님의 그 크신 힘으로 속량하셨으니, 주님의 소유인 이 백성을 멸하지 말아 주십시오. 주님의 종 아브라함과 이삭과 야곱을 생각하셔서서라도, 이 백성의 고집과 악과 죄를 보지 말아 주십시오"(신 9:26~27, 새번역).

그렇게 쉽게 변질된 이스라엘 백성들이나 무너진 아론을 보면 어쩜 성질 급한 모세도 화가 많이 났을 것입니다. 자비로우신 하나님께서 이렇게 실망하셨다면 모세는 더 실망하지 않았겠습니까? 그런데 큰 재앙 앞에서 하나님의 사람 모세가 엎드렸습니다. 그렇게 엎드릴 수 있었던 이유, 그가 그렇게 간절하게 부르짖을 수 있었던 이유가 있다면 한 가지였습니다. 하늘 아버지의 마음을 알았기 때문입니다. 벌하셔야 하는 하늘 아버지의 마음, 매를 드실 수밖에 없었던 하늘 아버지의 마음, 이제 내 자식이 아니라고 외치실 수밖에 없었던 하늘 아버지의 그 마음을 모세는 알았습니다.

2009년 9월 6일, 당시 40세였던 서광일 씨는 아들 우택이와 경기도 연천군 군남면에 위치한 임진교 200m 하류 모래섬에서 텐트를 치고 야영을 하였습니다. 장마철이 지나 줄어든 물줄기로 인해 바지를 걷고 건너면 충분할 정도의 강 흐름이었기에 아빠는 아들과 함께 그곳에서 야영을 하며 토요일 밤을 보내고 있었습니다. 그날 밤 북한 당국은 사전 예고도 없이 황강댐의 물을 대량 방류했고 새벽 4시 갑자기 불어난 탁류가 부자가 잠든 모래섬을 덮쳤습니다. 아빠는 아이스박스에 아들을 태우고 그를 살리기 위해 필사의 힘을 다해 물가로 밀어냅니다. 다행스럽게도 아들을 물가로 밀어내는 데는 성공을 하지만 지친 아빠는 기운을 잃고 급류에 휩쓸려 떠내려가고 말았습니다.

그렇게 떠내려가는 아빠를 바라보며 아들은 주변 사람들을 향해 소리쳤습니다. "우리 아빠가 떠내려가요. 우리 아빠 좀 살려주세요. 우리 아빠가 지금 저 큰물에 휩쓸려갔어요. 우리 아빠 좀 살려주세요." 급류에 떠내려간 그 아빠는 이틀 후 사고지점에서 약 5킬로미터 떨어진 곳에서 싸늘한 시신으로 발견되었습니다. 자신을 살리기 위해 급류와 싸우다가 기운을 잃고 떠내려가는 아버지의 마지막 모습을 아들은 분명히 보았습니다. 그에게 아버지는 평생 잊지 못할 거룩하고 숭고한 이름이며 그의 생명을 지켜준 커다란 존재로 기억될 것입니다.

부디 아프지 마라

떠내려가는 아들을 살리려고 온몸을 던지는 그 아버지와 같은 모습을 우리는 모세에게서 보게 됩니다. 그것은 십자가에서 한 손은 하늘 아버지의 손을 잡고, 한 손으로는 하나님의 진노의 심판 앞에 떨고 서 있는 우리 손을 잡으시고 절규하시는 예수 그리스도의 모습이었습니다. 모세는 지금 진노의 쓰나미에 떠내려가는 이스라엘 백성들을 온 가슴으로 밀어내고 있습니다. 거기에 신실한 하나님의 사람 한 사람이 있었기에 그들은 생명을 되찾게 됩니다. 떠내려가는 아들을 살리기 위해서 몸을 던졌던 아빠가 있었기에 아들은 그곳에서 생명을 건질 수 있었습니다. 오늘 이 땅의 교회도, 타락한 문화에 발을 담그고 살아가는 우리 아이들도 떠내려가고 있습니다. 오늘 하나님의 가슴을 가진 하나님의 사람이 필요한 때입니다. 그런 사람이 있을 때 바로 거기에는 '세워지는 역사'가 일어나게 됩니다.

나태주 시인은 그의 시에서 잠들지 않고 깨어 있는 그 한 사람, "보이지 않는 꽃처럼 웃고 있는" 그 한 사람으로 인하여 "세상은 다시 한 번 눈부신 아침이 되고" 다시 한 번 고요한 저녁이 온다고 외치면서 "가을이다 아프지 마라"고 외칩니다.[157] 모세와 같이 깨어 있는 그 한 사람으로 인하여 세상은 다시 한 번 눈부신 아침과 고요한 저녁을 경험하게 된답니다. 그래서 그런 사람은 아프지도 말아야 하고, 쓰러지지도 말아야 한답니다. 아름다운 노래가 터져 나와야 할 가나안 땅 문턱에서 무너지는 이스라엘 백성들과 같이 무너지는 것을 세우기 위해 하나님의 사람들은 쓰러지지 않아야 한답니다. 그래서 아름다운 가을에 아프지 않기를 멀리서 빕답니다.

  그리스도인으로 산다는 것은 어두운 밤에 희망의 아침을 말하는 것이고, 캄캄한 밤중에도 믿음의 노래를 부르는 것이며, 울고 있는 이들을 위해 중보자로 서는 것입니다. 그는 하나님의 진노를 두려워하는 사람이며, 하나님의 심판이 얼마나 무서운지를 아는 사람입니다. 그래서 그는 하나님 앞으로 나아가 엎드리는 사람입니다. 그렇게 엎드려 그는 지금 평화의 아침을 활짝 열고 있으며, 진노의 강물을 막고 서있습니다. 오늘 우리도 황폐된 인간 영혼과 하나님을 떠난 시대를 보고 있습니다. 그러나 우리는 하나님의 자비를 믿는 사람이고, 그분의 긍휼을 의지하여 그분 앞으로 나아가는 사람입니다. 그리고 그 앞에 엎드리는 사람입니다.

  독일 프랑크푸르트의 한 유태인 집안에서 태어난 안네 프랑크는 독일에 히틀러 정권이 들어서자 유태인 탄압을 피해 가족을 따라 네덜란드 암스테르담으로 옮깁니다. 그러나 1941년 독일군이 네덜란드를 점령하자 1942년 7월 '은신처'로 피신하였고, 1944년 8월 독일 비밀경찰인 게슈타포에 의해 은신처가 발각되어 유대인 수용소에서 1945년 3월 초까지 갇혀 있다가 16세의 나이로 죽음을 맞았습니다. 1947년 가족 가운데 유일하게 살아남은 아버지 오토 프랑크가 안네의 일기를 출판하였는데 16세 소녀는 황폐해진 세상을 향해 이렇게 외칩니다. "혼란과 불행과 죽음 위에 내 희망을 쌓아 올릴 수는 없다. 나는 세계가 차츰 황폐해 가는 것을 보고 수백만의 고통을 느낄 수 있다. 그렇지만 하늘을 보면 언젠가는 모든 일이 잘되고 이 잔악함도 결말이 나고, 또다시 평화와 고요가 돌아오리라고 믿는다."

그의 희망대로 엄청난 패악을 저질렀던 나치 정권의 잔악함은 결말
이 났고, 그 증오로 덮였던 땅에 어린 안네의 염원대로 평화와 고요가
돌아왔습니다. 어려움과 고통의 시간을 보내면서 그는 그것을 바라보
며 절망하고 있는 것이 아니라 하늘을 바라보며 희망을 노래하고 있습
니다. 그는 그 평화의 날을 보지 못하고 세상을 떠나야 했지만 절망할
일들로 가득한 세상에서 고통의 시간에도 부를 수 있는 희망 노래를 가
르쳐 주었습니다.

그 길에 누군가가 있어

인생길 걸어가면서 때론 힘든 시간이 있어도 변함없이 하나님의 사
람으로 살고자 하는 우리에게 사막 길을 걸어가는 이스라엘 백성들과
모세의 모습을 통해 말씀을 들려주십니다. "어렵다고, 막막하다고 저
들처럼 너의 믿음이 그렇게 쉽게 변질되고 무너지면 안 된다." 엎드렸
던 모세는 우리에게 말을 걸어옵니다. "나라가 흔들리고 있을 때, 재앙
의 두려움이 덮쳐올 때에, 진노의 쓰나미가 몰려올 때, 저는 민족을 가
슴에 안고, 다가오는 재앙 앞에서 여호와 앞에 엎드렸습니다. 오늘 혹
여러분도 그런 삶의 자리에 서있을 때 당신이 하나님 앞에 엎드리는 사
람이 되십시오."

그런 사람들이 있는 곳에 봄 동산은 펼쳐지며 봄 길은 활짝 열리게
되기 때문입니다. 모세는 지금 가나안 땅에 들어가는 하나님의 백성들
에게 권면합니다. "고난이 끝난 자리에서도, 모든 것이 활짝 열리는 봄

동산에서도 엎드리는 사람이 있어야 합니다. 당신이 바로 그 사람이 되십시오." 하나님께서 감동하실 사람, 그 사람이 필요합니다. 함민복 시인은 그런 사람을 "누군가의 가슴을 울렁이게 하는 사람"이라고 규정합니다.

꽃 피기 전 봄 산처럼
꽃 핀 봄 산처럼
꽃 지는 봄 산처럼
꽃 진 봄 산처럼
나도 누구 가슴
한 번 울렁여 보았으면[158]

모세는 지금 하나님의 마음을 울리고, 범죄한 이스라엘의 마음을 울리고 있습니다. 그리고 그때 일을 회상하고 떠올리게 하면서 가나안의 문턱에 서있는 사람들의 가슴을 울리고 있습니다. 그는 엎드려 봄을 만들고 황무한 대지에 꽃을 피어나게 하는 사람이었습니다. 다가오는 하나님의 진노를 온몸으로 막아내고 있는 사람이었습니다. 그리고 민족을 하나님 앞에 바로 세우려고 발버둥쳤던 사람이었습니다. 그 사막 길에 한 사람이 있어 거기에서 생명의 꽃이 피어나는 봄 동산을 경험하고 있습니다.

21

아 내 사랑하는 아들과 딸들아

말 안 해도 다 압니다

힘든 사막 길을 지난 40년 동안 힘차게 달려온 모세가 세상을 떠날 때가 되었습니다. 그 동안 힘든 인생 여정에서도 한결같은 마음으로 하나님을 섬겼고 맡겨 주신 사명을 감당했습니다. 성실하게 인생을 살아왔고, 아직 기력도 팔팔한데 하나님이 부르시니 떠날 수밖에 없습니다. 왜 아쉬움이 없었겠습니까? 그 길고 먼 길을 지나 이제 가나안의 문턱에 섰는데 못 들어간다고 하십니다. 얼마나 서운했을까요? 얼마나 속이 상했을까요? 모세는 그 섭섭한 시간에도 하나님께 전적으로 순종하고 있습니다. "부르시면 가겠습니다. 멈추라 하시면 멈추겠습니다." 부르심을 따라 사막 길을 달려온 모세는 이제 인생의 마지막 순간에도 그 부르심 앞에 순종하고 있습니다. 신석정 시인이 그 마음을 임께서 부르시면 "초승달 지나가듯이, 물이 흘러 지나가듯이, 봄날 햇빛이 스쳐 지나가듯이 그렇게 가오리다"라고 표현합니다.[159] 그건 바로 모세의 마음이었습니다. 인생 마지막 시간에는 아쉬움도 남고, 하고 싶은 일도 많이 있습니다. 죽음은 누구에게나 공평하게 오지만 그것을 받아들이는 자세는 사람들만큼이나 다양합니다.

2009년, 잭 니콜슨과 모건 프리먼이 주연하고 톰 라이너가 감독한 영화, 〈버킷 리스트〉(Bucket List)는 인생의 기쁨을 찾기 위해서 늦은 때란 없다는 것을 몸소 실천하는 용감한 사람들의 모험 이야기를 통해 "우리가 가장 많이 후회하는 건 살면서 한 일이 아니라 하지 않은 일"이라는 메시지를 전해 줍니다. '버킷 리스트'는 죽기 전에 꼭 하고 싶은 일들을 적어 만든 목록을 뜻하는 말입니다. 갑작스럽게 찾아온 병으로 인해 병원에 입원한 자동차 수리공인 카터 체임버스(모건 프리먼)는 재벌 사업가인 에드워드 콜(잭 니콜슨)을 병실에서 만납니다. 병원 14개를 가진 재벌이었지만 '병원은 스파가 아니기 때문에 예외 없이 2인 1실'이라는 그의 경영 철칙을 가지고 있었고, 자기가 경영하는 병원이었지만 독실이 아니라 2인 1실에서 카터와 같은 병실을 쓰게 된 것입니다.

두 사람은 모두 암 투병 환자로서 시한부 인생을 살고 있었습니다. 카터는 병원에 누워서 대학 신입생 시절 철학교수가 죽기 전에 꼭 하고 싶은 일, 보고 싶은 것들을 적은 '버킷 리스트'를 만들라고 했던 일을 떠올립니다. 하지만 46년이 지나도록 그의 모든 꿈은 가족들을 위해서 접어야 했고, 자동차 정비사가 되어 열심히 살아오는 동안 그에게 '버킷 리스트'는 이제 잃어버린 꿈의 쓸쓸한 추억이자 가끔씩 떠올리고 지워보는 놀이에 불과했습니다.

그러나 에드워드는 돈 안 되는 그런 '리스트' 같은 것에는 관심이 없었습니다. 돈을 벌고 사업체를 늘리기에 바빴던 그는 인수 합병이나 고급 커피 외에 자신이 원하는 게 무엇인지 생각할 겨를이 없이 달려왔습니다. 두 사람은 서로 다른 환경에서 살아온 전혀 어울리지 않는 사람들이었습니다. 거기에다가 한 사람은 백인이었고, 한 사람은 흑인이었습니다. 한 사람은 재벌 사업가였고, 한 사람은 자동차 정비공이었습니다. 그런데 두 사람이 함께 방을 쓰면서 서로에게서 중요한 두 가지 공통점을 발견합니다. 죽음을 앞두고 "나는 누구인가 돌아보고 정리할 필요가 있다는 것, 또 남은 시간 동안 자신이 정말 하고 싶던 일을 해야 한다는 것"이었습니다.

그렇게 그들은 죽음 앞에서 마음이 통하면서 의기투합하게 됩니다. 서로 다른 삶을 살아온 이 두 사람은 자신의 삶에 대해서 서로 다른 후회를 안고 있었습니다. 에드워드는 원하는 건 언제든 할 수 있는 억만장자로 돈을 벌기 위해 모든 열정을 바치느라 자기 삶은 없었습니다. 사업가로 성공했지만 가정은 깨졌고, 자녀들과는 원수처럼 되어 만나지 않은 채 수년을 살아왔습니다. 오직 돈 버는 것 외에는 인생의 재미를 느끼지 못하며 살았습니다. 반면 카터는 꿈이 있었지만 가족을 돌보아야 한다는 의무감에서 그 꿈을 접고 삶의 방향을 바꿔야 했습니다. 열심히 일을 하고 가족을 돌보고 자식들을 교육시키기 위해 자신의 꿈을 포기하면서 이 날까지 살아왔습니다.

죽음 앞에 선 두 사람은 남은 시간에 정말 하고 싶은 일, 가고 싶은 곳에 가기 위해 의사의 만류에도 불구하고 병원을 뛰쳐나갑니다. 죽기 전 실행하기 위해 작성된 리스트에는 장엄한 광경 보기, 낯선 사람 도와주기, 눈물 날 때까지 웃기, 구형 자동차인 무스탕 셸비로 카레이싱에 참여하기, 최고의 미녀와 키스하기, 몸에 영구문신 새기기, 스카이다이빙하기, 로마와 홍콩을 여행하고 피라미드와 타지마할 관광하기, 오토바이로 만리장성 질주하기, 아프리카의 초원 세렝게티에서 호랑이 사냥하기, 그리고 먼저 죽은 사람의 시신을 화장한 재를 인스턴트 커피깡통에 담아 전망 좋은 곳에 두기 등 그들은 타지마할에서 세렝게티까지, 최고급 레스토랑에서 허름한 문신 집까지, 구형 스포츠카에서 프로펠러 자가용 비행기까지 그들이 하고 싶었던 것을 해 나갑니다.

중요한 것은 어딜 가고 무엇을 먹고 무엇을 하느냐가 아니라 마지막 여행을 통해 그들은 새로운 삶의 단면을 발견하고 깨달음을 갖게 된다는 데 있습니다. 무굴 제국의 황제 샤 자한이 사랑하는 아내를 기리며 세운 타지마할에 이르러 그들은 각자의 인생에서 경험한 사랑과 그 의미를 돌아보게 되고, 이집트 쿠푸 왕의 피라미드에서 고대 이집트의 철학을 떠올리며 우리 삶의 양과 질에 대해 고민하게 됩니다. 그리고 인생의 진정한 행복이 무엇인지를 발견하게 됩니다.

가장 행복한 사람은 누구인가요? 그것은 바로 '내가 사랑하는 사람들에게 사랑을 받는 사람'이라고 정리하면서 두 사람이 이집트의 피라미드 꼭대기에 앉아 이런 이야기를 나눕니다. "고대 이집트인은 그들이 죽어서 하늘에 가면 하늘에 계신 분이 두 가지를 묻는다고 믿었다네. 그들의 대답을 듣고 천당과 지옥을 보낸다고 하지.”“그게 뭔데?”
“첫 번째 질문은 살아가면서 ‘참다운 인생의 기쁨’을 느낀 적이 있느
냐?”“그리고?”“두 번째 질문은 너의 인생이 다른 이들에게 그런 ‘참
다운 인생의 기쁨’을 안겨준 적이 있느냐?”“자네, 이 질문에 대해 대
답해 보게.” 하고 싶은 것을 다했다고 해서 인생이 행복한 것은 아니라
는 것입니다. 내가 사랑하는 사람들을 사랑하고, 그들로부터 사랑을 받
는 삶을 살았느냐를 묻고 있는 것입니다.

죽음을 앞두고 나는 대답할 수 있을까요? 썩 유쾌한 이야기는 아닐
지 모르지만 오늘이 내 인생에서 마지막 날이라면 이번 주가 이 세상에
서의 마지막 주간이라면, 다음 달이 지상에서 보내는 마지막 달이라면,
이번이 인생에서 마지막 봄이라면 …. 언젠가 그런 시간이 우리에게 분
명히 올 텐데 그때 우리는 무엇을 할 수 있을까요? 죽음 앞에서 마지막
우리가 할 수 있는 것은 무엇일까요? 인정하고 싶지 않았지만 지금 모
세에게도 그런 시간이 다가오고 있었습니다. 그 모진 세월, 가나안 땅
을 바라보며 달려왔는데 그곳에 못 들어간답니다. 그때 그가 했던 일은
무엇이었을까요? 신명기의 말씀을 통해서 마지막 그의 행적을 살펴보
면 세 가지로 압축됩니다. 이스라엘 백성들에게 하나님의 말씀을 열심
히 전한 것, 각 지파를 축복한 것, 그리고 하나님께 찬양을 올려드리는
것이었습니다. 이제 우리는 이것을 살펴보면서 사막 길을 달려온 모세
와 함께 걸었던 긴 여정을 마무리하려고 합니다.

마지막에 주고 싶은 말

죽음의 소식을 듣고 모세는 벌떡 일어나 하나님의 말씀을 전하고 있었습니다. 험한 세상 나그네 길에서 이제 시간이 얼마 남지 않았습니다. 그는 이스라엘 백성들의 생리를 잘 알고 있었습니다. 그들이 언제 넘어지고, 언제 변질될지 도무지 그들을 믿을 수가 없었습니다. 그들을 붙잡아 세워줄 수 있는 것은 하나님의 말씀밖에 없었습니다. 그래서 그는 그들에게 간절한 마음을 담아 하나님의 말씀을 전하고 있습니다. 신명기 자체가 이러한 그의 마음을 담은 유언과 같은 설교들로 구성되어 있습니다.

> 내가 오늘 명하는 모든 명령을 너희는 지켜 행하라. 그리하면 너
> 희가 살고 번성하고 여호와께서 너희의 조상들에게 맹세하신
> 땅에 들어가서 그것을 차지하리라. 네 하나님 여호와께서 이 사
> 십 년 동안에 네게 광야 길을 걷게 하신 것을 기억하라. … 네 조
> 상들도 알지 못하던 만나를 네게 먹이신 것은 사람이 떡으로만
> 사는 것이 아니요 여호와의 입에서 나오는 모든 말씀으로 사는
> 줄을 네가 알게 하려 하심이니라(신 8:1~3).

그리고 말씀은 하나님이 주시는 복으로 연결됩니다.

> 네가 네 하나님 여호와의 말씀을 삼가 듣고 내가 오늘 네게 명령
> 하는 그의 모든 명령을 지켜 행하면 네 하나님 여호와께서 너를

세계 모든 민족 위에 뛰어나게 하실 것이라. 네가 네 하나님 여호와의 말씀을 청종하면 이 모든 복이 네게 임하며 네게 이르리니 성읍에서도 복을 받고 들에서도 복을 받을 것이며 … 네가 들어와도 복을 받고 나가도 복을 받을 것이니라(신 28:1~6).

여기에서 강조되는 것은 하나님의 말씀을 삼가 듣고 명령하신 것을 지켜 살면 하나님께서 예비하신 복을 누리게 될 것이라는 점입니다. 그런 마지막 설교의 마지막 부분을 들려주는 신명기 30장도 이런 구조로 되어 있습니다. 하나님의 징계의 매를 맞고 혹 다른 나라에 끌려가서 고생을 하다가 혹시 말씀이 생각나거든 "너와 네 자손이 네 하나님 여호와께로 돌아와 내가 오늘 네게 명령한 것을 온전히 따라 마음을 다하고 뜻을 다하여 여호와의 말씀을 청종하면 네 하나님 여호와께서 마음을 돌이키시고 너를 긍휼히 여기사 포로에서 돌아오게"(신 30:2~3) 하실 것이라고 말씀합니다. 마지막 전하는 메시지에는 모세의 간절함과 눈물이 담겨 있습니다. 너희가 하나님의 말씀을 따라 살아가면 너희 손으로 하는 모든 일에 하나님께서 복을 주실 터인데 그것은 결코 어려운 것이 아니며(신 30:11), 아주 우리 가까이에 있어서 이를 넉넉히 행할 수 있는 말씀이라고 권고합니다(신 30:14).

모세는 지금 자신의 모든 것을 벗어나 한 가지를 권면합니다. 오직 하나님의 백성들이 하나님 앞에 바로 서는 것을 위해서, 그들이 가나안 땅에 들어가서 하나님의 사랑 받는 백성들로 사랑 받으며, 하나님을 사랑하는 백성들로 서가기를 바라는 마음으로 그들을 권면합니다. 아름답지 않은가요? 그래서 정현종 시인은 "자기를 벗어날 때처럼 사람이 아름다운 때는 없다"라고 노래합니다.[160]

더 가슴으로 살아야 한다

사는 방식은 여러 가지이지만 사막과 같은 인생길을 걸어가는 사람은 더 가슴으로 살아야 합니다. 그것만이 사막을 덮을 수 있기 때문입니다. 그것을 최홍윤 시인은 이렇게 들려줍니다.

> 정도의 차이는 있겠지만
> 사는 방식은 여러 가지다
> 입으로 사는 사람
> 머리로 사는 사람
> 손으로 사는 사람
> 두 발로 살아가는 사람도 있다
> 입과 머리로만 살자니
> 인생살이 가벼운 것 같고
> 손발로 살자니
> 미련한 삶과 같아 시원찮다
>
> 이 모든 방식에
> 눈과 귀를 보태
> 사람들은 무엇이 되고자 한다

자식이 되고

부모가 되고

선배가 되고

종국에는 어른이 되고자 한다

무엇이 되고자 할 때는

머리와 가슴이 충돌하고

손발이 맞지 않을 때가 더러 있다

그럴 때는

가슴이 시키는 대로

받아 적으면 詩가 되고

가슴이 시키는 대로

길을 가면 어른이 될 거다[161]

　지금 사막 길을 달려왔고 이제 축복의 땅의 문턱에 서있는 이스라엘 백성들에게도 그런 결심이 필요했습니다. 가슴이 시키는 대로 길을 가면 어른이 된다는데 그들에게는 '말씀이 시키는 대로' 길을 가면, 이를 악물고 그렇게 살아낸다면 그들은 무너지지 않을 것입니다. 모세는 지금 그것을 권면하고 있습니다. "사막 길을 걸어가다가 너무 힘들어서 눈에 보이는 현실과 믿음의 고백이 충돌할 때는 무조건 말씀이 시키는 대로 길은 가면 됩니다."

　문득 인터넷을 검색하다가 김종환의 "험한 세상에 다리가 되어"라는 노래를 처음 듣는데 반복되는 가사가 깊이 와 닿았습니다. "내 심장이 터진다 해도 사랑 앞에 무릎을 꿇는다. 이 세상에 네가 없으면 나조차도 없을 테니까."[162] 그것이 사랑하는 사람의 심정이고, 이스라엘을 향한 하나님의 진정한 사랑을 깨달아 안 모세의 심정이었습니다. 사랑하는 이스라엘 백성들을 위하여 모세는 지금 그들 앞에 하나님의 마음과 연결하는 다리가 되기 위해 자신의 몸을 던지고 있습니다.

강물처럼 흘러왔다

"내 사랑하는 아들들아, 딸들아, 네 앞에 복과 저주가 있다. 하나님의 말씀에 순종하면서 살아라. 말씀을 청종하고, 삶으로 실행하면서 살아라. 하나님을 의지하며 믿음으로 살아라. 그러면 네게 복을 주시리라. 네가 복을 받으리라." 그는 심장이 터지는 듯이 그의 인생의 마지막 단계에서 이렇게 외치고 있습니다. 그런 하나님의 사람이 거기 서있었을 때 사막을 가는 이스라엘 백성들 앞에 가나안 땅이 구체적으로 펼쳐지지요. 아니 그 함량미달의 사람들이 비로소 하나님의 은혜 앞에 서서 가나안을 축복으로 누리게 됩니다.

지금 그들의 마음이 하나님께로 흐를 수 있도록 그 사막의 예배의 자리에서 그의 생애 마지막 호흡을 모으고 있습니다. "너희의 마음이 하나님께로 향해 흘러갈 수 있다면 세워지게 될 것이다." 피 토하듯이 하나님의 말씀을 전합니다. 그런 사람이 그들 앞에 우뚝 서있었기에 얼마나 다행인지 모릅니다. 모든 것을 품고 가는 하나님의 사람이 흐르는 강물처럼 흘러가고 있었을 때 그 강물로 목을 축이고, 거기에서 손을 씻고 있습니다. 언제나 낮은 곳을 택하여 흐르고, 모든 것을 싸안고 흘러가는 강과 같은 사람이 거기 우뚝 서있어서 그렇게 하늘의 은혜를 누리게 됩니다.

몇 년 전 80세의 나이로 세상을 떠난 작가 박완서 씨는 『못 가본 길이 더 아름답다』라는 제목의 에세이집을 유고집으로 남겼습니다. 그 힘들고 어려웠던 한국전쟁 때의 경험을 되뇌며 수천 명의 죽어간 사람들을 생각하면서 이렇게 적고 있습니다.

> 하나의 생명의 소멸은 그들에게 있어서 우주의 소멸과 마찬가지이다. 어떻게 몇 백만분의 일이라는 숫자 안에 도매금으로 넘길 수 있단 말인가. 나는 내 피붙이만은 그 도매금에서 빼내어 개별화시키고 싶었다. 몇 백만분의 일이라는 죽은 숫자에다 피를 통하게 하고 싶었다. 그들의 고통, 그들의 억울한 사정을 외치고 싶어서 가슴이 터질 것 같았다. 누가 들어주건 말건 외치지 못하면 억울한 죽음을 암매장한 것 같은 죄의식을 생전 못 벗어날 것 같았다. 외침으로써 위로 받고 치유 받고 싶었다. 그래서 늦은 나이에 소설이라는 걸 써보게 되었고, 비교적 순탄한 작가 생활을 하면서 스스로 치유 받고 위안을 얻은 것처럼 느낀 것도 사실이다. … 내가 당초에 되고 싶었던 것은 소설가가 아니었다. 다만 대학에 가서 학문을 하고 싶은 꿈에 부풀어 있었다. 무엇이 되는 건 그 다음 문제였다. 당시만 해도 대학은 학문의 전당이었을 뿐 졸업하고 뭐가 되는 직업인을 양성하는 데가 아니었다. …

막 대학 문턱에 들어선 초년생에게 대학은 진리와 자유의 공간이었고 지적 갈증을 축여줄 명강의였고 사랑과 진리 등 온갖 좋은 것들이었다. 나는 그런 것들로 나만의 아름다운 비단을 짤 수 있을 줄 알았다. 그러나 막 베틀에 앉아 내가 꿈꾸던 비단은 한 뼘도 짜기 전에 무참히 중턱을 잘리고 말았다. 전쟁은 그렇게 무자비했다. 그래도 나는 살아남았으니까 다른 인생을 직조할 수도 있었지만 내가 당초에 꿈꾸던 비단은 아니었다. 내가 꿈꾸던 비단은 현재 내가 실제로 획득한 비단보다 못할 수도 있지만 가본 길보다는 못 가본 길이 더 아름다운 것처럼 내가 놓친 꿈에 비해 현실적으로 획득한 성공이 훨씬 초라해 보이는 건 어쩔 수가 없다. 못 가본 길에 대한 새삼스러운 미련은 노망인가, 집념인가. … 나는 누구인가? 잠 안 오는 밤, 문득 나를 남처럼 바라보며 물은 적이 있다. 스무 살에 성장을 멈춘 영혼이다. 80을 코앞에 둔 늙은이다. 그 두 개의 나를 합치니 스무 살에 성장을 멈춘 푸른 영혼이 80년 고옥에 들어앉아 조용히 붕괴의 날만 기다리는 형국이 된다. 다만 그 붕괴가 조용하고 완벽하기만을 빌 뿐이다.[163]

그 먼 사막 길을 달려온 노년의 모세도 120세의 고옥에 앉아 있을 때 그런 심정이었을 것입니다. 사실 그가 걷고 싶었던 길은 그런 길이 아니었습니다. 거기에서 그렇게 허무하게 인생을 끝내고 싶지 않았습니다. 그러나 하나님의 말씀이 시키는 대로 그것에 이끌려, 강물 흘러가듯이 그렇게 흘러왔습니다. 맡겨주신 영혼들을 다 가슴에 품고서 낮은 곳으로 낮은 곳으로 흘러왔습니다. 자신의 생각은 내려놓고 그렇게 말씀에 붙들려 사막을 달려왔습니다. 허물어지고 있는 사랑하는 사람들을 가슴에 품고 달려왔습니다. 그것이 그를 사막 길에서 견디게 하는 힘이었습니다.

작별을 고하는 시간에

나이가 들어서까지도 부인을 꼼짝 못하게 하며 힘들게 했던 폭군과 같은 남편이 있었습니다. 어느 날 남편이 교통사고를 당했다는 이야기를 듣고 부인이 놀라서 병원 응급실로 달려갔습니다. 겨우 찾은 남편의 침대에는 하얀 천이 덮여 있었습니다. 그렇게 갑작스럽게 세상을 떠난 남편의 손을 잡고 부인이 통곡을 했습니다. "이제 나는 어떻게 살라고, 이렇게 빨리 가시면 어떻게 해요. 여보, 가지 마요. 이렇게는 못가요." 한바탕의 소동이 지나간 후 의사가 정식으로 사망 진단을 내렸고 직원이 침대에 누인 시신을 냉동고로 옮기고 있었습니다. 부인은 훌쩍이면서 남편의 마지막 가는 길에 손을 붙잡고 따라가고 있었습니다.

그런데 초보 직원이 모퉁이를 돌면서 운반대가 벽에 부딪혔습니다. 그 순간 그 충격으로 인해 심장이 다시 박동을 시작했습니다. 이야기는 다 들을 수 있었지만 사고여파로 남편은 움직일 수도 없었고 말도 할 수 없었습니다. 자신은 죽지 않았다는 것을 알리기 위하여 자기 손을 잡고 있는 아내 손에 손가락을 꼼지락거렸습니다. 그랬더니 움직임을 감지한 아내가 남편의 귀에다 대고 이렇게 말했습니다. "여보, 의사가 당신 죽었다잖아." 살아있다는 걸 알리려고 다시 아내 손에 신호를 보냈더니 이렇게 말하더랍니다. "여보, 그냥 의사 지시에 따라."

마지막 순간에 그런 이야기 안 들으려면 처음부터 잘해야 했습니다. 지금 이스라엘 백성들에게 가나안에 들어가기 전, 그곳에서 말씀을 따라 살아야 한다고 외치고 있습니다. 그것이 네가 복을 받는 길이라고 모세는 온 가슴으로 그들에게 증거합니다.

이제 헤어진다. 나의 형제들이여. 당신들 모두에게 작별인사를 하고 나는 떠나간다. 여기에 내 방 열쇠를 반환하고 내 집에 대한 모든 권리를 포기한다. 단지 헤어짐의 순간에 당신들로부터 친절한 말을 듣고 싶다. 오랫동안 동네 사람으로 같이 지내며 여러분에게 준 것보다 받은 것이 더 많았다. 이제 날이 새고 나의 어두운 구석을 비추고 있던 등불이 꺼졌다. 부르심이 왔고 나는 떠날 준비가 되었다.

1913년 동양인 최초로 노벨문학상을 받은 바 있는 인도의 시인이자 철학자인 라빈드라나드 타고르의 마지막 이야기입니다. 하늘의 부름이 왔고 떠날 준비가 되었다고 외치는 시인과 같이 모세도 지금 작별인사를 해야 할 시간에 서있습니다. 모세는 작별 인사 대신에 하나님의 뜻을 전하는 말씀 선포로 대신하고 있습니다.

22

아 행복했던 그 긴 여정이
드디어 끝났습니다

드디어 공사 끝.
그동안 여러분의 인내에 깊이 감사드린다.
- 루스 그래함(빌리 그래함의 아내)의 비문,
미국 NC 빌리 그래함 센터

거기에서도 꽃은 피어나고

유난히 길고 추웠던 겨울이 지나고 나면 어김없이 응달지던 뒤뜰에서도, 양지 바른 앞뜰에서도 푸른 싹들이 돋아나고 봄꽃들은 꽃을 피어냅니다. 지난 봄, 캠퍼스 화단 한쪽에서 죽은 듯 땅 속에 묻혀 있던 할미꽃이 수줍은 모양으로 꽃을 피워낸 모습이 경이로울 정도였습니다. 그냥 피었나 보다 생각할 수도 있지만 어디 그냥 되는 일이 있습니까? 긴 겨울의 혹독한 추위를 이겨내고 얼어붙은 땅에 묻혀 있던 꽃이 피어나는 것은 그 안에 생명이라는 타오르는 불덩이가 있기 때문입니다. 그 불덩이가 꽃망울로 터져 나오고 있는 것입니다.

그 힘든 사막 길에서 모세는 하나님만 바라보며 달려왔고, 하나님 주실 약속의 땅을 그려보며 참고 또 참으면서 달려왔는데, 가나안 땅이 눈앞에 그림처럼 펼쳐지는 곳에 이르러 하나님께서는 그가 그곳에는 못 들어간다고 말씀하셨습니다. 그 먼 사막 길을 달려온 사람이라면 누구이든 그건 간절한 소원이었을 텐데 거기에서 이제 인생을 접으라고 하십니다. 참 섭섭하고 서운했을 것입니다. 그때까지도 모세는 기운이 쇠하지 않았고 시력이 흐리지 않을 정도로 건강 상태도 좋았는데 갑자기 세상을 떠나야 한다니 납득하기 어려웠을 것입니다.

　그 섭섭하기만 한 인생 마지막 순간에 모세는 마지막으로 소담한 믿음의 꽃을 피워내고 있습니다. 마치 기형도 시인이 노래했던 것처럼[164] 그 정원에서 뜨겁게 피를 토해내듯 한 송이 꽃으로 피어나 그대를 위해 서라면 내 허리가 잘려도 좋다는 마음으로 모세도 서있습니다. 짧은 생을 마감하면서 기형도 시인이 외쳤던 그 외침을 모세도 외치고 있었습니다. '하나님께서 접으라 하시면 이곳에서 접겠습니다.' 이런 고백과 함께 그는 마지막 아름다운 꽃을 피워내고 있었습니다.

그분의 위대하심에 취하여

　모세는 평생 하나님의 위대하심에 취하여 달려왔습니다. 그 마지막 순간에 이스라엘 백성들을 모아 특별 집회를 열고 하나님의 말씀을 전하면서 그는 하나님께 찬양을 올려드리고 있었다고 신명기 사가는 전합니다. '모세의 노래'로 알려진 신명기 32장은 31장 마지막 절과 연결되어 제시됩니다. "모세는 다음과 같은 노래를 끝까지 불러 이스라엘 대회에 모여 온 모든 사람의 귀에 들려주었다"(31:30, 공동번역). 하늘 향해, 땅을 향해, 그리고 이스라엘 백성들을 향해 자신의 신앙고백을 들려주며 찬양의 자리로 초대합니다. "하늘이여 귀를 기울이라. … 땅은 내 입의 말을 들을지어다." 그는 하늘과 땅을 언급하면서 천지를 증인으로 삼아 그것이 불변의 내용임을 강조하는 구조로 찬양을 시작하고 있습니다.

이어지는 노래는 아주 서정적인 표현을 사용하는데 하나님의 은혜 앞에서, 말씀 앞에서 가장 중요한 것은 옥토와 같은 마음임을 강조합니다(신 32:2). 여기에서 중요한 단어는 '내 교훈'이라는 표현입니다. 히브리어로 '교훈'은 '레카흐'라는 단어를 사용하는데 '받아들인 것'이라는 뜻을 가진 단어입니다. 지금 모세가 제시하는 내용은 자신의 말이 아니라 하나님으로부터 받은 교훈, 즉 '하나님의 말씀'이라는 의미를 담은 표현입니다. 이것의 특징을 '비'라는 메타포를 통해 설명하는데 그것은 이슬과 가는 비와 같이, 단비와 같이 내린다고 표현합니다. 이슬이라는 히브리어 단어, '탈'은 '살짝 뿌리다, 덮다'라는 의미를 가진 단어에서 파생한 것입니다. 팔레스틴 지역에는 밤에 이슬이 내리는데 그것이 건조한 사막 지역에서 생명을 이어가게 해 주는 원천이 됩니다. '가는 비'라는 히브리어 '사이르'는 '가볍게 내리는 비'를 가리킵니다. 단비라는 말의 '레비빔'은 '풍성함, 많음'에서 파생된 단어로 '소나기'나 많은 비를 지칭하는 단어입니다. 이러한 표현을 통해 모세는 지금 하나님의 말씀이 우리 가운데 어떻게 임하는지를 생생하게 보여주는 방식을 취하고 있습니다.

하나님께서는 이스라엘 백성들에게 그런 말씀의 은혜를 허락하셨고, 그런 은혜가 모세 자신의 일생을 덮으셨음을 증언합니다. 모세는 지금 그 은혜를 떠올리면서 그분께 찬양을 올려드리고 있습니다. 그 하나님을 전하면서 모세는 하나님의 백성들에게 "위엄을 우리 하나님께 돌릴지어다"라고 외칩니다. 여기에서 '위엄'이라는 단어의 히브리어 '고델'은 '위대하심'을 뜻하는 단어입니다. 그래서 NIV 성경은 "우리 하나님의 위대하심을 찬양하라"(Praise the greatness of our God)고 번역하고 있습니다. 새번역 성경도 "너희는 우리 하나님의 위대하심을 찬양하라"고 번역합니다. 모세는 지금, 그의 인생 마지막 순간에 하나님의 위대하심에 취해 있습니다. 그것은 신명기 3장에서 모세가 처음 그의 죽음 이야기를 듣고 하나님 앞에 바로 토해 놓는 고백에서도 동일하게 나타납니다. "주 여호와여, 주께서 주의 크심과 주의 권능을 주의 종에게 나타내시기를 시작하셨사오니 천지간에 어떤 신이 능히 주께서 행하신 일 곧 주의 큰 능력으로 행하신 일 같이 행할 수 있으리이까?"(3:24)

모세는 지금 하나님의 위대하심에 가득 취해 이렇게 고백합니다. "내 인생이 여기에서 그분 손에 의해 꺾인다 할지라도 나는 찬양할 수밖에 없습니다." 인생의 마지막 순간에 하나님의 위대하심에 취하니 그가 할 수 있는 것은 찬양밖에 없었습니다. 버려짐으로부터 시작된 인생 가운데 찾아오신 하나님, 지금까지 그 하나님이 모세의 인생을 이끌어 오셨습니다. 광야에 버려진 그를 부르신 분이 하나님이셨습니다. 인생 황혼에 던져진 그를 하나님의 백성들의 구원 사역을 위해서 사용해 주신 분이 하나님이셨습니다.

오래전 신대원을 졸업하고 목회 현장에 나가면서 가장 많이 부르며 울었던 찬양이 "주님 나를 부르셨으니"였습니다. 처음 사역의 자리에 나가 감격했던 그때의 기억을 떠올리며 지금도 종종 부르곤 하는 찬양입니다. 모세의 마지막 시간들을 묵상하는데 그 찬양이 새롭게 와 닿으면서 모세의 마음이 깊이 느껴졌습니다. 아, 남은 시간, 나도 이렇게 살다 가야겠구나 다짐도 되었습니다.

> 주님 나를 부르셨으니 주님 나를 부르셨으니
> 내 모든 정성 내 모든 정성 주만 위해 바칩니다 …
> 주님 나를 사랑했으니 주님 나를 사랑했으니
> 이 몸 바쳐서 이 몸 바쳐서 주만 따라가렵니다.[165]

모세의 심정이 그런 심정이 아니었겠습니까? 내가 원하는 것에만 초점을 맞추고 나아가면 신앙은 병이 들고 맙니다. 그러나 하나님의 뜻에 맞추고 걸어 나가면 언제나 그 싱싱함을 유지할 수 있습니다. 마지막 순간에도 모세는 철저하게 시선을 하나님께 맞추며, 하나님의 위대하심에 취하고 있습니다.

소리 높여 찬양하다

그렇게 찬양하면서 모세는 지나온 날들을 돌아보고 있습니다. 지금까지 살아온 날들을 돌아보니 하나님의 인도하심이 생각났고, 인생길 길목마다 은혜로 가득 채워 주셨음을 깨닫게 됩니다. "여호와께서 그를 황무지에서, 짐승이 부르짖는 광야에서 만나시고 호위하시며 보호하시며 자기의 눈동자같이 지키셨도다"(신 32:10). 사막에는 이정표가 없어 어디로 가야 할지 모를 때가 많지만 거기에서도 하나님께서는 그들을 인도하셨습니다. 잠시 쉴 수 있는 그늘 한 자락도 찾기 어렵고, 피곤한 몸을 뉠 곳도 없던 그곳, 배고프다고 울먹이는 자식들에게 줄 양식 하나 찾을 수 없던 그곳, 거기에서 하나님께서 인도하셨고, 쉬게 하셨고, 직접 먹여주셨기에 여기까지 이를 수 있었습니다.

그런 은혜를 입고 걸어가면서 때로 어려운 일이 있을 때마다 이스라엘 백성들은 하나님을 원망하기도 하고, 대적하기도 했습니다. 그러나 신실하신 하나님께서는 변함없으신 사랑으로 그들을 감싸셨습니다. 계속해서 무너지고 변질되던 이스라엘 백성들의 모습을 떠올리며 모세는 "흠이 있고 삐뚤어진 세대"라고 지칭합니다(신 32:5). 40일을 금식하고 십계명 돌판을 받아서 내려오던 날, 그들은 금송아지를 만들어 놓고 춤추며 축제를 벌이고 있었지만 하나님께서는 그날 아침에도 하늘에서 만나를 내려 그들을 먹이셨습니다. 물 없는 광야에서 하나님을 원망하고 불평하던 그날도 마른 반석에 물을 내서서 그들의 타들어가는 목을 적셔주셨으며, 먼 행군 길에 하나님을 대적하고 나올 때도 불기둥과 구름기둥으로 그들을 인도하셨습니다. 이 놀라운 은혜, 모세가 지금 그 은혜를 찬양합니다. 그가 할 수 있는 것은 그것밖에 없었기 때문입니다.

돌아보니 은혜 아닌 것이 없었고, 감사할 것밖에 없었으며, 찬양할 것밖에는 없었습니다. 어디 내 힘으로 살아왔던가요? 하나님의 은혜가 아니면 어떻게 여기까지 올 수 있었을까요? 그 은혜를 생각하니 드릴 것은 오직 한 가지, 찬양밖에 없었습니다. 살아있는 날 동안 충성하려고 했고, 잘 섬기려고 했지만 실수도 많았고, 혈기를 부린 적도 있었습니다. 답답해서 하나님 앞에서 울기도 많이 했습니다. 사막 길, 그 험한 세월이 다 지났습니다. 돌아보니 은혜 아닌 것이 없었습니다. 누구나에게 한 번은 올 인생의 마지막 순간에 우린 그때 무엇을 할 수 있을까요? 몇 배로 불려줄 우량주나 펀드를 생각했을까요? 아니면 대박을 터뜨릴 부동산이나, 가나안에 들어가면 금싸라기 땅에 집 지을 것을 생각했을까요? 아님 어떻게든 재산을 다 털어서라도 생명을 연장해 보려고 명의를 찾아다녔을까요? 하나님의 신실하심과 선하심, 위대하심을 찬양하는 일밖에는 없었을 것입니다.

거기에 담아놓으신 아름다움을 누려라

그리고 모세는 손을 들어 이스라엘 백성들을 축복합니다(신 33:1). 자녀들이 잘 먹고 잘살게, 남보다 출발선 저 앞에 세워서 천천히 달려도 1등하고, 천천히 달려도 출세할 수 있도록 축복의 손을 든 것이 아니었습니다. 축복의 손을 들어 그들이 영원히 섬길 하나님을 가리킵니다. "여호와께서 시내산에서 오시고 세일산에서 일어나시고 바란산에서 비추시고 일만 성도 가운데에 강림하셨고 그의 오른손에는 그들을 위해 번쩍이는 불이 있도다. 여호와께서 백성을 사랑하시나니 모든 성도가 그의 수중에 있으며 주의 발아래에 앉아서 주의 말씀을 받는도다"(신 33:2~3). 지금 모세는 이스라엘 백성들을 만나시기 위해 다가오고 계시는 하나님을 전합니다. 그 하나님이 시내산에서 오시고, 세일산에서 오시고, 바란산에서 오신답니다. 시내산은 이스라엘 백성들에게 말씀을 주시고 언약을 체결하신 곳입니다(출 19:18). 세일산은 이스라엘 백성들이 모압 땅으로 들어가기 전 통과했던 에돔 산지를 가리키는데 아르논 저지대에서부터 사해 남단의 동쪽에서 남쪽으로 아카바만 근처까지 펼쳐져 있는 산악지대를 가리킵니다(신 1:2). 바란산은 바란 광야의 고지대를 가리키는데 광야 중에서 가장 넓은 지대이며 하나님의 현현과 관련하여 시적으로 표현된 산입니다(신 1:1, 19, 민 10:12, 33, 합 3:3).

하나님의 영광스러운 강림과 현현이 얼마나 놀랍던지 그 영광의 빛이 멀리까지 퍼져가는 모습을 생생하게 묘사합니다. 이스라엘 백성들이 나아가는 곳마다 거기에 강림하시는 하나님의 절대적 임재를 나타냅니다. 그렇게 강림하시고 사랑하시는 그 하나님 앞에서 이스라엘 백성들이 발아래 앉아 주님의 말씀을 받는 복을 빌고 있습니다. 이것을 모세는 지금 최고의 행복으로 평가하면서 손을 들어서 이스라엘 12지파에게 그런 복을 누리라고 빌어줍니다. 그것은 축복문이면서 권고문이었습니다.

12지파에 대한 축복이 끝이 난 다음에 모세는 다시 하나님 이야기를 하고 있습니다. "여수룬이여, 하나님 같은 이가 없도다. 그가 너를 도우시려고 하늘을 타고 궁창에서 위엄을 나타내시는도다. 영원하신 하나님이 네 처소가 되시니 그의 영원하신 팔이 네 아래에 있도다"(신 33:26~27). 여기에서 '여수룬'은 '의로운 백성'이라는 뜻을 가진 말로 이스라엘 백성을 지칭하는 용어, 즉 별칭으로 사용되었습니다. 하나님 앞에서 자랑할 것이 없는 사람들이었지만 하나님께서 그들을 의롭게 여기시고, 자녀 삼으시고, 인도하시고, 한량없는 사랑을 덧입혀 주셨습니다. 그 하나님께서 그들을 도우시려고 하늘에서 구름을 타고 다가오고 계신답니다. 힘이 쇠하지 않는 '영원하신 팔'이 그들을 붙들고 계신답니다. 그리고 결론은 이렇게 내려집니다. "이스라엘이여, 너는 행복한 사람이로다. 여호와의 구원을 너같이 얻은 백성이 누구냐? 그는 너를 돕는 방패시요, 네 영광의 칼이시리로다"(신 33:29). 여기에서 '행복한'에 해당하는 히브리어 '아쉐레'는 '충만한 행복, 완전한 행복'을 나타내는 단어입니다. 공동번역 성경은 "너 같은 행운아가 어디 또 있겠느냐?"라고 들려줍니다. 이것은 젊은이들의 용어로 표현하면 '너 진짜 완전 행복한 사람이다'라는 뜻입니다.

참 고운 얼굴이 없어

모세는 그렇게 하나님의 위대하심에 취하여 일생을 살았고, 인생의 마지막 부분도 그렇게 서고 있었습니다. 이집트의 바로가 복종할 수밖에 없었던 그 위대하심, 홍해가 무릎을 꿇고 길을 내주던 그 위대하심, 광야의 메마름이 어찌하지 못하던 그 위대하심, 하나님의 그 위대하심에 취해 살았습니다. 그리고 생애 마지막에서도 그 위대하심 때문에 찬양하며 그분이 기뻐하시는 마지막 일을 깔끔하게 처리하고 있습니다. 그에게서 우리는 하나님께서 기뻐하시는 그 모습을 보게 되고, 십자가의 보혈을 통해 하나님의 자녀가 된 사람들이 회복해야 할 모습을 전해 주고 있습니다. 문득 함석헌 선생이 남긴 시는 우리가 어떤 모습이어야 할지에 대해 알려줍니다.

… 참 고운 얼굴이 없어?

하나도 없단 말이냐?

그 얼굴만 보면 세상을 잊고,

그 얼굴만 보면 나를 잊고,

시간이 오는지 가는지 모르고,

밥을 먹었는지 아니 먹었는지 모르는 얼굴,

그 얼굴만 대하면 키가 하늘에 닿는 듯하고,

그 얼굴만 대하면 가슴이 큰 바다 같애.

남을 위해 주고 싶은 맘 파도처럼 일어나고,

가슴이 그저 시원한,

그저 마주앉아 바라만 보고 싶은 얼굴,

참 아름다운 얼굴은 없단 말이냐? …

아침 바람처럼 맑은 얼굴,

저녁 하늘처럼 영광스러운 얼굴,

그 얼굴을 내가 찾건만! …

그 얼굴을 내가 그리건만!

지심에서 하늘에까지 닿는 거목같이 싱싱한,

굳게 찡그린 바위의 가슴을 터치고 웃는 꽃 같은,

그 얼굴을 내가 한 번 만나고 싶건만!

아아, 아무데서도 볼 수 없는 그 얼굴! …

그 살아 싱싱한 얼굴을, 참 아름다운 얼굴을! …[166]

이 세상에 그 얼굴 하나 보러 왔는데 그 "참 얼굴"을 보기가 힘들다고 절규하듯 외치다가 팔레스틴 땅을 거니시던 그분에게서 그 얼굴을 찾아내며 그의 마음의 사막에서 별을 보듯 외칩니다.

… 밤하늘에 별처럼,

달빛에 보는 들처럼,

그 풀잎새, 그 가지, 그 이슬,

또 저녁 바다 넘는 햇빛에 바라는 섬처럼,

그 바위, 그 모래, 그 조개껍질, 그 부서진 배 조각,

한 빛에 들어 그대로 다 아름답듯이

그대로 다 빛나 좋으네!

그 님의 그 얼굴 늘 바라고 늘 그리며

눈물로 사라지는 슬픔에 씻긴 맑은 눈으로,

눈물에 사라지는 세상 얼굴들 바라보고,

늘 기쁨에, 늘 찬송에, 늘 사랑에 살고 싶으네.

늘 그리움에, 늘 영광에 살고 싶으네.

이 바닷가 걷고 싶으네.[167]

군사정권이 만들어낸 동백림 사건으로 천상병 시인이 쓰러졌다면 박

정만 시인은 전두환 군사정권이 만들어낸 한수산 필화 사건에 의해 쓰러졌습니다. 중앙정보부에 무고하게 끌려가 모진 고문을 당하였고, 그로 인한 후유증과 울분을 삭혀야 했던 시인은 42살의 젊은 나이에 간경화로 세상을 떠났습니다. 암울하던 시대의 희생양이 된 시인, 박탈당한 그 천재성 때문에 많은 사람들을 안타깝게 하고, 너무 빨리 떠난 사람이어서 많은 그리움을 안겨준 시인이기도 합니다. 1988년, 서울 올림픽 폐막식이 진행되고 있던 바로 그날, 박정만은 봉천동 자택에서 혼자 쓸쓸하게 세상을 떠났습니다. 세상을 떠나기 며칠 전 그는 유언과 같은 시, '종시'(終詩)를 마지막으로 남겼습니다.

> 나는 사라진다
> 저 광활한 우주 속으로[168]

시인은 울분을 술로 달랬고, 간경화로 고생하면서 늘 죽음과 그 암울함을 그의 시에 담았습니다.

> 해 지는 쪽으로 가고 싶다
> 들판에 꽃잎은 시들고
> 나마저 없는 저쪽 산마루
> 나는 사라진다
> 저 광활한 우주 속으로[169]

암울한 인생을 살고 떠났으나 시인은 많은 사람에게 그리움과 향기를 안겨주고 떠났습니다. 그렇습니다. 똑같은 길을 걸어가도, 똑같은 시대를 살고, 똑같은 환경을 살아도 유난히 향기가 나는 인생이 있습니다. 인생은 향기로 채워져야 하고, 그 향기가 우리 이야기가 되어야 합니다. 그래서 박준상 시인은 "향기는 삶의 이야기"라고 규정하면서 "향기가 없다면 생은 끝"이며, "향기는 행복을 갖다 주는 사랑의 그림자"라고 노래합니다.[170]

모세는 아름다운 향기를 남긴 사람이었습니다. 그래서 신명기는 모세를 가리켜 서슴지 않고 "하나님의 사람"이라고 지칭합니다. 먼 훗날 갈렙도 여호수아와 이야기하면서 모세를 가리켜 "하나님의 사람 모세"라고 지칭합니다(수 14:6). 이것만큼 영광스러운 평가가 어디 있겠습니까? 어떤 직분도 사라지고, 어떤 교파도 사라지고, 어떤 직위도 다 사라지더라도 우리에게 남아야 할 호칭은 그것일 것입니다. "하나님의 자녀, 하나님의 사람!"

모세는 지금 옛날 것으로 마지막 순간을 버티지 않았습니다. 새로운 고백, 새로운 찬양으로 자신을 새롭게 하나님 앞에 세웠습니다. 일생 하나님과 동행하면서 그분에게 초점을 맞추고 살아왔습니다. 그것은 마지막 순간에도 마찬가지였습니다. 그 마지막 순간에도 그는 벌떡 일어나 하나님의 말씀을 전하고 찬양하고 있습니다. 그래서 문정희 시인은 "길 끝에 서면 모두가 아름답다"고 노래하였을 것입니다. 그러나 끝에만 서면 저절로 아름답지 않습니다. 황혼이 되었다고 그냥 아름답지 않고, 노년이 되었다고 그냥 아름답지 않습니다. 누군가를 위해 자신을 불태울 수 있을 때만, 그리고 마지막 남은 시간도 불태울 수 있을 때 진정으로 아름다울 수 있습니다.

주님만 내 빛이 되시는 광야

언젠가 차를 타고 미국의 중부 사우스다코타 주의 황야 지역을 달리다가 고속도로 휴게소에서 잠시 쉬면서 바라본 황혼의 정경을 지금도 잊을 수가 없습니다. 해가 뚝뚝 밑으로 떨어지는 것이 보였습니다. 그리고 떨어지는 해는 얼마나 온 하늘을 붉게 물들이던지. 마지막을 아름답게 장식하는 모습이 아름답다 못해 찬란했습니다. 모세가 국가 유공자였기 때문에, 민족 지도자였기 때문에, 목회자였기 때문에, 설교자였기 때문에, 위대한 신학자였기 때문에 그냥 아름다웠던 것은 아니었습니다. 그의 인생을 불태워 그에게 주어진 길을 달려왔고, 주어진 사명을 묵묵히 감당했으며, 마지막 남은 것을 불태워 물들이고 있었기 때문에 아름다운 사람입니다.

모세는 끝까지 하나님의 사람으로 살았고, 하나님의 사람으로 죽었습니다. 자기의 몸을 불태우는 겨울 아궁이의 마른 소나무 가지처럼 그렇게 자신을 불태워 가며 말씀으로 민족을 세우고, 교회를 세우고, 가정을 세우기 위해 몸부림쳤습니다. 그 모습이 꽃보다 더 아름다운 이유입니다. 그는 아름다운 하늘의 향기를 지닌 사람이었습니다. 그 고단한 사막 길을 걸어가면서 철저하게 삶의 환경과 여건, 사람에게 초점을 맞춘 것이 아니라 하나님께 초점을 맞추고 걸어갔기 때문입니다. 하나님의 위대하심에 사로잡혀 걸어갔던 사막 길은 오히려 가슴 벅찬 감격이 넘쳐나는 자리였습니다. "내 안에 이렇게 눈이 부시게 고운 꽃이 있다는 것을 나도 몰랐다"[171]고 노래한 김용택 시인의 외침처럼 그런 감격의 외침이 넘쳐나던 자리였습니다. 처음도, 마지막도 그는 그 감격에 사로잡혀 넉넉히 그 길을 걸어갑니다.

오늘 나는 내 인생의 순간순간을, 아니 마지막 순간이 다가온다 할지라도 어떻게 살 것인가요? 맑고 고요한 물이라야 하늘을 담아낼 수 있습니다. 사막 길, 아무도 갈 수 없다는 그 길을 말씀에 사로잡히고, 하늘 사랑에 사로잡혀 그는 힘차게 달려왔습니다. 남들은 못 간다는 길을 그 사랑 때문에 홀로 걸어갈 수 있었습니다. 언젠가 히즈윌(His Will)의 앨범 3집 가운데 나오는 "광야를 지나며"라는 찬송을 들으면서 '아 이것은 모세의 고백이구나, 아니 우리의 고백이 되어야 하겠구나' 하는 생각을 한 적이 있습니다.

> 왜 나를 깊은 어둠 속에 홀로 두시는지
>
> 어두운 밤은 왜 그리 길었는지
>
> 나를 고독하게 나를 낮아지게
>
> 세상 어디도 기댈 곳이 없게 하셨네 …
>
> 주님만 내 도움이 되시고
>
> 주님만 내 빛이 되시는
>
> 주님만 내 친구 되시는 광야
>
> 주님 손 놓고는 단 하루도 살 수 없는 곳
>
> 광야 광야에 서있네

주께서 나를 사용하시려 나를 더 정결케 하시려

나를 택하여 보내신 그곳 광야

성령이 내 영을 다시 태어나게 하는 곳 …

내 자아가 산산이 깨지고

높아지려 했던 내 꿈도 주님 앞에 내려놓고

오직 주님 뜻만 이루어지기를

나를 통해 주님만 드러나시기를 …[172]

광야와 같은 인생길을 걸어가면서 입술에 담고 가슴에 담아야 할 찬양이며, 우리가 드려야 할 고백이요, 간증입니다. 우리가 이르게 될 인생의 기착지와 그리스도를 닮아가는 그 장성한 분량, 우리가 이르러야 할 영원한 본향에 이르기까지 우리의 삶은 사막 길을 걷는 것과 같은 길을 걷게 됩니다. 어려움도 있고 방황해야 할 일도 있지만 하늘의 별을 볼 수 있다면 우린 노래하며 걸어갈 수 있는 길입니다. 사막은 불볕 바람이 불어오고, 끝없이 이어지는 넘어야 할 모래 언덕이 있는 곳이지만 하늘이 더 가깝고 별들이 더 밝은 곳입니다. 모세는 사막에서 자신의 고단한 삶을 하늘에 잇대어가며 별을 노래했고, 사막에서 꽃을 피우며 그 생명의 길을 걸어갑니다.

머지않아 우리가 함께 당도할

그곳에 이르기까지 혼자서 걸어가야 하는 길

아무도 도와주는 사람은 없구나

아우성조차도 아름답고

살기 위해 몸부림치는 것조차도

황홀한 삶의 몸짓인 것을 그때서 알겠지

누가 삶을 비참하다고 했는가

더러는 갈대처럼 흔들리고

더러는 낙엽처럼 뒹굴어도

때로는 강물처럼 소리 내어 울고

때로는 바람처럼 흐느끼며 방황해도

우리가 가는 도정은 아름답거니

우리가 가야 할 곳은 오직 한 곳…

시퍼런 세월의 칼날 위에서

최선을 다해 열심히 즐겁게 춤추며 살지어다 [173]

이제 다시 길을 떠나야 할 때

최선을 다해 열심히, 즐겁게 춤추며 살 일입니다. 그곳이 비록 사막
과 같은 길이라도 하늘의 별을 노래하면서 곳곳에 숨겨 놓으신 아름다
움과 신비에 취해 그 길을 갈 일입니다. 조금은 흔들리고 주저앉을 때
가 있어도 다시 일어서 별을 노래하며 그 길을 걸어가야 합니다. 영국
의 계관시인이었던 존 메이스필드(John Masefield, 1878~1967)는 그 여정
에서 필요한 것들을 알려줍니다.

나는 다시 바다로 가야겠네, 그 호젓한 바다, 그 하늘로

내가 원하는 건 오직 큰 배 한 척과 방향 잡을 별 하나,

박차고 가는 바퀴, 바람의 노래

흔들리는 흰 돛대와

물에 어린 회색 안개 동트는 새벽뿐

나는 다시 바다로 가야겠네, 달리는 물결이 날 부르는 소리

거역하지 못할 거치고 맑은 부름 소리 내게 들리고

내가 원하는 건

오직 흰 구름 나부끼며 바람 부는 하루와 흩날리는 눈보라

휘날리는 거품과 갈매기의 울음 소리뿐 …[174]

우리에게는 어떤 바람과 파도에도 넘어지지 않는 큰 배와 방향을 잡을 별 하나, 거역하지 못할 부름의 소리, 그리고 푸른 바다를 항해하는 삶이 필요합니다. 이탈리아, 터키, 조지아, 아르메니아, 프랑스 등을 걸어가면서 수도원과 교회, 미술관 속에서 하나님과 세상과 공동체를 만나는 순례 여정의 기록에서 김기석 목사는 조용한 소리로 우리에게 속삭이듯 권면합니다.

예술가는 새로운 세상을 꿈꾸는 사람들이다. 그들은 땅과 일상 속에서 빛의 흔적을 찾아내기 위해 혼신의 힘을 다한다. 절망과 좌절 속에서도 빛을 향해 날아오르려 한다. 예수도 그러했다. 그는 로마 제국의 폭압 속에서 하나님의 형상을 잃어버린 채 살아

가는 이들 곁에 다가가 하나님 나라가 도래하고 있음을 선포했다. 그 나라는 저 위에 있는 것이 아니라 낮은 곳에 있다. 아픔이 있는 자리, 사람들의 한숨과 눈물이 배어 있는 땅, 바로 이곳이 하늘이다. 깊이를 뒤집으면 높이가 된다. 사다리가 없다고 낙심할 것이 없다. 물이 낮은 곳으로 흐르듯 낮은 곳으로 흐르다 보면 하늘에 당도하게 될 것이다. 이제 다시 길을 떠나야 할 때이다.[175]

1) 콘스탄티노스 카바피의 시, "이타카" 참고. 카바피는 1863년에 태어나 1933년에 세상을 떠난 그리스 시인이다. 이 시는 호메로스의 서사시, 『오딧세이아』의 주인공 오디세우스가 트로이 전쟁에서 승리하고 고향 이타카로 돌아가는 여정을 바탕으로 쓰인 시이다. 고향을 향해서 떠나지만 그곳으로 가는 길은 험하기만 하다. 탐욕이 나를 흔들어 놓기도 하고, 불행이 길을 가로막기도 하며, 미움과 증오, 허탈감이 가슴에 가득 차오르기도 한다. 그러나 그는 그 험난한 길을 지나 마침내 고향으로 돌아가게 되었는데, 오랫동안 험난한 그 여정을 걸어가면서 겸허하고 지혜로 넘쳐나는 완전히 다른 사람이 된다.

2) 김소엽, "사막에서 1," 『사막에서 길을 찾네』 (서울: 문학세계사, 2008), 12 참고.

3) 김소엽, "사막에서 2," 위의 책, 13 참고.

4) 김소엽, "사막에서 9," 위의 책, 21 참고.

5) 생텍쥐페리, 『어린 왕자』, ebook (서울: 북규브네트웍스, 2009), 92~93.

6) 장영희, 『문학의 숲을 거닐다』 (서울: 샘터, 2006), 159~61에서 재인용.

7) 김소엽, "사막에서 15," 『사막에서 길을 찾네』, 31.

8) 고향의 봄날을 노래하는 오세영 시인의 "봄날"이라는 시는 노래로도 만들어졌다.

9) 요한 루드비히 울란트, "봄을 믿는 마음," 시 전문.

10) 장영희, 『내 생애 단 한번: 때론 아프게, 때론 불꽃같이』 (서울: 샘터사, 2010), 12~14.

11) 신현림, "깊고 진하게," 시 전문.

12) 조서환, 『모티베이터: 동기를 부여하는 사람』(서울: 책든사자, 2008), 10~15. 문단 나누기는 필자가 조정했음을 밝힌다.

13) 위의 책, 17.

14) 김종삼, "어부."

15) 장영희, 『살아온 기적 살아갈 기적』(서울: 샘터, 2010), 128.

16) 장영희, 『내 생애 단 한번』, 17~18. 편의상 인용 부분의 문단 나누기는 약간 조정했음을 밝힌다.

17) 박용주 작사, 설경욱 작곡, "하나님 아버지의 마음," 노랫말 일부.

18) 2007년 9월 8일, 분당샘물교회에서 있었던 배형규 목사의 장례식에서 정대균 청년의 조사(弔辭).

19) 박상은, "순교자의 유품," 시 전문. 2007년 7월 25일을 기억하며 고 배형규 목사 시신 담당의가 쓴 시.

20) 작사, 작곡 무명, "순례자의 노래," 노랫말 일부.

21) 양성우, "살아있는 것은 아름답다," 시 일부.

22) 이덕일, 『정약용과 그의 형제들1 : 시대가 만든 운명』, 개정증보판 (서울: 다산초당, 2012), 13~14.

23) 이용규, 『내려놓음: 내 인생의 가장 행복한 결심』(서울: 규장, 2006), 26~27.

24) 박두진, "당신의 사랑 앞에," 유고시집 『당신의 사랑 앞에』(서울: 홍성사, 1999).

25) 나희덕, "빨래는 얼면서 마르고 있다," 『그 말이 잎을 물들였다』(서울: 창작과 비평사, 1994).

26) Walter Bruggemann, *The Practice of Prophetic Imagination* (Minneapolis: Augsburg Fortress, 2012).

27) Elisabeth Kübler-Ross, *The Wheel of Life: A Memoir of Living and Dying*, 강대은 역, 『생의 수레바퀴: 죽음을 통해 삶을 배우고자 하는 이에게』(서울: 황금부엉이, 2009), 12~13.

28) 박경리, "산다는 것은," 시 일부, 유고시집 『버리고 갈 것만 남아서 참 홀가분하다』 (서울: 마로니에 북스, 2008), 12~13.

29) 김정준, "나는 주님의 것이외다," 시 전문, 『삶에 이르는 병』 (서울: 대한기독교서회, 1987), 135~36.

30) 이은상, "소경 되어지이다," 참고.

31) 디트리히 본회퍼, "나는 누구인가?," 시 일부, Eberhard Bethge, *Protestants Germany*, 김순현 역, 『디트리히 본회퍼』 (서울: 복있는 사람, 2006).

32) 유안진, "들꽃 언덕에서," 참고.

33) 박경리, "우주 만상 속의 당신," 시 일부, 『버리고 갈 것만 남아서 참 홀가분하다』, 41~42.

34) Tommy Walker 곡, "내 이름 아시죠," 노랫말 일부.

35) Dallas Willard, "Frank Laubach's Letters by a Modern Mystic," *Christian Spirituality*, ed. Frank Magill and Ian McGreal (San Francisco: Harper and Row, 1988), 517~18.

36) 이러한 기록들을 우리는 그의 다음의 책에서 대하게 된다. Frank C. Laubach, *Christ Liveth in Me and Game with Minutes* (Westwood: Fleming H. Revell Company, 1961[1st ed.]; Martino Fine Books, 2012[rev. ed.]); *Learning the Vocabulary of God: A Spiritual Diary* (New York: Martino Fine Books, 2012) 등에 잘 나타나 있다.

37) Frank C. Laubach, *Christ Liveth in Me and Game with Minutes*, 2.

38) 옥한흠, 『옥한흠 목사가 목사에게』 (서울: 은보, 2013), 43~46.

39) Peterim A. Sorokin, *The Crisis of Our Age: The Social and Cultural Outlook* (New York: E. P. Dutton & Co., Inc., 1941), 3장 참고.

40) Pitirim Sorokin, *Social and Culture Dynamics*, Vol. 3 (New York: American Book Company, 1937), 535.

41) 정채봉, "꽃과 침묵," 참고.

42) 안도현, "개망초," 참고.

43) Philip Yancy, *Reaching for Invisible God*, 차성구 역, 『아 내 안에 하나님이 없다』 (서울: 좋은 씨앗, 2001), 52.

44) 도종환, "이 세상이 쓸쓸하여," 참고.

45) 정호승, "새들은 지붕을 짓지 않는다," 참고.

46) 친일파로 분류되는 윤치호는 무관이었던 한진창이 내관들과 함께 염을 했던 민영달에게 들은 내용을 전해 듣고 1920년 10월 13일자 그의 일기에 독살 근거를 다섯 가지로 정리해 놓았다. ① 이상적이라 할 만큼 건강하던 고종 황제가 식혜를 마신 지 30분도 안 되어 심한 경련을 일으키다가 죽어갔다. ② 고종 황제의 팔다리가 1~2일 만에 엄청나게 부어올라서, 사람들이 황제의 통 넓은 한복 바지를 벗기기 위해 바지를 찢어야만 했다. ③ 민영달(명성황후 친척)과 몇몇 인사는 약용 솜으로 고종 황제의 입안을 닦아내다가, 황제의 이가 모두 구강 안에 빠져 있고 혀는 닳아 없어졌다는 사실을 발견했다. ④ 30cm 가량 되는 검은 줄이 목 부위에서부터 복부까지 길게 나 있었다. ⑤ 고종 황제가 승하한 직후에 2명의 궁녀가 의문사했다." 윤치호, 『윤치호 일기, 1916~1943』 (서울: 역사비평사, 2001), 196. 강우석 감독의 영화, 〈한반도〉는 고종 독살설을 기정사실로 설정하는데 사건의 실체는 아직 명확히 밝혀지지 않았다.

47) Paul Ricoeur, *Le Mémoire, L'histoire, L'oubli* (Paris: Seuil, 2000); idem, *The Course of Recognition*, trans. David Pellauer (Boston: Harvard University Press, 2005) 참고.

48) 클래펌 공동체는 런던의 남부 클래펌 마을에 복음주의 크리스천들이 마을을 이루고 살고 있었기 때문에 붙여진 이름으로, 상하원의원, 은행가, 변호사, 작가 등으로 구성되었다. 핵심인물은 20여 명이었으며, 하원에만도 50여 명이 그들의 영향력 안에 있었던 것으로 알려지고 있다. 성경적 가치를 따라 노예제 폐지와 노예 해방, 교육, 형법, 의회 개혁 등을 부르짖었고, 서명운동 등을 통해 노예무역 폐지 외에도 19세기 영국 사회의 변화를 이끌어내는 데 결정적 역할을 하였다. 윌버포스에 대한 기록을 위해서는 Garth Lean, *God's Politician: William Willberforce's Struggle*, 송중인 역, 『윌버포스』 (서울: 두란노, 2001)를 참고하라.

49) Eugene H. Peterson, *The Jesus Way*, 양혜원 역, 『그 길을 걸으라』 (서울: IVP, 2007), 210.

50) Frederick Buechner, *Secrets in the Dark*, 홍종락 역, 『어둠 속의 비밀』 (서울: 포이에마, 2016), 98~99.

51) 신동엽, "봄은," 『한국일보』 (1968년 2월 4일), 참고.

52) 이생진, "너는 늙지 마라," 시 전문.

53) 이기철, "자주 한 생각," 『가장 따뜻한 책』 (서울: 민음사, 2005).

54) 이것은 이외수의 시, "화선지"에서 빌린 것이다.

55) 18세기 프랑스 개신교도들인 위그노 설교자였으며, 가톨릭의 박해로 투옥되어 32살의 나이로 몽펠리에서 순교했다. 그의 동생 마리 뒤낭 역시 19세 때 체포되어 프랑스 최남단의 콩스탕스 감옥탑에 무려 38년 동안 갇혀 지냈다. 그들이 갇혔던 콩스탕스 감옥의 감방 돌바닥에는 아마도 마리 뒤낭이 머리핀으로 새겼을 것으로 추정하는 한 단어가 새겨져 있다. '저항하라!'(Résistez)

56) 엘리자베스 브라우닝, "당신이 나를 사랑해야 한다면," 시 전문, 장영희, 『문학의 숲을 거닐다』, 28~31.

57) 엘리자베스 브라우닝, "당신을 어떻게 사랑하냐구요?," 시 일부.

58) Philip Yancey, *What's so Amazing about Grace?* (Grand Rapids: Zondervan Publishing Company, 2002).

59) 엘리자벳 노벨, "조금"(A Little), 시 전문.

60) 에밀리 E. 디킨슨, "애타는 가슴 하나 달랠 수 있다면," 시 전문.

61) 백무산, "장작불," 시 전문.

62) Abraham Joshua Heschel, *The Prophets*, 이현주 역, 『예언자들』 (서울: 도서출판 삼인, 2009), 61~62.

63) Joyce Rupp, *Walk in a Relaxed Manner*, 윤종석 역, 『느긋하게 걸어라』 (서울: 복있는 사람, 2009), 8~9.

64) 나희덕, "땅끝," 참고.

65) 조병화, "너는 내 생각 속에서 산다," 시 일부.

66) 장영희, 『문학의 숲을 거닐다』, 23~24.

67) Antoine Marie Roger De Saint Exupery, *Le Petit Prince,* 김미성 역, 『어린 왕자』 (서울: 인디고, 2015).

68) 김성호, "동고비의 봄," 『한겨레』 (2017년 3월 13일); 김성호, "딱따구리 둥지에 집짓기, 동고비의 무한도전," 『한겨레』 (2013년 12월 03일).

69) Paul Tournier, *The Adventure of Living,* 정동섭, 박영민 역, 『모험으로 사는 인생』 (서울: IVP, 1994), 241~42.

70) 이해인, "사막에서," 시 일부.

71) Erich Kästner, 윤진희 역, 『마주보기: 마음을 위한 약 상자』 (서울: 한문화, 2004).

72) 도종환, "그 고개를 겨우 넘으면 또 고개가 나왔습니다: 도종환의 나의 삶 나의 시 ④," 『한겨레』 (2010년 7월 23일).

73) 도종환, "양안치 고개를 넘으며," 시 일부, 위의 신문에서 인용.

74) 도종환, "그 고개를 겨우 넘으면 또 고개가 나왔습니다."

75) 최인호, 『유림』, 1권 (서울: 도서출판 열림원, 2005), 32~37.

76) 위의 책, 32.

77) 조운파 작사, 작곡, "도로 남," 노랫말 일부.

78) Henri J. M. Nouwen, *The Only Necessary Thing Living a Prayerful Life,* 윤종석 역, 『꼭 필요한 것 한 가지 기도의 삶』 (서울: 복있는 사람, 2007), 27.

79) Thomas A. Harris, *I'm OK-You're OK* (New York: Harper, 1969).

80) 박명아, "딸의 사랑," 『사랑밭 새벽 편지』 (2007년 2월 21일자).

81) Henri J. M. Nouwen, *Compassion,* 김성녀 역, 『긍휼』 (서울: IVP, 2002), 18.

82) 위의 책.

83) 이외수, 『하악하악: 이외수의 생존법』 (서울: 해냄, 2008), 260.

84) 김용택, "그랬다지요," 참고.

85) 구상, "마음의 눈을 뜨니," 참고.

86) 랭스턴 휴즈, "나의 동포"(My People), 시 전문.

87) 랭스턴 휴즈, "꿈," 시 전문.

88) Anne Frank, *The Diary of a Young Girl* (Garden City: Doubleday, 1967).

89) 정연복, "무너지지 않는다," 참고.

90) 김성은 작사, 김유정 작곡, "아침 안개 눈앞 가리듯," 노랫말.

91) 장영희, 『이 아침에 축복처럼 꽃비가』, 31.

92) 이대흠, "아름다운 위반," 시 전문.

93) Nikos Kazantzakis, *Taksidevondas: Ispania*, 송병선 역, 『스페인 기행: 니코스 카잔차키스 여행기』 (서울: 열린 책들, 2008), 204.

94) Walter Brueggemann, *The Prophetic Imagination*, 2nd ed. (Minneapolis: Fortress, 2001), 2장 참조.

95) Robert Bridges, "When June Is Come"(6월이 오면), 시 전문, 장영희, 『이 아침에 축복처럼 꽃비가』, 174~75.

96) 장영희, 『이 아침에 축복처럼 꽃비가』, 177.

97) 위의 책, 178.

98) Eugene H. Peterson, *The Message: The Bible in Contemporary Language*, 김순현 외 역, 『메시지』 (서울: 복있는 사람, 2016), 995.

99) 김용태, 『중년의 배신: 인생이 낯설어진 남자를 위한 심리학』 (서울: 덴스토리, 2016).

100) 권국명, "아침마다," 시 전문.

101) 박명재, "사라진 축사, 듣고 싶은 울림의 소리," 『서울신문』 (2011년 2월 17일)에서 재인용.

102) 이수인, "바다가 되기까지," 시 전문, 『그녀 초승달을 따다』 (서울: 북스토리, 2008).

103) 성찬경, "은총을 내려주시는구나," 시 일부.

104) 김운용, 『예배, 하늘과 땅이 잇대어지는 신비』 (서울: 장로회신학대학교 출판부, 2016), 459~62, 473.

105) Henri J. M. Nouwen, *Life of the Beloved*, 김명희 역, 『이는 내 사랑하는 자요』 (서울: IVP, 1995), 114.

106) 이재무, "무서운 나이," 시 전문, 『길 위의 식사』 (서울: 문학사상사, 2012).

107) 함민복, "긍정의 밥," 시 전문.

108) 허홍구, "아지매는 할매 되고-염매시장 아지매," 시 전문, 『사람에 취하여』 (서울: 시선사, 2009).

109) 고은, 『만인보』, 완간 개정판 전 11권 (서울: 창비사, 2010).

110) 함민복, "가을꽃 가을나비," 참고.

111) 김남주, "이 가을에 나는," 시 일부.

112) Alister McGrath, *Making Sense of the Cross*, 박삼영 역, 『내가 정말 몰랐던 예수 십자가』 (서울: 규장, 2004), 4~5.

113) 오규원, "믿음은 별이라서," 시 일부.

114) 이철원, "'춘마'에서 배우는 인생," 『조선일보』 (2010년 11월 4일). 신문기사라는 특성 때문에 문단 나누기가 자주 되어 있어 조금 조정했음을 밝힌다.

115) 김남주, "서시," 시 전문, 신경림, 이시영 엮음, 『그대가 밟고 가는 모든 길 위에』 (서울: 창작과 비평사, 1985).

116) 김수영, "풀," 시 일부.

117) 문병란, "희망가," 시 전문.

118) 이준관, "넘어져 본 사람은," 참고.

119) John Donne, "Meditation XVII: For Whom The Bell Tolls by," John Donne, *Devotions upon Emergent Occasions* (Ann Arbor: University of Michigan, 1959).

120) 위의 책, 41.

121) Heschel, 『예언자들』, 59.

122) 박노해, "평화 나누기," 시 전문.

123) 최재천, 『개미 제국의 발견: 소설보다 재미있는 개미사회 이야기』 (서울: 사이언스북스, 1999), 119.

124) 신달자, "불행," 참고.

125) 이정록, "의자," 시 전문.

126) 김재진, "풀," 시 일부.

127) 복효근, "상처에 대하여"; 윤수천, "인생이란 그런 것"; "상처," 참고.

128) 정일근, "망성리에서," 시 전문.

129) 문정희, "길 끝에 서면 모두가 아름답다," 참고.

130) Henri J. M. Nouwen, *The Road to Daybreak: A Spiritual Journey*, 최종훈 역, 『데이 브레이크로 가는 길』 (서울: 포이에마, 2014), 153.

131) 윤석중, "사람 눈 밝으면 얼마나 밝으랴," 참고.

132) 김춘수, "겨울 꽃," 시 전문, 『비에 젖은 달』 (서울: 근역서재, 1980) 참고.

133) 복효근, "겨울새는 둥지를 틀지 않는다," 참고.

134) 박노해, "넌 나처럼 살지 마라," 시 전문.

135) 신경림, "눈 온 아침," 시 전문.

136) Will Bowen, *A Complaint Free World*, 이종인 역, 『불평 없이 살아보기: 삶의 기적을 이루는 21일간의 도전』, 개정증보판 (서울: 세종서적, 2014).

137) 안도현, "무식한 놈," 참고.

138) 곽효환, "얼음새꽃," 시 전문, 『지도에 없는 집』 (서울: 문학과 지성사, 2010).

139) Jentezen Franklin, *Right People, Right Place, Right Plan*, 홍종락 역, 『인생을 결정하는 영적 분별력』 (서울: 두란노, 2008), 135, 139.

140) 정호승, "겨울 강에서," 『슬픔이 기쁨에게』 (서울: 창비사, 1979), 참고.

141) Etienne Cheneviére, *L'ermitage: Spritualité du Désert*, 김좌동 역, 『홀로 하느님과 함께: 사막의 영성』 (서울: 바오로딸, 2005), 18~19.

142) 양성우, "살아있는 것은 아름답다," 시 일부.

143) 메블라나 잘랄루딘 루미, "손님," 시 전문.

144) 정현종, "사람은 언제 아름다운가," 시 전문, 『견딜 수가 없네』 (서울: 시와 시학사, 2003).

145) 강정규 작사, 황철익 작곡, "주님과 함께," 노랫말 일부.

146) *Jurgen Moltmann, Der Gekreuzigte Gott,* 김균진 역, 『십자가에 달리신 하나님: 기독교 신학의 근거와 비판으로서의 예수의 십자가』 (서울: 한국신학연구소, 1979).

147) 구상, "은총에 눈을 떠서," 시선집, 『한 알의 사과 속에는』 (서울: 홍성사, 2011). 비슷한 제목과 내용을 가진 시로는 "은총에 눈을 뜨니"라는 시가 있고, 처음 발표는 1984년에 "시편 81"이라는 제목으로 발표되었다. 구상, 『모과 옹두리에도 사연이』 (서울: 현대문학사, 1984), 142~43.

148) 이상열, "새해 소원," 시 전문.

149) 도종환, "다시 오는 봄," 참고.

150) 권국명, "아침마다," 시 전문.

151) 박경리, "마음," 시 일부, 『버리고 갈 것만 남아서 참 홀가분하다』, 122.

152) 이성부, "우리 앞이 모두 길이다," 시 전문.

153) 유안진, "인생의 찬가," 시 일부.

154) 황경신, 『생각이 나서』 (서울: 소담출판사, 2010), 129~30.

155) Blaise Pascal, *Pensées,* trans. A. J. Krailsheimer (New York: Penguin Books, 1995), 347.

156) 권혜경, 『감정조절: 안전하지 않은 사회에서 나를 지켜 내는 방법』 (서울: 을유문화사, 2016); 신영규, "한국인의 냄비근성: 우리 국민의 인성을 좋은 쪽으로 생각하자," 『오마이뉴스』 (2009년 8월 22일), 참고.

157) 나태주, "멀리서 빈다," 시 전문.

158) 함민복, "마흔 번째 봄," 시 전문.

159) 신석정, "임께서 부르시면," 참고.

160) 정현종, "사람은 언제 아름다운가," 시 일부.

161) 최홍윤, "가슴으로 살아야지," 시 전문.

162) 김종환 작사, 작곡, 노래, "험한 세상 다리가 되어," 노랫말 일부.

163) 박완서, 『못 가본 길이 더 아름답다』 (서울: 현대문학, 2010), 23~26.

164) 기형도, "꽃," 참고.

165) 윤용섭 작사, 작곡, "주님 나를 부르셨으니," 노랫말 일부.

166) 함석헌, "얼굴," 시 일부.

167) 위의 시, 일부.

168) 박종만, "종시(終詩)," 시 일부.

169) 박종만, "해 지는 쪽으로," 시 일부.

170) 박준상, "향기는 삶의 이야기입니다," 참고.

171) 김용택, "당신의 꽃," 참고.

172) 장진숙 작사, 작곡, "광야를 지나며," 『살아가다: His Will 3집』 (2013).

173) 김소엽, "세월의 칼날 위에 서," 시 일부, 『사막에서 길을 찾네』, 130~31.

174) 존 메이스필드, "그리운 바다," 시 일부.

175) 김기석, 『흔들리며 걷는 길』 (서울: 포이에마, 2014), 351~52.